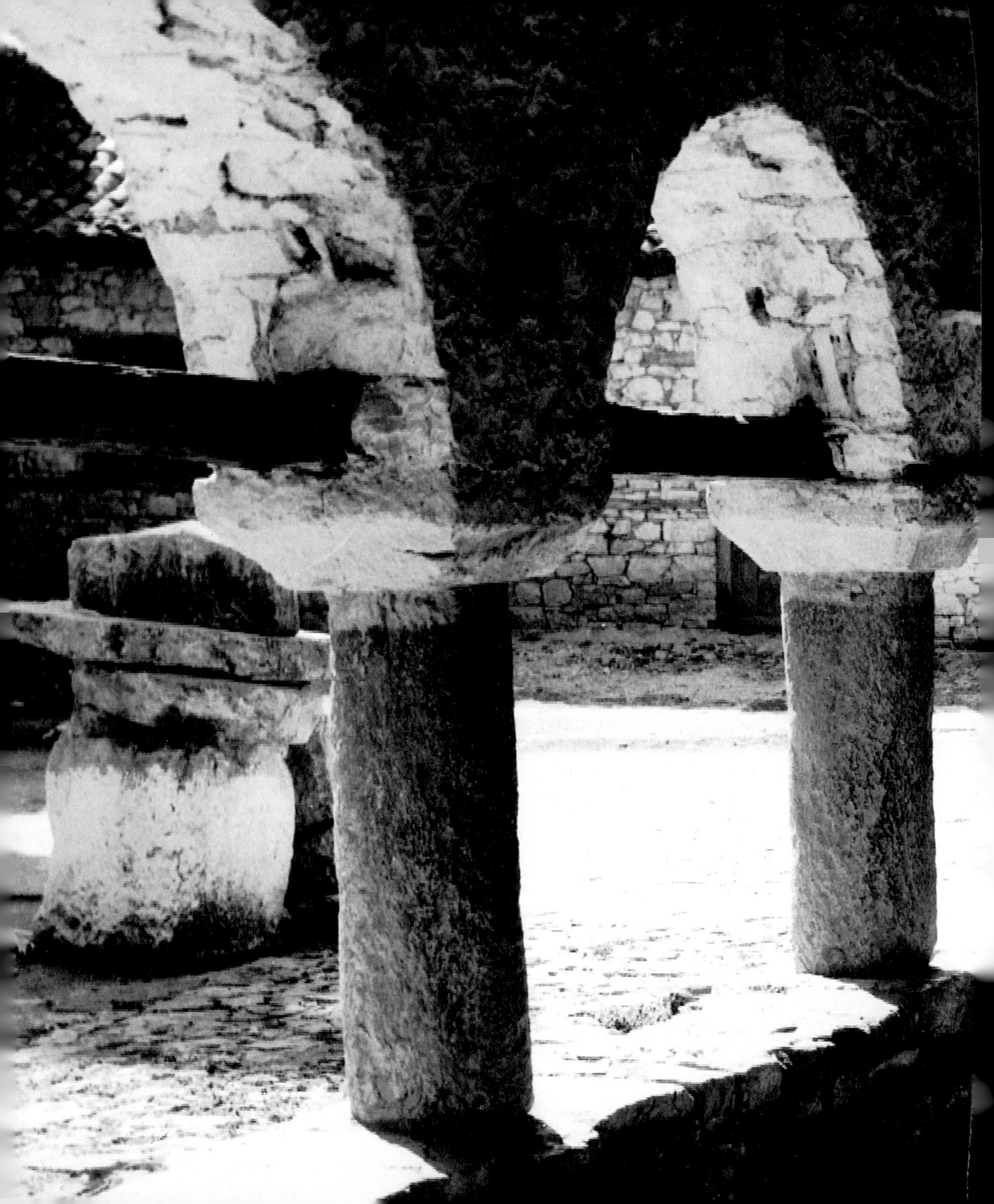

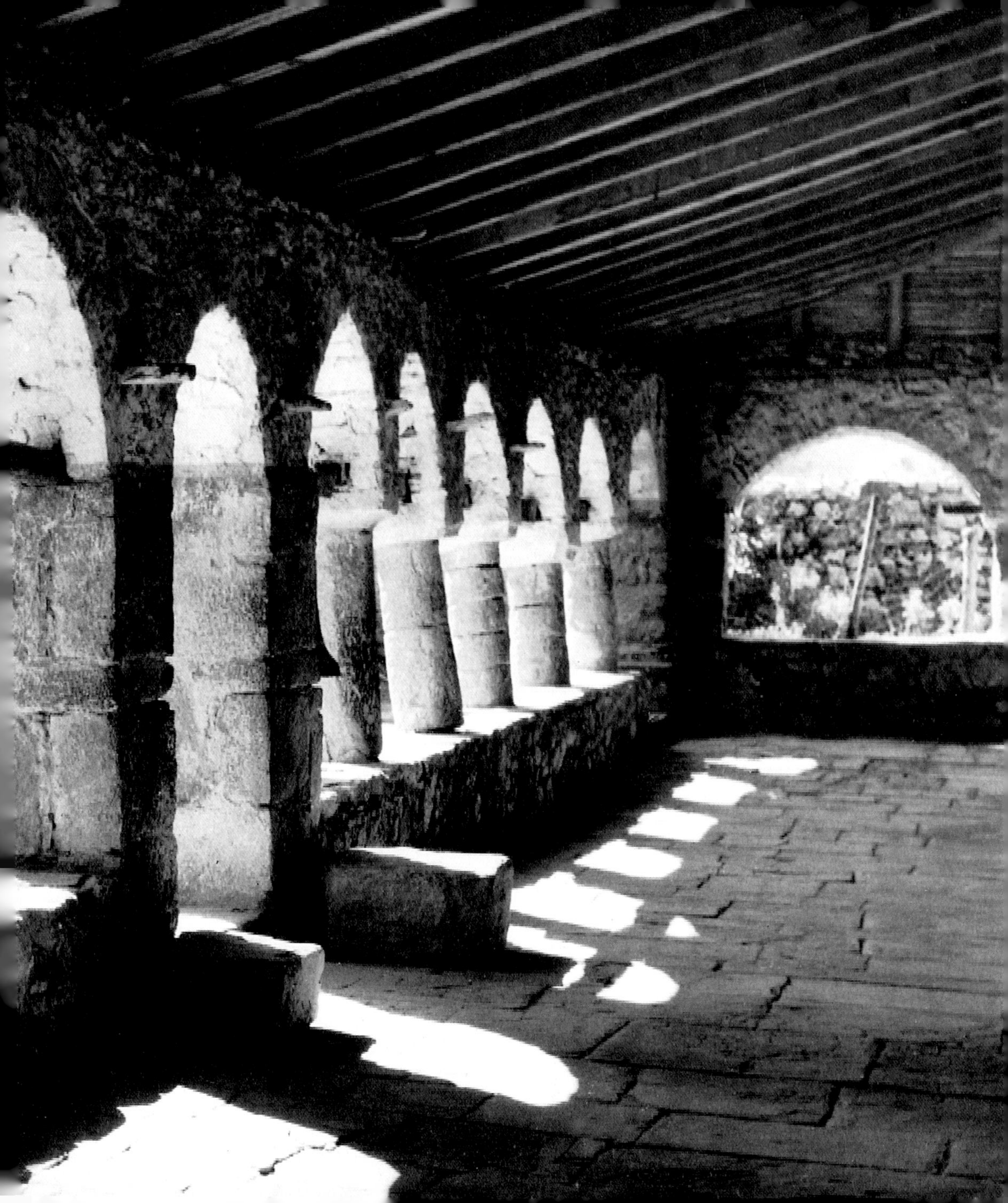

ΛΙΘΑΝΑΓΛΥΦΑ

ΚΑΙ ΜΑΣΤΟΡΟΙ ΤΗΣ ΠΕΤΡΑΣ ΣΤΗ ΔΥΤΙΚΗ ΘΕΣΣΑΛΙΑ

19ος - αρχές 20ού αι.

Εικόνα εξωφύλλου: Τμήμα ημικιονίσκου στην κόγχη του ιερού του ναού της Παναγίας Επίσκεψης στα Τρίκαλα (εικ. 82).

Εικόνα οπισθοφύλλου: Παράσταση του αγίου Γεωργίου. Τμήμα υπερθύρου ανατολικού περιθυρώματος στο καμπαναριό του ναού του Αγίου Αθανασίου στο Ψυχικό Λάρισας (εικ. 102).

Εκδόσεις Καπόν: Μακρυγιάννη 23-27, Αθήνα 117 42,
Τηλ./Fax: (01) 9214 089, 9235 098 e-mail: kapon_ed@otenet.gr

ISBN 960-7037-04-9

ΛΕΝΑ ΓΟΥΡΓΙΩΤΗ

ΛΙΘΑΝΑΓΛΥΦΑ
ΚΑΙ ΜΑΣΤΟΡΟΙ ΤΗΣ ΠΕΤΡΑΣ ΣΤΗ ΔΥΤΙΚΗ ΘΕΣΣΑΛΙΑ

19ος - αρχές 20ού αι.

ΦΩΤΟΓΡΑΦΙΕΣ

ΤΑΚΗΣ ΤΛΟΥΠΑΣ

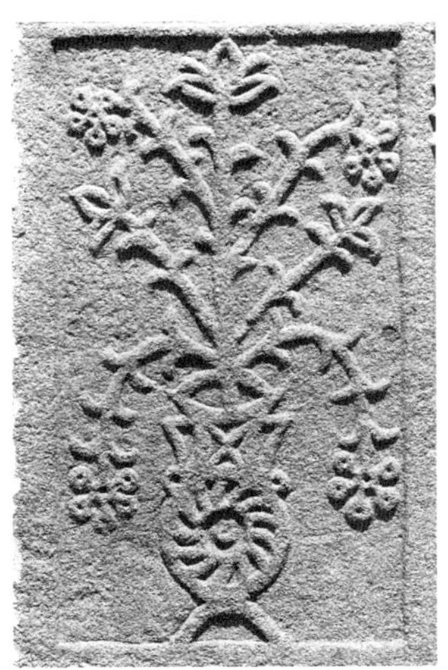

ΕΚΔΟΣΕΙΣ 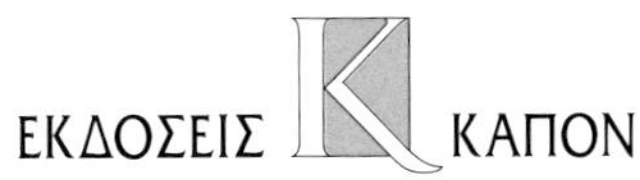 ΚΑΠΟΝ

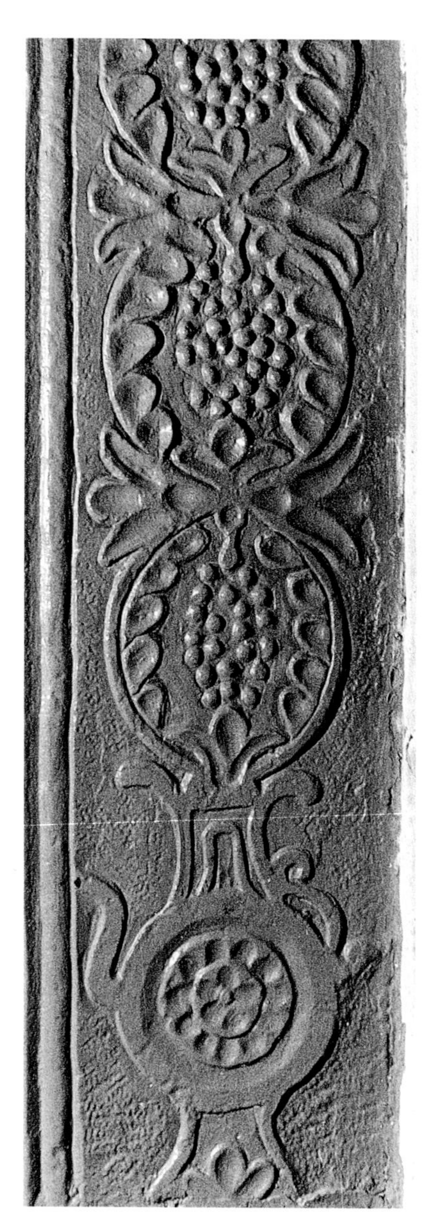

Τμήμα δεξιάς παραστάδας του βόρειου θυρώματος της Αγίας Παρασκευής στα Τρίκαλα (σελ. 88).

ΠΕΡΙΕΧΟΜΕΝΑ

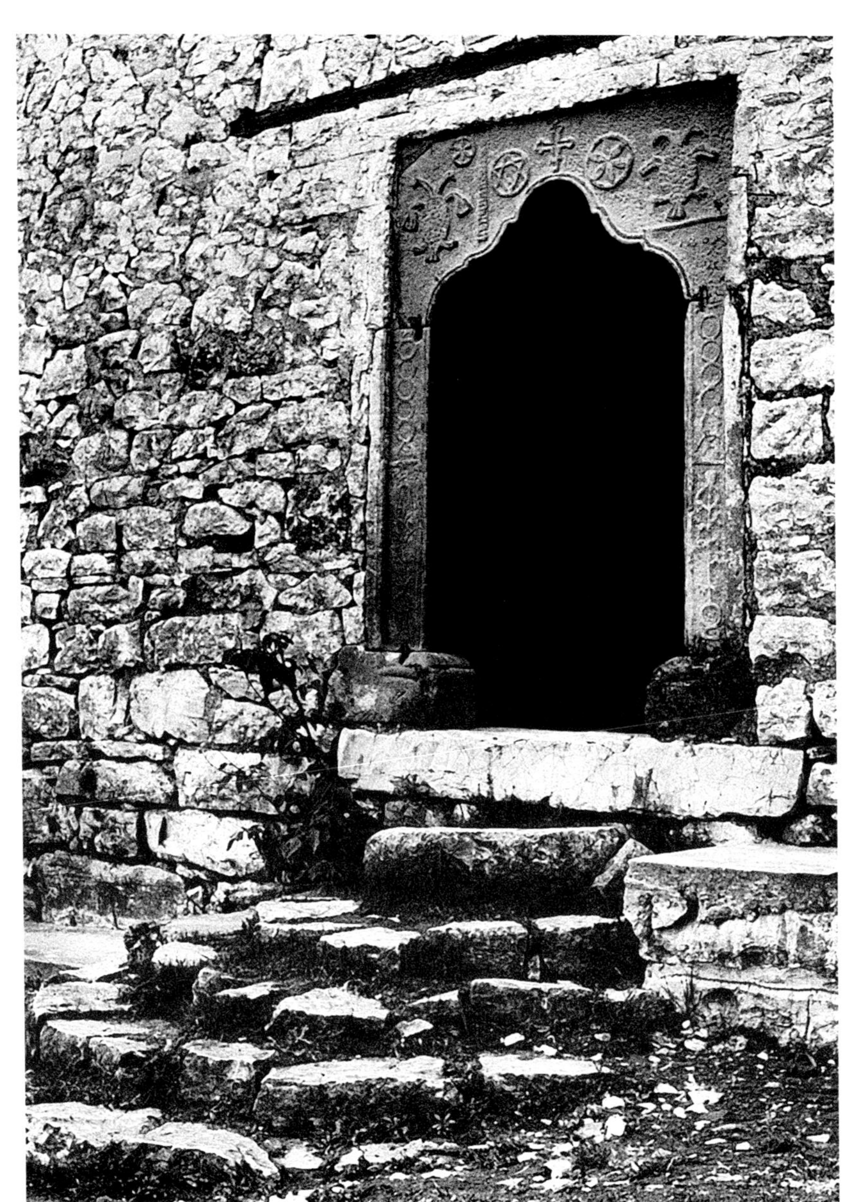

Το νότιο περιθύρωμα με κοιλόκυρτο αψίδωμα από τον Άγιο Γεώργιο στη Βασιλική Καλαμπάκας.

ΤΑΚΗΣ ΤΛΟΥΠΑΣ: ΒΙΟΓΡΑΦΙΚΟ ΣΗΜΕΙΩΜΑ

Ο Τάκης Τλούπας γεννήθηκε στη Λάρισα. Οι αποδημίες-ταξίδια του δεν τον απομάκρυναν από τη γενέτειρά του για μεγάλα χρονικά διαστήματα. Φύση καλλιτεχνική, ασχολήθηκε από μικρός με την ξυλογλυπτική στο εργαστήρι του πατέρα του. Αργότερα τον τράβηξε η μαγική τέχνη της φωτογραφίας με την οποία ασχολήθηκε επαγγελματικά μετά το 1940.

Είναι αυτοδίδακτος φωτογράφος με πηγαίο ταλέντο, ευαισθησία, έμπνευση σοφή και αγάπη για ό,τι ωραίο δημιούργησε η φύση και ο άνθρωπος. Αυτά τα φυσικά του προσόντα, που ευνοούν την υψηλή καλλιτεχνική δημιουργία, και η επιμέλεια με την οποία ασκεί το έργο του, τον έχουν αναδείξει σε προσωπικότητα πρώτου μεγέθους στον κόσμο της φωτογραφίας.

Φωτογράφος Έλληνας-Θεσσαλός-Λαρισαίος ανίχνευσε μόνος του, βήμα προς βήμα, το φως – πρωταρχικό στοιχείο της τέχνης του – τις άπειρες δυνατότητες της θέασης των πραγμάτων, τα μυστικά της εκτύπωσης των φιλμς στο σκοτεινό θάλαμο και με μάτι ακούραστο στην παρατήρηση ανέδειξε μέσα από τη φωτογραφία το τοπίο, τη βλάστηση, την ανθρώπινη ζωή στον καθημερινό μόχθο ή στη σχόλη, τον επώνυμο άνθρωπο, αντικείμενα της ζωής, δημιουργήματα τέχνης προϊστορικών και ιστορικών εποχών στην αληθινή τους υπόσταση που είναι ισοδύναμη με το ωραίο.

Η εργασία του Τάκη Τλούπα είναι έντιμη σαν τον κάματο του αγρότη που καλλιεργεί τη γη για να καρπίσει. Είναι καθαρή σαν το γάργαρο νερό που αναβλύζει από τη βουνίσια πηγή – προσφορά σε όλα τα έμβια όντα. Η εργασία του αποπνέει τα δικά του πιστεύω για το επιστητό – μια κοσμοθεωρία σοφή με επίγνωση της ανθρώπινης μοίρας, των αποχρώσεων του τραγικού-κωμικού, του αέναου-στιγμιαίου, του καλού-κακού που συνυπάρχουν και όμως διίστανται. Όμως ο Τάκης Τλούπας εκφράζει αυθόρμητα για τον κόσμο και τη ζωή την αισιοδοξία, σαν το ελληνικό δημοτικό τραγούδι που μνημονεύει τη λύπη αλλά την ξεπερνά γιατί έλκεται δυναμικά από τη χαρά. Διαδίδει το μήνυμά του με την τέχνη του – μήνυμα που συγκινεί, πείθει και διαστέλλει το όραμα του καλλιτέχνη μια και το κοινωνεί αβίαστα ο θεατής.

Η Θεσσαλία ευτύχησε να είναι πολυφωτογραφημένη από τον Τάκη Τλούπα. Τα βουνά της, οι πεδιάδες, οι καλλιέργειες, τα ήμερα ζωντανά, η παραδοσιακή ζωή των ανθρώπων, τα μνημεία παρωχημένων εποχών βιώθηκαν από τον Τλούπα, αποτυπώθηκαν και παραμένουν ντοκουμέντα, στα οποία ερευνητές διαφόρων ειδικοτήτων αλλά και εραστές του ωραίου θα ανατρέχουν στο μέλλον για να τεκμηριώνουν το ζητούμενο της ανησυχίας τους ή τη συμπλήρωση των κενών της γνώσης τους.

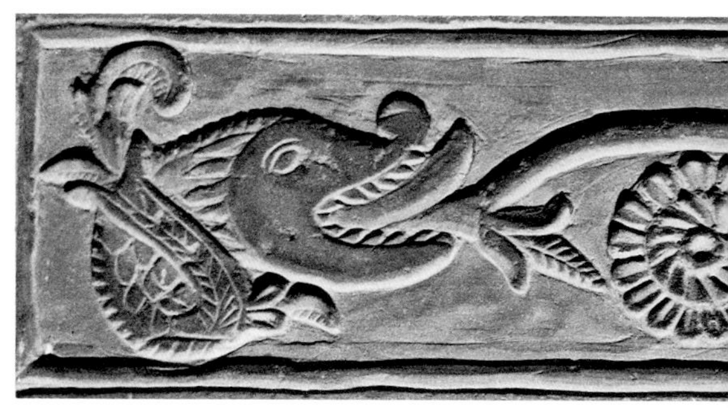

ΕΙΣΑΓΩΓΗ

Λεπτομέρεια παραστάδας του βόρειου περιθυρώματος της Παναγίας Φανερωμένης στα Τρίκαλα (σελ. 94). Από το στόμα δρακόμορφου φιδιού εκφύεται συνεχής βλαστός με έλικες και άνθη.

Αφορμή για το ξεκίνημα της εργασίας αυτής στάθηκε μια συλλογή φωτογραφιών του Τάκη Τλούπα με λιθανάγλυφα περιθυρώματα ναών της δυτικής Θεσσαλίας, την οποία είχα δει πριν από δύο δεκαετίες περίπου.

Αυτά τα κεντήματα πάνω στην πέτρα μού κίνησαν το ενδιαφέρον να ασχοληθώ με την τεκμηρίωση του υπάρχοντος φωτογραφικού υλικού και να προτρέψω το φωτογράφο-συλλέκτη να συνεχίσει τη συγκέντρωση και άλλων φωτογραφιών με λιθανάγλυφα της ορεινής και πεδινής δυτικής Θεσσαλίας, έτσι ώστε η συλλογή να αντιπροσωπεύει την τέχνη του λιθόγλυπτου στο γεωγραφικό αυτό χώρο και η μελέτη να αποκτήσει πληρότητα.

Μια πρώτη παρουσίαση της μελέτης των λιθαναγλύφων της δυτικής Θεσσαλίας, τα οποία είναι ενσωματωμένα, κυρίως, σε ναούς ως περιθυρώματα ή εντοιχισμένα σε εξωτερικούς τοίχους αλλά και δημόσιες κρήνες, έγινε το 1975 στο Συνέδριο «La Thessalie» στη Lyon[1]. Το σύνολο του υλικού που

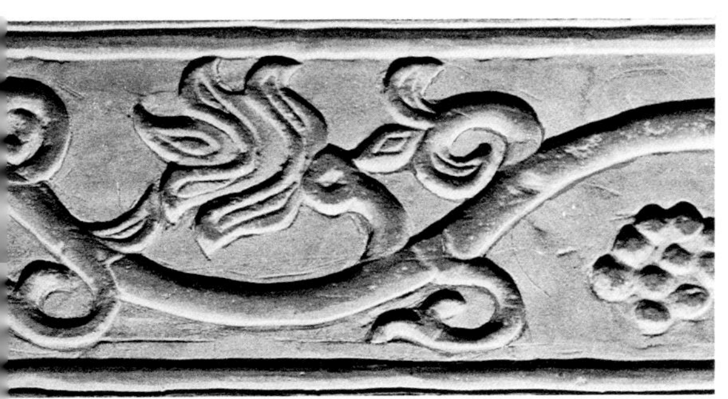

παρέμεινε ανέκδοτο για μακρύ χρονικό διάστημα, μια και μεσολάβησαν ανυπέρβλητα εμπόδια, το παρουσιάζουμε σήμερα.

Η δημοσίευση των λιθαναγλύφων της δυτικής Θεσσαλίας – πολλά από αυτά έχουν πλέον χαθεί ή ανεπανόρθωτα κακοποιηθεί, επιχρωματίστηκαν ή αποτοιχίστηκαν και ακρωτηριάστηκαν – πιστεύουμε ότι θα συμβάλει στη σύνθεση μιας πληρέστερης εικόνας της δραστηριότητας των **πελεκάνων**, των μαστόρων της πέτρας, στον ηπειρωτικό ελλαδικό χώρο και των συνθηκών άσκησης της τέχνης τους, όπως επίσης θα βοηθήσει και στη συμπλήρωση ενός corpus της νεοελληνικής λαϊκής λιθογλυπτικής, η οποία εμφανίζεται από το 17ο και το 18ο αι. στον ελλαδικό χώρο, αλλά στη δυτική Θεσσαλία ακμάζει κατά το 19ο αι.

Η νεοελληνική λιθογλυπτική γενικά, και όπως τη συναντούμε κατά το 19ο αι. στη δυτική Θεσσαλία, ενσωματωμένη-υποταγμένη στην αρχιτεκτονική, διατηρεί την αρνητική θέση του βυζαντινού-χριστιανικού κόσμου απέναντι στο περίοπτο γλυπτό. Κατά τη χιλιόχρονη ιστορία της βυζαντινής αυτοκρατορίας η γλυπτική, ως αυτοτελής τέχνη, ατονεί και το διακοσμητικό μαρμάρινο ανάγλυφο υπηρετεί την εκκλησιαστική τέχνη που εκφράζει τη θεοκρατική κοσμοθεωρία του Βυζαντίου. Σαρκοφάγοι, αρχιτεκτονικά μέλη πρωτοχριστιανικών και βυζαντινών ναών, κιονόκρανα, θωράκια, τέμπλα και άμβωνες κοσμούνται με ανάγλυφες παραστάσεις – γραμμικά και φυτικά θέματα, του ζωικού κόσμου, θρησκευτικές σκηνές και μορφές αγίων – δουλεμένες άλλοτε με αρκετή πλαστικότητα και άλλοτε σε επιπεδόγλυφο.

Οι επιρροές που δέχεται η βυζαντινή γλυπτική στην εκτεταμένη επικράτεια της αυτοκρατορίας επί αιώνες συγκλίνουν στην επικράτηση του διακοσμητικού στοιχείου. Στα παλαιολόγεια χρόνια, εποχή ανακατατάξεων, εσωστρέφειας, μυστικισμού και αυξημένου συγχρωτισμού Βυζαντίου-Ισλάμ, το μαρμάρινο ανάγλυφο εξαιρετικά χαμηλό, επηρεασμένο από την τέχνη της Ανατολής χαρακτηρίζεται από την έλλειψη ανθρώπινων μορφών στις συνθέσεις, ενώ επικρατούν τα γεωμετρικά θέματα. Ακόμη ενσωματώνονται στις συνθέσεις αυτούσια ισλαμικά μοτίβα[2].

Η λαϊκή νεοελληνική λιθογλυπτική δεν προέρχεται από το εκκλησιαστικό βυζαντινό ανάγλυφο. Η τελευταία προ της πτώσης βυζαντινή περίοδος, που διέπεται από την αγωνία της αναπόφευκτης αποδοχής της συνύπαρξης με το Ισλάμ, συγγενεύει κατά τη θρησκευτική ιδεολογία με τις νεοελληνικές τουρκοκρατούμενες κοινότητες. Όμως ο κόσμος που αντιπροσωπεύουν οι δεύτερες, το φρόνημα του Ελληνισμού του 18ου αι. βρίσκεται πέρα από την άκρα ταπείνωση της δουλείας του

15ου και 16ου αι. Η συνύπαρξη με το Ισλάμ δεν είναι πλέον η επικείμενη απειλή ενός αδήριτου τέλους ούτε ο εχθρικός γενοκτόνος κατατρεγμός. Βέβαια, το δεδομένο πλέγμα της καταπίεσης από την αλλόθρησκη φυλή υπάρχει. Αποδυναμώνεται όμως προοδευτικά καθώς συντελείται η συρρίκνωση του τουρκικού δεσποτισμού και αναφαίνονται ελπιδοφόρα μηνύματα λευτεριάς και επικείμενης ευημερίας για τους υπόδουλους.

Μέσα στη χαοτική κατάσταση που δημιουργήθηκε στο βαλκανικό και το μικρασιατικό χώρο μετά την τουρκική επέλαση και την πτώση της βυζαντινής αυτοκρατορίας, η Ορθόδοξη Εκκλησία κλονίζεται, αλλά η εκκλησιαστική παράδοση διατηρείται και αποβαίνει το βασικότερο στήριγμα για τον υπόδουλο Ελληνισμό. Με τη χριστιανική πίστη θα συντηρηθεί τους πρώτους δύσκολους αιώνες της Τουρκοκρατίας το ελληνικό στοιχείο. Οι ρίζες του, της όψιμης βυζαντινής - παλαιολόγειας εποχής θα υποστούν διεργασίες κατά τους αιώνες της δουλείας, θα δεχθούν τα μηνύματα των καιρών και θα μετασχηματιστούν.

Στο χωνευτήρι του 17ου αι., όπου το κίνημα του Διαφωτισμού παίζει το ρόλο του για την ανασύνδεση του υπόδουλου Έλληνα με το απώτερο παρελθόν του, θα αφομοιωθούν μαζί με την ορθόδοξη παράδοση του όψιμου βυζαντινού κόσμου οι λαϊκές γηγενείς καταβολές του Έλληνα, το πνεύμα της Δύσης που μετέφερε η Φραγκοκρατία στον ελληνικό χώρο και οι επιρροές της Ανατολής που διαδίδονταν συνεχώς στην οθωμανική επικράτεια από τους κυριάρχους. Και το νεοελληνικό ανάπτυγμα, η συνισταμένη των τοπικών ιδιαιτεροτήτων του Ελληνισμού της Τουρκοκρατίας θα λάμψει κατά την ιστορική ώρα του 18ου αι. με την οικονομική και πνευματική αναγέννηση, η οποία θα προετοιμάσει και την εθνική παλιγγενεσία του 1821.

Στο ιστορικό αυτό πλαίσιο η πρώιμη νεοελληνική γλυπτική, η λαϊκή λιθογλυπτική εμφανίζεται στα χρόνια της ακμής του ελληνικού παραδοσιακού πολιτισμού ως μια ακόμη καλλιτεχνική έκφραση. Η λειτουργία της κινείται μέσα στην κοσμοθεωρία της εποχής. Η έκφρασή της χαρακτηρίζεται από την άμεση επικοινωνία δημιουργού - θεατή. Διαπνέεται από αυθορμητισμό και ζωντάνια, απλοϊκότητα, φόρτο διακοσμητικό, συντηρητισμό ως προς την αφομοιωτική της δυναμική, άκρατη θρησκευτικότητα χωρίς να παραβλέπει τη δεισιδαιμονία.

Η εμφάνιση και εξέλιξη της νεοελληνικής λιθογλυπτικής εκδηλώνεται ακολουθώντας την ιστορική πορεία κάθε περιοχής. Τα πρωιμότερα δείγματά της στα αιγαιοπελαγίτικα νησιά χρονολογούνται στο 17ο αι. Μαρμάρινα τέμπλα ναών, εικόνες, εικονοστάσια, θυρώματα, φεγγίτες οίκων, περιστερώνες και πολλά εντοιχισμένα ανάγλυφα με πλούσιες παραστάσεις όπου δεσπόζει η ανθρώπινη μορφή, κρήνες κ.ά. σκάλιζαν οι μαρμαράδες των νησιών επί τρεις περίπου αιώνες. Τόσο στην εκκλησιαστική όσο και την κοσμική αρχιτεκτονική, τα έξεργης τεχνικής, με πλαστικότητα δουλεμένα ανάγλυφα, τα δυτικότροπα διακοσμητικά μοτίβα αποδίδονται στη μεγάλη διάρκεια της Φραγκοκρατίας στα νησιά[3]. Η σχετική βιβλιογραφία συνεχώς εμπλουτίζεται με νέες εκδόσεις.

Η παράδοση ότι ο Φειδίας δίδαξε στους Τηνιακούς μαρμαράδες τη γλυπτική τέχνη δηλώνει ακριβώς την εξαίρετη επίδοσή τους στη λιθογλυπτική. Και δεν είναι τυχαίο, ότι σπουδαίοι επώνυμοι γλύπτες του 19ου αι. κατάγονται από το προνομιούχο αυτό νησί των Κυκλάδων[4].

Πλούσια σε μαρμάρινο διάκοσμο – θωράκια, θυρώματα, κίονες, κιονόκρανα, εικόνες, δεσποτικοί θρόνοι κ.ά. – είναι και τα μοναστήρια στο Άγιο Όρος. Η έρευνα του Αλέκου Φλωράκη στον ιερό χώρο του Άθω έχει αναδείξει εμπεριστατωμένα τη σαφή διάκριση των πετράδων - κτιστάδων του βόρειου ελλαδικού χώρου που ασχολούνται με τη λιθογλυπτική και των μαρμαράδων που δουλεύουν αποκλειστικά το μάρμαρο με επιδόσεις ανώτερης τέχνης. Αιγαιοπελαγίτες μαρμαρογλύπτες εργάζονται στις μονές του ιερού βουνού της Χαλκιδικής από το 17ο έως το 19ο αι. Πολλοί από αυτούς δραστηριοποιούνται στην Κωνσταντινούπολη και γίνονται φορείς των καλλιτεχνικών ρευμάτων που επικρατούν στο οθωμανικό κέντρο[5].

Η λιθογλυπτική στον ηπειρωτικό ελλαδικό κορμό ακμάζει από το 18ο αι. Συγγενική είναι η έκφρασή της στις βόρειες και κεντρικές περιοχές (Ήπειρος, Μακεδονία, Θεσσαλία), καθώς ομοιογενείς ιστορικές συνθήκες καθόρισαν πορείες παράλληλες. Η σύνδεση των περιοχών υπακούει στη γεωγραφική διαμόρφωση του χώρου. Η Πίνδος με τα παρακλάδια της τελειώνει στη θεσσαλική πεδιάδα και συνδέει σαν τεράστια ραχοκοκαλιά βόρειες και κεντρικές ελληνικές περιοχές. Μέσα από το δίκτυο των ορεινών δρόμων της Πίνδου κινούνταν τα συγκοινωνιακά μέσα της εποχής, τα καραβάνια, εξυπηρετώντας εμπορικές και ταξιδιωτικές ανάγκες. Οι ετήσιες μετακινήσεις των κτηνοτροφικών πληθυσμών μεταξύ πεδινής Θεσσαλίας και ορεινής Μακεδονίας περνούσαν από τους δρόμους της Πίνδου. Αλλά και οι πλανόδιες ομάδες Μακεδόνων και Ηπειρωτών τεχνιτών για τις επαγγελματικές τους αποδημίες τους ίδιους δρόμους ακολουθούσαν και έφταναν στη Θεσσαλία. Το 1863 οικογένειες μαστόρων κτιστών από την Κόνιτσα, που μετοικούν στη Δρακότρυπα και τη Βατσινιά των Αγράφων, εξακολουθούν να εργάζονται ως οικοδόμοι[6]. Το 19ο αι. στα Τρίκαλα και σε μικρότερους ημιορεινούς οικισμούς (Φανάρι, Κανάλια) εγκαθίστανται Μακεδόνες και Ηπειρώτες μαστόροι που εκτελούν τις οικοδομικές εργασίες[7].

Από τα σποραδικά δείγματα λιθόγλυπτων αναγλύφων των βόρειων ελληνικών περιοχών διαπιστώνεται η συγγένειά τους με τα θεσσαλικά[8]. Στην τεχνική επικρατεί το χαμηλό ανάγλυφο που διακοσμείται με εγχαράξεις. Είναι έκδηλη η έλλειψη πλαστικότητας. Οι παραστάσεις συνήθως αποπνέουν συντηρητισμό, τα θέματα, πανομοιότυπα, αντλούνται από την εκκλησιαστική αγιογραφία και τη γηγενή λαϊκή παράδοση. Είναι θέματα που συναντώνται στη διακόσμηση όλων των λαϊκών τεχνημάτων.

Στην ανατολική Θεσσαλία, οι οικισμοί του Πηλίου, απαλλαγμένοι από βαριά φορολογία εξαιτίας των προνομίων που διατηρούσαν, αναπτύχθηκαν οικονομικά. Το 18ο αι. ακμάζουσες βιοτεχνίες και εξαγωγικό εμπόριο έχουν δημιουργήσει προϋποθέσεις για την πολιτιστική άνθηση που εκδηλώνεται σε όλους τους τομείς. Η εκκλησιαστική λιθογλυπτική στο Πήλιο δίνει έργα σημαντικά από τα μέσα του 18ου αι. Με αβαθές ανάγλυφο σμιλεύονται εμπνεύσεις από το παραδοσιακό θεματολόγιο σε πέτρινα ενσωματωμένα μέλη στους ναούς. Δεν λείπουν οι επώνυμοι λιθοξόοι, όπως μας πληροφορεί η βιβλιογραφία του Κίτσου Μακρή και άλλων μελετητών[9]. Η Βιβή Νικήτα-Σκαρτάδου εντόπισε στο Πεντάλοφο[10], την πατρίδα του γλύπτη Μίλιου που σκάλισε περίτεχνα λιθανάγλυφα στις εκκλησίες του Πηλίου στο τέλος του 18ου αι., έργα δικά του στο μοναστήρι της Αγίας Τριάδας[11], τα οποία είναι προγενέστερα από αυτά του Πηλίου.

Από την ανατολική πεδινή Θεσσαλία αναφέρουμε δύο εκκλησιαστικά λιθόγλυπτα[12]. Το πρώτο αφορά την επιγραφή από την παλαιά εκκλησία του Αγίου Αθανασίου στο Ομορφοχώρι[13]. Με πολλές συντμήσεις και ανορθογραφίες μνημονεύει αρχιερέα, επιτρόπους, δωρητές και μαστόρους Ζουπανιώτες, κατασκευαστές του ναού, το 1869. Ο ναός πρέπει να είχε και θύρωμα λιθόγλυπτο κατά τη μόδα της εποχής, το οποίο καταστράφηκε όταν η εκκλησία ανακαινίστηκε.

Το δεύτερο λιθόγλυπτο με τη χρονολογία κτίσεως του παλαιού ναού των Αγίων Σαράντα στη Λάρισα (1865) διασώζεται στον αποτοιχισμένο δόμο, ο οποίος ήταν εντοιχισμένος στον ανατολικό τοίχο του ναού προς τη νότια γωνία[14]. Η τρίκλιτη ξυλόστεγη βασιλική είχε θύρωμα λιθόγλυπτο στο εσωτερικό, στο νότιο τοίχο του δεξιού κλίτους, το οποίο δεν κατορθώθηκε να διασωθεί όταν γκρεμίστηκε ο ναός το 1977. Η θέση του χαμένου σήμερα θυρώματος δεν είναι συνηθισμένη. Πιστεύουμε ότι ήταν αρχικά εξωτερικό θύρωμα που σε δεύτερη χρήση είχε ενσωματωθεί στο εσωτερικό του ναού. Δύο αρχαία ελληνικά γλυπτά ήταν εντοιχισμένα στον ανατολικό τοίχο. Καταστράφηκαν κατά την εκ θεμελίων ανακαίνιση του ναού. Δεξιά της κόγχης μία πλάκα με ημισφαιρικές εσοχές – μέτρα βάρους υγρών – και αριστερά επιτύμβια στήλη.

Λεπτομέρεια παραστάδας του βόρειου περιθυρώματος της Παναγίας Φανερωμένης στα Τρίκαλα (σελ. 99). Προσωποποιημένος ήλιος με επιμελημένα πέταλα-ακτίνες.

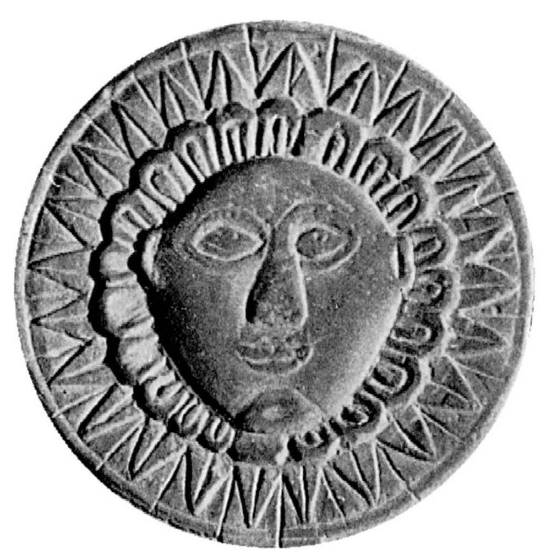

ΕΚΚΛΗΣΙΑΣΤΙΚΗ ΛΙΘΟΓΛΥΠΤΙΚΗ

Στη δυτική Θεσσαλία η λιθογλυπτική είναι κυρίως εκκλησιαστική. Η εμφάνισή της προηγείται στις ορεινές κοινότητες. Μοιάζει σαν να απλώνεται από τα βουνά προς τις πλαγιές και την πεδιάδα, όπου ακμάζει μετά τις πρώτες δεκαετίες του 19ου αι. Το φαινόμενο αιτιολογείται ιστορικά. Τα μοναστήρια στη θεσσαλική Πίνδο και τα Μετέωρα ήταν τόποι συγκέντρωσης της χριστιανικής λατρείας και έπαιξαν το ρόλο τους στην άσκηση των τεχνών. Οι ορεινοί οικισμοί με επαγγελματικό προσανατολισμό την κτηνοτροφία, τις βιοτεχνικές ασχολίες και τη διακίνηση των προϊόντων παραγωγής (υφαντική, αργυροχοΐα) διέθεταν οικονομική αυτάρκεια από το 18ο αι. Όμως το ελληνικό στοιχείο σταδιακά μετατοπίζεται, εγκαθίσταται σε πόλεις και οικισμούς του κάμπου, οι οποίοι, ιδιαίτερα μετά τη δημιουργία του ελεύθερου Ελληνικού κράτους και την πιο φιλελεύθερη πολιτική της Τουρκίας[15] – επιβεβλημένη από τις ευρωπαϊκές δυνάμεις – παρέχουν στους υπηκόους της αυτοκρατορίας ασφάλεια, ελεύθερη άσκηση της θρησκευτικής λατρείας και προσελκύουν τους χριστιανούς.

Είναι εκπληκτική η εκκλησιαστική οικοδομική δραστηριότητα στις πόλεις και τα χωριά της περιοχής Τρικάλων - Καρδίτσας. Κατά το 19ο αι. κτίζονται και ανακαινίζονται εκ θεμελίων πολλές και μεγαλόπρεπες εκκλησίες. Επίσης, αναμορφώνονται όλα τα μοναστήρια. Όλες οι εκκλησίες που διατηρούνται μέχρι σήμερα στη δυτική Θεσσαλία, ιδιαίτερα στα Τρίκαλα, είναι επιβλητικές σε διαστάσεις και καλοχτισμένες από πέτρα του τόπου. Συνήθως έχουν ρυθμό απλής ή τρίκλιτης βασιλικής με δίρριχτη στέγη, με τρούλο ή χωρίς, άλλες σταυρεπίστεγες, ο τύπος του Αγίου Όρους με κόγχες στη βορεινή και νότια πλευρά, χωρίς να λείπουν και οι πιο πολύπλοκοι αρχιτεκτονικοί τύποι, όπως ο ναός της Ύψωσης του Τιμίου Σταυρού, με τους δώδεκα αρχικά αλλά εννέα σωζόμενους τρούλους, της διαλυμένης μονής Αγίας Ζώνης στα Δολιανά Καλαμπάκας, που κτίστηκε το 1840-50[16]. Οι γραφικές εκκλησίες στο ύπαιθρο είναι πάντα ενταγμένες με λογική στον περιβάλλοντα χώρο. Είναι κατάσπαρτη η δυτική Θεσσαλία από ναούς που δεσπόζουν και με την παρουσία τους διαλαλούν ελεύθερα, χωρίς φόβο, τη χριστιανική πίστη.

Πέτρινα περίτεχνα θυρώματα πλαισιώνουν τις πόρτες των ναών. Το δυτικό αλλά και το νότιο ή βορεινό θύρωμα διαμορφώνονται με μεγάλη φροντίδα. Τα υπέρθυρα είναι πάντα μονοκόμματα και σχηματίζουν αψιδωτό κοιλόκυρτο τόξο, πιθανόν κατά το πρότυπο της ωραίας Πύλης του τέμπλου. Μετά τα μέσα του 19ου αι. συναντούμε παραλληλεπίπεδα υπέρθυρα με νεοκλασικές επιρροές, που πατούν σε επίκρανα στηριζόμενα πάνω στις παραστάδες[17]. Υπάρχει ένας τύπος ακόμη, το παραλληλεπίπεδο υπέρθυρο με διαμορφωμένο τυφλό τόξο.

Οι παραστάδες των θυρωμάτων είναι από μονοκόμματο πέτρωμα όταν το άνοιγμα της πόρτας δεν έχει μεγάλο ύψος[18]. Τα θυρώματα περιβάλλονται από μεταβατικό κυμάτιο που γεφυρώνει ομαλά τη διαφορά μεταξύ του δικού του επιπέδου και του τοίχου.

Τα τμήματα των θυρωμάτων είναι αρμολογημένα με τέλεια λείανση των εφαπτόμενων επιφανειών. Οι σιδερένιοι σύνδεσμοι, τα *τζινέτια*, που εισχωρούν στους αρμούς για να δέσουν την πέτρα με το ξύλινο πλαίσιο της πόρτας, αφήνουν στην όψη του θυρώματος ένα διακοσμητικό μεταλλικό τμήμα. Η πέτρα που χρησιμοποιήθηκε για τα θυρώματα είναι πέτρα του τόπου, γκρίζα ή άσπρη μαρμαρόπετρα και πιο συχνά γκρίζος μαλακός ψαμμίτης – πέτρωμα ιζηματογενές – που δουλεύεται εύκολα, αλλά και εύκολα φθείρεται από το χρόνο και τις καιρικές μεταβολές.

Τα θυρώματα, που την κατασκευή τους περιγράψαμε λεπτομερειακά, καλύπτονται απαραίτητα με σκαλιστό διάκοσμο. Το ανάγλυφο είναι πολύ χαμηλό (0,01μ. - 0,02 μ.). Μερικά είναι τόσο επίπεδα δουλεμένα που μοιάζουν σαν ζωγραφιστά. Σπανιότατα είναι επιζωγραφισμένα. Ίχνη αρχικού χρώματος διαπιστώσαμε μόνο στα λιθανάγλυφα του ναού της Αγίας Παρασκευής στα Τρίκαλα (εικ. 57) και στο ανάγλυφο της κρήνης στη Λάσδα, περιοχή Καναλίων Καρδίτσας (εικ. 127). Ο ανάγλυφος διάκοσμος άλλοτε περιορίζεται στο υπέρθυρο με μεμονωμένα μοτίβα ή συνθέσεις, συνήθως όμως απλώνεται σε ολόκληρο το σύνολο, υπέρθυρο-παραστάδες, με πλούσια θέματα. Η εκτέλεση της εργασίας ποικίλλει. Υπάρχουν θυρώματα σκαλισμένα με εξαιρετική επιμέλεια, όπως αυτά στον Άγιο Χαράλαμπο, μονή Αγίου Στεφάνου στα Μετέωρα, στις εκκλησίες των Τρικάλων Παναγία Επίσκεψη, Παναγία Φανερωμένη, Άγιος Αθανάσιος - Νέα Μονή. Άλλα είναι σκαλισμένα με αφέλεια σαν παιδικά σχέδια, άλλα άτεχνα. Το ανάγλυφο της Κυρα-Βασιλικής[19], σε άσπρο μάρμαρο, εντοιχισμένο στον ανατολικό τοίχο του Αγίου Νικολάου στο χωριό Βασιλική Καλαμπάκας, παρόλο που κατά το σχεδιασμό της μορφής δεν διαφέρει από τα γνωστά πρότυπα της εποχής, είναι δουλεμένο σε αρκετό βάθος και με μοναδική για την περιοχή πλαστικότητα.

Τα διακοσμητικά θέματα σπάνια είναι πρωτότυπα. Συνήθως αυτούσια ή με παραλλαγές προέρχονται από το γνωστό θεματολόγιο της λαϊκής τέχνης και της εκκλησιαστικής αγιογραφίας με ανάλογη προσαρμογή στο σκληρό υλικό. Ανθοφόρες γλάστρες ή δοχεία, η κληματίδα, το κυπαρίσσι, άνθη (τουλίπα, κρίνα, φοινικόφυλλα κ.ά.). Φυτικές γιρλάντες πλαισιώνουν το σχήμα της επιφάνειας που διακοσμούν, διαπλέκονται και δημιουργούν διάχωρα όπου σκαλίζονται πουλιά, ζώα, ερπετά, θρησκευτικές παραστάσεις – ο Παντοκράτορας, η Παναγία, ένας άγιος σε προτομή, πολύ συχνά ο αϊ-Γιώργης και ο αϊ-Δημήτρης καβαλάρηδες, άγγελοι, ο Ευαγγελισμός της Θεοτόκου, η Αγία Τριάδα, ναόσχημα κτήρια, δωρητές κ.ά. Συχνά συναντούμε μαγικά-αποτρεπτικά σύμβολα, π.χ. πεντάλφα, οβελίσκο[20].

Εκτός από τα θυρώματα, στα οποία είναι σκαλισμένες οι σπουδαιότερες παραστάσεις, υπάρχουν στους ναούς και σε καμπαναριά ναών της δυτικής Θεσσαλίας ανάγλυφα εντοιχισμένα σε εξωτερικούς τοίχους. Στην κεντρική κόγχη του ιερού, πάνω από το μικρό παράθυρο, τοποθετούσαν σχεδόν πάντα μία πλάκα με σκαλιστό φυλακτικό σύμβολο αλλά και τη χρονολογία κτίσεως του ναού. Πλάκες με αυτοτελή θέματα τοποθετούσαν ψηλά στις κόγχες του ιερού σε συνεχή ζώνη ή διακεκομμένη από ημικιόνες που απολήγουν σε ημικιονόκρανα. Στις εντοιχισμένες πλάκες, συχνά από διάφορα πετρώματα στον ίδιο ναό, σχεδιάζονται συνθέσεις απλούστερες από αυτές των θυρωμάτων και ο τεχνίτης εδώ τολμά να παρουσιάσει κάτι νέο. Μια σκηνή της καθημερινής ζωής, ένα χορό, ανθρώπους με ενδύματα της εποχής (εικ. σελ. 21). Όμως στο θύρωμα του ναού Άγιος Χαράλαμπος, μονή Αγίου Στεφάνου στα Μετέωρα, στην αριστερή παραστάδα, ο ανώνυμος τεχνίτης έχει σκαλίσει το πιο πρώιμο δείγμα (1792) παράστασης ανθρώπου. Ίσως ένας δραγάτης ή ορεινός φύλακας, μικροσκοπικός, σε στάση, μάλλον, κωμική κρατά στα χέρια του ρόπαλο (εικ. 7).

Χαρακτηριστικό του λιθόγλυπτου διακόσμου είναι η σχηματοποίηση των θεμάτων. Τα φυτικά μοτίβα μετατρέπονται σε φυλλοειδείς και άνθινους ιστούς για να εξυπηρετηθεί μια συγκεκριμένη σχεδιαστική εφαρμογή. Αλλά και τα ζώα, πουλιά, φίδια, θηρία παραποιούνται. Τα αναγνωρίζουμε σε θέσεις και στάσεις αφύσικες μια και τα σχήματά τους λειτουργούν ως στοιχεία ενός διακοσμητικού σχεδίου.

Τα επιμέρους μοτίβα της διακοσμητικής σύνθεσης σπάνια αναπνέουν σε γυμνή επιφάνεια. Συνήθως κυριαρχεί «ο φόβος του κενού» και το βάθος καλύπτεται με πλήθος παραπληρωματικών θεμάτων σε μια έξαρση διακοσμητικού φόρτου. Οι άγιες μορφές παρουσιάζονται πάντα αυστηρά κατενώπιον. Τελείως ενδεικτικά σχηματίζονται τα κάτω άκρα σε πλάγια όψη. Τα πρόσωπα των αγίων μορφών περιβάλλονται από φωτοστέφανο. Τονίζονται τα κύρια χαρακτηριστικά τους τόσο στα πρόσωπα όσο και στη στάση τους. Η Παναγία δεόμενη με τις παλάμες στραμμένες προς το θεατή, ο Παντοκράτορας με το ευαγγέλιο, ο άγιος Αθανάσιος με το ευαγγέλιο στο ένα χέρι και με το άλλο ευλογεί. Στις σκηνές του καθημερινού βίου ο τεχνίτης μπορεί να πρωτοτυπήσει. Σχεδιάζει μια μορφή που κρατά ρόπαλο, ένα δραγάτη ή έναν καλόγηρο (εικ. 40). Αλλού τα λυγισμένα πόδια μιας μορφής δείχνουν χορευτική κίνηση. Σχεδιάζει πρόσωπο σε κατατομή αλλά με το μάτι ολόκληρο, όπως στις μορφές κατενώπιον. Η εμπειρία του για το πρόσωπο σε απόδοση προφίλ είναι μεν προσωπική αλλά γνωστή και από την παράδοση. Η σελήνη, θέμα αγαπητό και επαναλαμβανόμενο στη λαϊκή λιθογλυπτική, σχεδιάζεται πάντα με ανθρώπινο πρόσωπο σε κατατομή μέσα στο σχήμα του κύκλου και συμπληρώνει τον αντίστοιχο κύκλο όπου ο ήλιος παρουσιάζεται με ανδρικό πρόσωπο κατά μέτωπο (εικ. 17-18).

Κάποια πρόσωπα ανδρών, ίσως πορτραίτα ή αποτροπαϊκές μάσκες που συμβολίζουν το καλό στοιχειό της οικοδομής, λαξεύονται με αρκετό βάθος συνήθως μεμονωμένα σε γωνιακούς δόμους. Όμως βρίσκουμε και εγχάρακτα σχηματικά πρόσωπα μεμονωμένα. Άλλοτε πάλι σκαλίζονται πρόσωπα ανδρών σε συνθέσεις διακόσμου. Στον Άγιο Αθανάσιο στη Νέα Μονή Τρικάλων, κάτω από την κτιτορική επιγραφή στο κέντρο, το πρόσωπο, από το στόμα του οποίου εκφύονται και προς τις δύο κατευθύνσεις κυματοειδείς ανθοφόροι βλαστοί, πιστεύουμε ότι παριστάνει τον αρχικτίστη Μιχάλη Ζωπανιώτη, τον πρωτομάστορα, πιθανόν και πελεκάνο, της ομάδας των κτιστών που οικοδόμησαν το ναό (εικ. 32). Το πρόσωπο της Κυρα-Βασιλικής στο λιθανάγλυφο του ναού Άγιος Νικόλαος, στο χωριό Βασιλική Καλαμπάκας, δεν αποδίδεται με ατομικά χαρακτηριστικά και όμως είναι πορτραίτο. Η ενδυμασία της μορφής, αν και με πολλή αφαίρεση, παρουσιάζει τη φορεσιά μιας αρχόντισσας της εποχής με τον ανοιχτό εμπρός επενδύτη, τη μεγάλη πόρπη στο ζωνάρι και τον ψηλό κεφαλόδεσμο (εικ. 26).

Ο λιθόγλυπτος διάκοσμος με τα θρησκευτικά ή δεισιδαίμονα σύμβολα, που τοποθετείται στις πόρτες των εκκλησιών και στις κόγχες του ιερού, έχει διττή σημασία. Στολίζει καίρια στοιχεία της οικοδομής και παράλληλα προστατεύει από το κακό, που κατά την αντίληψη των απλοϊκών ανθρώπων ενεδρεύει για να βλάψει κάθε θεάρεστο και καλό. Την ίδια σημασία έχει ο σταυρός που γράφει ο νοικοκύρης με τη λαμπάδα της ανάστασης στο ανώφλι του σπιτιού αλλά και η διακόσμηση ενός ασημένιου φυλακτού με το σχήμα του σταυρού, του έφιππου αϊ-Γιώργη κ.ά.

Οι επιγραφές που είναι λαξευμένες πάνω στις πέτρινες επιφάνειες των θυρωμάτων μάς πληροφορούν για το χρόνο κτίσεως - ανακαινίσεως των εκκλησιών, για τους χρηματοδότες αλλά και τους μαστόρους που δούλεψαν στην οικοδόμηση ή σκάλισαν τα ανάγλυφα θυρώματα και τις εντοιχισμένες πλάκες.

Οι κτιτορικές επιγραφές των επιβλητικών ναών στα Τρίκαλα, οι έμμετρες όπως στο ναό της Παναγίας Φανερωμένης Τρικάλων, στη μονή Αγίου Βησσαρίωνος (Δουσίκου), έχουν συνταχθεί από

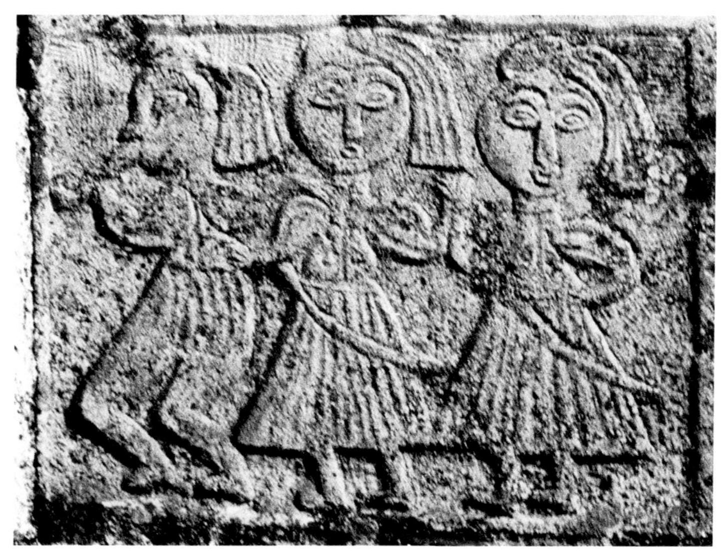

Πλάκα εντοιχισμένη στη νότια πλευρά του καμπαναριού του Αγίου Αθανασίου στο Ψυχικό Λάρισας (σελ. 130). Απεικονίζεται ανδρικός χορός με τη συνοδεία μουσικού.

εγγράμματους κληρικούς ή επιτρόπους (εικ. 75). Είναι ορθογραφημένες χωρίς φραστικά λάθη. Κάποιο κείμενο είχε μπροστά του ο σκαλιστής όταν σχεδίαζε τα γράμματα στην πέτρα και πελεκώντας τά σχημάτιζε ένα ένα. Έτσι άψογα έχει σκαλιστεί η επιγραφή στο δυτικό θύρωμα του ναού Παναγία Επίσκεψη στα Τρίκαλα (1863-65)[21]. Τα γράμματα έχουν ακρέμονες. Ορθογραφικά και συντακτικά λάθη διαπιστώνουμε σε πολλές επιγραφές μια και οι γραμματικές γνώσεις του μεγαλύτερου μέρους των κληρικών, οι οποίοι έγραφαν και τις επιγραφές, ήταν περιορισμένες. Αυτό μαρτυρεί η πολύστιχη, έμμετρη επιγραφή σε πέτρα που βρίσκεται σήμερα στο σκευοφυλάκιο της μονής Αγίου Βησσαρίωνος (Δουσίκου) και ήταν άλλοτε εντοιχισμένη σε μια αραβοσιταποθήκη στα κτήματα του μοναστηριού. Τη συνέθεσε ο ιερομόναχος Χατζη-Γεράσιμος το 1859, όπως μας πληροφορεί ο ερευνητής Δ. Σοφιανός[22]. Υπάρχουν όμως και επιγραφές, αυτοσχέδια δημιουργήματα μαστόρων, που είναι ελλιπείς, με πλήθος ορθογραφικά λάθη. Όταν μάλιστα η γραφή αποδίδει και την ιδιωματική προφορά του τόπου, τότε η ανάγνωση γίνεται δυσκολότερη, π.χ. η επιγραφή στο νότιο θύρωμα του ναού του Αγίου Αθανασίου στο Μεγαλοχώρι Τρικάλων, 1869[23] (εικ. 108).

Τα μοναστήρια μνημονεύονται στις επιγραφές ως χορηγοί της δαπάνης όταν ανακαινίζονται οι εκκλησίες - μετόχια τους. Το 1857 η μονή Αγίου Βησσαρίωνος (Δουσίκου) ανακαίνισε εκ βάθρων την εκκλησία Γενέθλιον της Θεοτόκου, στο χωριό Γοργογύρι σήμερα, που ήταν κτήμα του μοναστηριού μέχρι τις αρχές του αιώνα[24]. Η επιγραφή αναφέρει το σουλτάνο Αβδούλ Μετζίτ (1839-1861) «γαληνότατο αυτοκράτορα χαν Γαζή εφέντη», αναφορά μοναδική μέσα σε όλες τις λίθινες επιγραφές ναών της δυτικής Θεσσαλίας (εικ. 72).

Στη Θεόπετρα Καλαμπάκας η ανέγερση εκ βάθρων του ναού Άγιος Αθανάσιος έγινε με δαπάνη της εκκλησίας το 1876, όπως διαβάζουμε στη λίθινη επιγραφή του νότιου θυρώματος.

Η συμμετοχή των πιστών συνδρομητών στη δαπάνη ανέγερσης - ανακαίνισης των ναών αναφέρεται και όταν μνημονεύονται ως κτίτορες ιερομόναχοι ή κοσμικοί άρχοντες (εικ. 119).

Η ανέγερση εκ βάθρων του ναού Άγιος Αθανάσιος στη Νέα Μονή Τρικάλων πραγματοποιήθηκε το 1833 με δαπάνη και έξοδα της εκκλησίας, ενώ αναφέρεται ως κτίτωρ και ο επίτροπος Παπααθανάσιος, που ίσως επιστάτησε στις εργασίες της ανοικοδόμησης (εικ. 31). Στο αποτοιχισμένο υπέρθυρο, δεξιά, υπάρχει παράσταση ιερωμένου που κρατά ομοίωμα ναού. Εγχάρακτη επιγραφή μας πληροφορεί ότι είναι ο επίτροπος Παπααθανάσιος, φυσικά σε σχηματική απόδοση (εικ. 36). Είναι παράδοση από τη βυζαντινή αγιογραφία η παράσταση κληρικού ή άρχοντα που προσφέρει ναόσχημο οικοδόμημα στη θεότητα ακόμη και όταν δεν έχει δώσει ο ίδιος όλα τα χρήματα για την ανέγερση του ναού.

Ο ναός Κοίμηση της Θεοτόκου στην τοποθεσία Τριπόταμος (Νέγρι), κοντά στην Ανθούσα Τρικάλων, ανήκε άλλοτε σε μοναστήρι το οποίο έχει διαλυθεί. Η εκ βάθρων ανακαίνιση της εκκλησίας το 1792, μας πληροφορεί η επιγραφή στο δυτικό θύρωμα, έγινε με δαπάνη του ιερομόναχου Κυρ Ιακώβου και του Αναστασίου Σκρίτζα (;), κάποιου ευκατάστατου πιστού. Πιο κάτω, αριστερά, μια εγχάρακτη επιγραφή σε αψιδόσχημο διάχωρο αναφέρει ως δωρητή και το γιο του άρχοντα Δημάκη από το γειτονικό χωριό Χαλίκι (εικ. 10-11).

Στην επιγραφή του Αγίου Νικολάου, στο χωριό Βασιλική Καλαμπάκας, πάνω από το δυτικό θύρωμα – η εκκλησία επανακτίζεται από τα θεμέλια το 1818 – αναφέρονται ως κτίτορες, πρώτα η αρχόντισσα Βασιλική, η Ηπειρώτισσα χριστιανή γυναίκα του Αλή Πασά, τα αδέλφια της αλλά και οι κάτοικοι του χωριού[25] (εικ. 24).

Στα Τρίκαλα, ο ναός Παναγία Φανερωμένη κτίστηκε με τα ελέη των πιστών χριστιανών, μας πληροφορεί η έμμετρη επιγραφή του δυτικού θυρώματος (εικ. 60). Το όνομα του πελεκάνου που σκάλισε το θαυμάσιο, σαν δαντέλα, λιθόγλυπτο διάκοσμο του ναού, δεν υπάρχει στην επιγραφή. Δεν υπάρχει ούτε το όνομα του πρωτομάστορα της κουμπανίας που έκτισε το ναό. Όμως η προφορική παράδοση τα διέσωσε. Ήταν Ζουπανιώτες, οι αδελφοί Βεζύρη, ο ένας πρωτομάστορας, ο άλλος πελεκάνος, σκάλισε τα λιθόγλυπτα[26].

Ο ναός Παναγία Επίσκεψη στα Τρίκαλα κτίστηκε, όπως γράφει η επιγραφή στο δυτικό θύρωμα, με τη χρηματική συνδρομή όχι μόνον όλων των Τρικαλινών αλλά και των κατοίκων της περιοχής

(1863-1865)[27]. Ενώ για τη δαπάνη ανέγερσης του ναού Άγιος Αθανάσιος στο Μεγαλοχώρι Τρικάλων συνέβαλαν μόνο οι χωριανοί ενορίτες.

Στις λιθόγλυπτες επιγραφές αναγράφονται ονόματα μαστόρων και πελεκάνων που εργάστηκαν για την ανέγερση των εκκλησιών και το σκάλισμα των λιθόγλυπτων θυρωμάτων κατά το 19ο αι. στη δυτική Θεσσαλία. Αναγράφεται επίσης και η καταγωγή τους. Είναι Ηπειρώτες[28] από την περιοχή Κόνιτσας, Μακεδόνες από το Ζουπάνι[29] και το Ντοτσικό.

Μάστορος Γιώργης έχει σκαλιστεί στο τέλος της επιγραφής μετά από το όνομα του αγίου Σταγών και των επώνυμων κτιτόρων στην επιγραφή στο δυτικό θύρωμα του ναού της Αγίας Παρασκευής, έξω από το Νεραϊδοχώρι Τρικάλων. Ο Γιώργης πρέπει να ήταν ο αρχηγός της συντροφιάς των μαστόρων που έκτισαν την εκκλησία το 1792, πιθανόν και ο πελεκάνος που σκάλισε το λιθόγλυπτο θύρωμα (εικ. 3).

Στην αποτοιχισμένη εξάστιχη επιγραφή του ναού Άγιος Αθανάσιος, στη Νέα Μονή Τρικάλων, υπογράφει ο *μαστορομιχάλης Ζωπανιώτης*, 1833. Και εδώ η ίδια περίπτωση με την προηγούμενη μάς αφήνει να υποθέσουμε ότι ο αρχηγός της παρέας των μαστόρων ήταν ίσως και ο πελεκάνος της συντροφιάς.

Η επιγραφή στο νότιο θύρωμα του ναού Γενέθλιον της Θεοτόκου, στο Γοργογύρι Τρικάλων (1857), μας δίνει πιο σαφείς πληροφορίες για τους μαστόρους που ανοικοδόμησαν το ναό. Αναφέρεται ο αρχηγός της κουμπανίας *πρωτομαΐστωρ Δημήτριος Θεοδώρου*[30] από την Πλήστιανη[31] και ο πελεκάνος *Στεφανής Θεοδώρου*, σίγουρα ο αδελφός του πρωτομάστορα Δημητρίου[32].Την ίδια κουμπανία συναντούμε μετά από δύο χρόνια, το 1859, στη Μονή Δουσίκου. Ασχολείται πιθανότατα με συντηρήσεις των κτισμάτων, αλλά μαρτυρημένα κτίζει την αραβοσιταποθήκη του μοναστηριού από την οποία διασώθηκε η λιθόγλυπτη επιγραφή, σύνθεση του ιερομόναχου Χατζη-Γεράσιμου. Αναφέρεται ο αρχικτίστης Δημήτριος από την Πλήστιανη της Κόνιτσας. Εδώ παραλείπεται το επώνυμό του αλλά όχι και το τοπωνύμιο καταγωγής. Το λάξευμα της επιγραφής πρέπει να έγινε από τον πελεκάνο Στεφανή, ο οποίος δεν μνημονεύεται στην επιγραφή, ίσως διότι, εκτός από τα γράμματα, δεν υπάρχει διάκοσμος στο λιθόγλυπτο, κάποια παράσταση που να προϋποθέτει την αναφορά του πελεκάνου ως δημιουργού της.

Το 1863 ξαναβρίσκουμε την κουμπανία του Δημητρίου και τον πελεκάνο Στεφανή στο Περτούλι Τρικάλων. Το λιθόγλυπτο θύρωμα του ναού Μεταμόρφωση του Σωτήρος έχει χαθεί πριν από το 1970. Στη θέση του παλαιού ναού κτίστηκε ο νέος που υπάρχει σήμερα[33]. Η φωτογραφία της έκδοσής μας παρουσιάζει στο δεξιό τμήμα του υπερθύρου ένα μικρό τμήμα της επιγραφής με κεφαλαία γράμματα, όπου η χρονολογία (ΑΩ)ΞΓ[34]. Τα γράμματα είναι καλοδουλεμένα και έχουν ακρέμονες. Σε μια δεύτερη επιγραφή πάνω από την παράσταση του αρχαγγέλου, με καλλιγραφικά πεζά γράμματα, διαβάζουμε το όνομα του αρχικτίστη Δημητρίου από την Κόνιτσα[35]. Και αυτή η γραφή είναι επιμελημένη και πρέπει να έχει συνταχθεί από εγγράμματο κληρικό. Πιο κάτω όμως, αριστερά και κάτω από τα πόδια του αρχαγγέλου, έχει σκαλιστεί ανορθόγραφα και με σύντμηση: *δια χειρός Στεφανί Θεοδώρου.* Πιστεύουμε πως ο πελεκάνος Στεφανής υπέγραψε το έργο του αυτόβουλα και όχι βάση σχεδίου και εντολής (εικ. 76).

Τεχνίτης με προσωπικό ύφος είναι ο πελεκάνος που σκάλισε την εντοιχισμένη πλάκα πάνω από την είσοδο στο εκκλησάκι Κοίμηση της Θεοτόκου στη Λάσδα, περιοχή Καναλίων. Το όνομά του είναι ΔΙΜΗΤΡΙΣ ΡΑΓΙΑΣ. ΑΠΟ ΧΟΡΙΟΝ ΖΙΟΥΠΑΝ(Ι), όπως διασώζεται σε μεταγενέστερο έργο του, που αναφέρεται παρακάτω. Το άνοιγμα της δυτικής πόρτας του ναού σχηματίζεται από δόμους κτισμένους κατακόρυφα. Δεν υπάρχουν παραστάδες ούτε τοξωτή διαμόρφωση στο επάνω μέρος. Το υπέρθυρο, μια πλάκα σε σκούρο καφέ χρώμα, δείχνει σαν να στηρίζεται σε υποτυπώδη επίκρανα, καθώς οι κάτω γωνίες του πατούν σε ειδικά διαμορφωμένες προεξοχές των κάτωθεν δόμων. Η χρονολογία είναι 1859. Η μορφή του ένθρονου Παντοκράτορα στο κέντρο του υπερθύρου, τα ήρεμα μάτια, το μισάνοιχτο στόμα, η περίεργη γενειάδα που μοιάζει με φτερά, τα τελείως ατροφικά χέρια που κρατούν το ευαγγέλιο, ακόμη οι σχηματικές γλάστρες εκατέρωθεν της μορφής, το άνθος και το φοινικοειδές φυτό είναι χαρακτηριστικά ενδεικτικά της δουλειάς του λιθοξόου (εικ. 74). Τα ίδια συναντούμε πανομοιότυπα στις μορφές – Παντοκράτορας, έφιπποι αϊ-Γιώργης και αϊ-Δημήτρης κ.ά. – και στο φυτικό διάκοσμο των δύο λιθόγλυπτων θυρωμάτων και των εντοιχισμένων πλακών στην κόγχη του ιερού του Αγίου Αθανασίου στο χωριό Μικρό Βουνό Λάρισας, χρονολογία 1864. Η ομοιότητα του τρόπου έκφρασης μαρτυρεί εύλογα το χέρι του ίδιου τεχνίτη. Πάνω από το δυτικό περιθύρωμα του ναού, ένα μοναχικό κυκλικό πρόσωπο κατενώπιον, χωρίς φωτοστέφανο, δηλώνει ίσως τη μορφή του πελεκάνου. Το όνομα και την καταγωγή του μας τα δίνει μια επιγραφή λιθόγλυπτη, εντοιχισμένη στο περίτεχνο κωδωνοστάσιο του Αγίου Αθανασίου στο χωριό Ψυχικό Λάρισας, με χρονολογία 1865.

Έργο του ίδιου τεχνίτη είναι το αποτοιχισμένο λιθανάγλυφο από το ναό του Αγίου Αθανασίου στο Μικρό Βουνό. Η παράσταση, ένα θηρίο με χαρακτηριστικά λιονταριού και χίμαιρας είναι δεμένο με αλυσίδα από ένα σχηματικά σχεδιασμένο φοινικοειδές δενδρύλλιο. Η σημασία της παράστασης είναι σίγουρα φυλακτική[36].

Η εκκλησία Άγιος Αθανάσιος στο Ψυχικό είναι κτίσμα του 17ου αι. Το τρίπατο καμπαναριό κτίστηκε το 1865. Και τα δύο μνημεία μάς δίνουν στοιχεία σημαντικά για την εξέλιξη της λιθογλυπτικής στο χώρο που εξετάζουμε.

Το νότιο περιθύρωμα του ναού έχει απλή τοξωτή διαμόρφωση και διαστάσεις 1,80 μ. × 1,21 μ. Κοσμείται με λιθόγλυπτο σταυρό στο κέντρο του τόξου και στη βάση κάθε παραστάδας με μία ανθοφόρα γλάστρα. Όμως οι διαστάσεις του περιθυρώματος στο κωδωνοστάσιο, ανατολική πλευρά - είσοδος, είναι 2,10 μ. × 1,37 μ. Η διαμόρφωση του υπερθύρου είναι κοιλόκυρτη, όπως συνηθίζεται στους ναούς το 19ο αι. Γενικά το καμπαναριό απηχεί την αίσθηση ελευθερίας της χριστιανικής πίστης με την ανέγερση μνημειακών εκκλησιαστικών κτισμάτων, ενώ ο ναός εξωτερικά έχει απλή μορφή χαμηλών τόνων. Πλούσιος λιθόγλυπτος διάκοσμος, με τα γνωστά αγιογραφικά και διακοσμητικά θέματα καλύπτει όλο το περιθύρωμα του καμπαναριού. Δρακοντοκτόνοι ο αϊ-Δημήτρης και ο αϊ-Γιώργης, σε σπάνια παράσταση, με το απελευθερωμένο από τους Αγαρηνούς αγόρι, πίσω του στα καπούλια του αλόγου[37] (εικ. 102, 105). Πάνω από το θύρωμα, σε διαμορφωμένη αβαθή εσοχή που απολήγει σε οξυκόρυφο τόξο, έχει εντοιχιστεί μαρμάρινη πλάκα με παράσταση του αγίου Αθανασίου και μια δεύτερη με επιγραφή δίγλωσση (εικ. 99). Το ελληνικό κείμενο αναφέρει τον επίσκοπο της περιοχής, ενώ το τουρκικό (παλαιοτουρκική γραφή) είναι εντελώς άσχετο με το κωδωνοστάσιο και το ναό[38].Πρέπει να προϋπήρχε στην πλάκα. Από άγνοια θεωρήθηκε διακοσμητικό ή φυλακτικό το κείμενο[39] και διατηρήθηκε όταν σκαλίστηκε στο πλάι το ελληνικό[40]. Στη νότια και βόρεια πλευρά του περίτεχνου αυτού καμπαναριού είναι εντοιχισμένες αντίστοιχα δύο λιθόγλυπτες πλάκες. Στη μια, βορεινά, ο πελεκάνος έχει σκαλίσει τρεις μορφές που χορεύουν[41]. Φορούν ρούχα της εποχής. Ο μουσικός με το πνευστό όργανο σε κατατομή και οι άνδρες χορευτές κατενώπιον. Στη νότια πλευρά του καμπαναριού, μια επιγραφή εκτός από τη χρονολογία κτίσεως αναφέρει τα ονόματα δύο μαστόρων και τον τόπο καταγωγής τους. Η επιγραφή έχει ορθογραφικά λάθη και το τοπωνύμιο καταγωγής των μαστόρων αποδίδεται κατά το βορειοελλαδικό φωνηεντισμό. Ο Παναγιώτης Ραγιάς που αναφέρεται πρώτος πρέπει να είναι ο πρωτομάστορας της κουμπανίας που έκτισε το καμπαναριό και ο Δημήτρης, προφανώς αδελφός του, είναι ο πελεκάνος που δούλεψε το λιθανάγλυφο και τις επιγραφές, όχι μόνο στο κωδωνοστάσιο του Αγίου Αθανασίου στο Ψυχικό αλλά και στον Άγιο Αθανάσιο στο Μικρό Βουνό και στην Κοίμηση της Θεοτόκου στη Λάσδα.

Μία ακόμη αναφορά σε πρωτομάστορα έχουμε στο ναό Άγιος Αθανάσιος στη Θεόπετρα Καλαμπάκας. Στο νότιο θύρωμα, πάνω από το λιθόγλυπτο διάκοσμο, στην επιγραφή που είναι ορθογραφημένη και με επιμέλεια σκαλισμένη στην πέτρα, αναφέρεται ο αρχιτέκτων – αρχηγός της κουμπανίας των μαστόρων που έκτισαν το ναό το 1876 – Γούλας Θεοδώρου από το χωριό Ντοτσικό της δυτικής Μακεδονίας. Πιθανόν ο ίδιος να είναι και ο πελεκάνος της συντροφιάς των μαστόρων (εικ. 119).

Τα εντοιχισμένα λιθανάγλυφα στους εξωτερικούς τοίχους του ναού ΄Υψωση του Τιμίου Σταυρού στα Δολιανά μαρτυρούν τεχνίτη με διαμορφωμένο προσωπικό ύφος, που όμως παραμένει ανώνυμος. Δουλεύει τα περιγράμματα κόβοντας την πέτρα τελείως κάθετα προς την επιφάνεια του βάθους. Βλέπουμε πρόσωπα αγίων και αγγέλων απλοϊκά, κυκλικά μάτια με διαμορφωμένη την κόρη, το περίγραμμα και το φρύδι, ανοικτό το στόμα σαν να ψέλνει. Τα χέρια των μορφών που δείχνουν κίνηση, τα περίεργα αγγελάκια, σαν νηπιακές μορφές μέσα σε σύννεφο[42], ο δικέφαλος αετός αναπλασμένος με λαϊκή αντίληψη, είναι χαρακτηριστικά αναγνωρίσιμα της τεχνικής και της σχεδιαστικής αποτύπωσης των θεμάτων που επιχειρεί ο λιθογλύπτης (εικ. 45, 46, 47, 49, 50).

Το νότιο θύρωμα του ναού Άγιοι Θεόδωροι στο χωριό Πηγή Τρικάλων[43] διασώθηκε αποτοιχισμένο. Η λιθόγλυπτη χρονολογία 1814 στο υπέρθυρο εντάσσει τον κατεστραμμένο ναό στους πρώιμους μνημειακούς του 19ου αι.[44] Τα θέματα και η τεχνική της ανάγλυφης διακόσμησης του περιθυρώματος ακολουθούν τα παραδεδομένα. Χαμηλό είναι το ανάγλυφο και πολυδουλεμένα τα φυτικά μοτίβα. Όμως η έμπνευση του λιθογλύπτη δημιουργεί. Μεταπλάθει με όραμα τον ακτινωτό επιπεδόγλυφο ήλιο σε πρόσωπο ζωηρού εμψυχωμένου άνδρα κυρίαρχου και ζωοδότη.

Ο μαστρο-Μήτσος από το Κεράσοβο της Ηπείρου μαρτυρείται από την προφορική παράδοση. Είναι εγκατεστημένος στους Σταγιάδες της δυτικής Θεσσαλίας πριν από τις αρχές του 20ού αι.[45] Σκάλισε κατά την πρώτη δεκαετία του 20ού αι. τα πέτρινα θυρώματα στο ναό Κοίμηση της Θεοτόκου του μοναστηριού και το υπέρθυρο του ναού Εισόδια της Θεοτόκου. Οι αναλογίες των θυρωμάτων δεν αποπνέουν αρμονία ούτε κομψότητα παρόλο που διατηρούν την τοξωτή διαμόρφωση με τρίλοβο τόξο. Τα γνωστά θέματα, γλάστρες με λουλούδια, φυτικός διάκοσμος, αποδίδονται απλοϊκά, σχεδόν άτεχνα, όπως και η ένθρονη Παναγία με το Θείο Βρέφος στο υπέρθυρο του ναού Εισόδια της Θεοτόκου (εικ. 124). Όμως, ο μαστρο-Μήτσος τολμάει ένα νεωτερισμό. Εκατέρωθεν του κεντρικού σταυρού ενός υπερθύρου, στο ναό Κοίμηση της Θεοτόκου, εκεί όπου θα έπρεπε κατά την παράδοση να υπάρχουν παραστάσεις αγίων, σκαλίζει δύο άτεχνες ανθρώπινες μορφές σε καθημερινές ασχολίες (εικ. 122).

Ηπειρώτες από την περιοχή Κόνιτσας, Μακεδόνες από το Ζουπάνι, το Ντοτσικό κ.α.[46] ήταν σύμφωνα με τις λιθόγλυπτες επιγραφές και τις προφορικές μαρτυρίες οι μαστόροι που έκτιζαν τις εκκλησίες, σπίτια, γεφύρια, βρύσες και πιο ευτελή κτίσματα, αποθήκες - ντάμια κατά το 18ο και 19ο αι. στη δυτική Θεσσαλία. Πάρα πολλοί από αυτούς εγκαταστάθηκαν σε πόλεις και χωριά συνεχίζοντας την άσκηση της τέχνης τους.

Πλάκα εντοιχισμένη στην κόγχη του ιερού του καθολικού της Μονής Κοίμησης της Θεοτόκου στον Τριπόταμο Πίνδου (σελ. 46). Αριστερά, δέσμη με αστερόσχημες μαργαρίτες και κρίνο και δεξιά, εκκλησία με τρούλο και τοξοστοιχία. Πίσω της υψώνονται δύο κυπαρίσσια. Κάτω από την εκκλησία το κενό καλύπτει ένα φοινικόφυλλο.

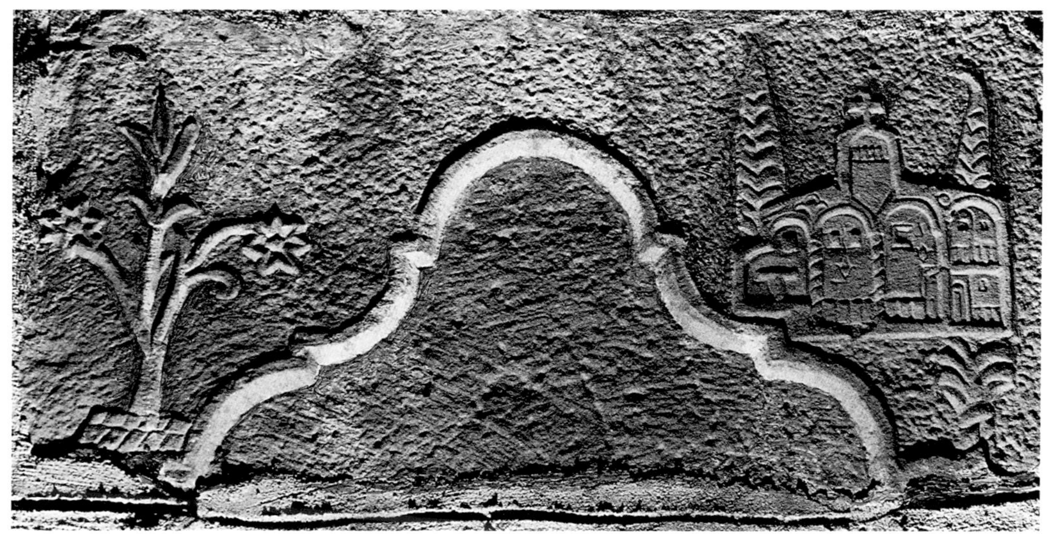

ΚΟΣΜΙΚΗ ΑΡΧΙΤΕΚΤΟΝΙΚΗ

Στην κοσμική αρχιτεκτονική ο λιθόγλυπτος διάκοσμος λίγα δείγματα έχει να παρουσιάσει. Στα ορεινά της θεσσαλικής Πίνδου και των Αγράφων τα σπίτια είναι απλές κατασκευές από πέτρα, εκτός από εξαιρέσεις, όπως το οχυρό σπίτι του άρχοντα Γαρδικιώτη στο χωριό Γαρδίκι Τρικάλων, με περιθύρωμα τοξωτό στην πορτασιά που κοσμείται με ανάγλυφες γλάστρες. Σε γωνιακούς δόμους πότε πότε βλέπουμε μια σκαλιστή χρονολογία, ένα σταυρό, ένα δρακόμορφο ζώο ή μια κεφαλή ανδρός. Σε ένα δόμο του δυτικού τοίχου στην οικία Αθανασίου Γέρακα, στο Στεφάνιο[47], υπάρχει εντοιχισμένη λιθόγλυπτη πλάκα με σκηνή χορού (εικ. 126).

Στα πεδινά, η αξιόλογη κοσμική αρχιτεκτονική, οι οικίες των Τούρκων γαιοκτημόνων (κονάκια) και Ελλήνων αργότερα έχουν καταστραφεί. Όσα γαιοκτημονικά σπίτια διατηρούνται είναι κτισμένα στις τελευταίες δεκαετίες του 19ου αι. ή αργότερα, τότε που η μόδα του λιθόγλυπτου διακόσμου είχε υποχωρήσει. Κάποιες χρονολογίες σκαλιστές στις παραστάδες, στις πορτασιές ή σε επίκρανα του τέλους του 19ου αι. διατηρούνται στα παλαιά αστικά σπίτια στα Τρίκαλα, στη συνοικία κάτω από το κάστρο.

Στις βρύσες, κοινωφελή έργα που την κατασκευή τους χρηματοδοτούσαν εύποροι δωρητές, εντοίχιζαν λιθόγλυπτες πλάκες με θέματα φυλακτικά ή διακοσμητικά. Η βρύση του χωριού παρέχει το απαραίτητο πρωταρχικό στοιχείο της ζωής στην κοινότητα. Όμως οι απλοϊκοί άνθρωποι της παραδοσιακής κοινωνίας πίστευαν ότι τα κακά στοιχειά, δράκοι κ.ά. εξουσιάζουν το νερό. Γι' αυτό με διάφορες πράξεις – μέλωμα ή βουτύρωμα της βρύσης σε τακτές ημερομηνίες – αλλά και τοποθετώντας στον τοίχο, πάνω ή πλάι στη βρύση, φυλακτικό ανάγλυφο σύμβολο, σκαλιστό στην πέτρα, προσπαθούσαν να αποτρέψουν τη βλαπτική επιρροή των κακών στοιχειών και να εξασφαλίσουν τη ροή του νερού για το καλό της κοινότητας. Οι δημόσιες κρήνες που έχουν διασωθεί στη δυτική Θεσσαλία είναι ανακατασκευασμένες σε νεότερα χρόνια με απλή μορφή αλλά διατηρούν το λιθόγλυπτο διάκοσμο.

Στα Κανάλια, στη βρύση της Λάσδας, πάνω από τους δύο κρουνούς είναι εντοιχισμένη μια στενόμακρη πλάκα με λιθόγλυπτη παράσταση της Παναγίας Βρεφοκρατούσας σε προτομή, σταυρό και χρονολογία 1892. Στην επιγραφή αναφέρεται ο επίτροπος Απ. Κωσταβάρας, όνομα γνωστό καναλιώτικων οικογενειών, μάλλον ως δωρητής[48].

Μια άλλη βρύση στην περιοχή Καναλίων βρίσκεται στη θέση Μουρκ. Εδώ, στη λιθόγλυπτη παράσταση δύο γυναικείες μορφές με ξέπλεκα μαλλιά, δύο νεράιδες, συγκλίνουν προς τον κρουνό. Θέμα καθαρά παγανιστικό, αποδίδεται σε πολύ χαμηλό ανάγλυφο με αρκετή επιμέλεια. Η βρύση κατασκευάστηκε το 1925-29 (εικ. 128).

Η βρύση στο ορεινό χωριό της Πίνδου Ανθούσα Τρικάλων[49] παρουσιάζει ιδιαίτερο ενδιαφέρον. Ένα σχεδόν ολόγλυφο ανδρικό κεφάλι, με διαστάσεις λίγο μικρότερες από το φυσικό μέγεθος, έχει αντικαταστήσει το χαμηλό ανάγλυφο της παράδοσης. Μέσα του περνάει ο σωλήνας και καταλήγει στο στόμα από το οποίο ρέει το νερό. Το κεφάλι μοιάζει σαν να ξεπροβάλλει από μια τρύπα του τοίχου τεντώνοντας το λαιμό (εικ. 129). Οι πιο ηλικιωμένοι κάτοικοι του χωριού θυμούνται τον πελεκάνο από το χωριό Πράμαντα της Ηπείρου που φιλοτέχνησε το γλυπτό έργο και πληρώθηκε από την κοινότητα 500 δραχμές το 1921, δηλαδή ένα μεγάλο ποσό για την εποχή. Τον έλεγαν Τραγδάρα. Δύο γιοι του, εγκατεστημένοι στην Ανθούσα, συνέχισαν να εργάζονται ως κτίστες - οικοδόμοι.

Το γνωστό πρόβλημα της επιβίωσης των οικογενειών, που ζούσαν κατά τους αιώνες της Τουρκοκρατίας σε οικισμούς άγονων ορεινών περιοχών της βόρειας Ελλάδας, είχε λυθεί από τους ίδιους με τις εποχικές αποδημίες του ανδρικού πληθυσμού. Όλοι οι άνδρες, ως ειδικευμένοι τεχνίτες κατά οικισμό, εξασφάλιζαν εργασία σε ευρύτατο γεωγραφικό χώρο μακριά από τη γενέτειρα. Σχημάτιζαν ομάδες με αυστηρή ιεραρχική οργάνωση και συντεχνιακές συσσωματώσεις[50]. Η κατοχύρωση του επαγγέλματος εξασφαλιζόταν με το κλειστό των ομάδων εργασίας, στις οποίες είχαν πρόσβαση ως μαθητευόμενοι μόνο τα νεαρά αγόρια, συντοπίτες, γιοι, συγγενείς των μαστόρων. Πολλά επαγγέλματα είχαν τη δική τους συνθηματική γλώσσα. Οι κτίστες – ονομάζονταν και κουδαραίοι – μιλούσαν μεταξύ τους τα κουδαραίικα[51]. Έτσι αισθάνονταν πιο ασφαλείς μέσα στο ξένο περιβάλλον που ζούσαν κατά τις περιπλανήσεις τους, το οποίο συχνά δεν ήταν καθόλου φιλικό. Οι επαγγελματικές γνώσεις, τέχνη και τεχνολογία διατηρούνταν και μεταδίδονταν από γενιά σε γενιά ως προνόμιο για την κοινότητα.

Ο κύκλος της εποχικής πλανόδιας εργασίας των κουδαραίων από τα μαστοροχώρια της Ηπείρου - Μακεδονίας στον ηπειρωτικό ελλαδικό χώρο ήταν ετήσιος. Άρχιζε την άνοιξη και τελείωνε με τη βαρυχειμωνιά, όταν το κρύο και η κακοκαιρία δεν επέτρεπαν δραστηριότητες στο ύπαιθρο. Τότε οι κουμπανίες των κτιστάδων επέστρεφαν στα χωριά τους, όπου παρέμεναν από τα Χριστούγεννα μέχρι την Αποκριά. Όλο τον καιρό που οι άνδρες δούλευαν στα ξένα, έμεναν στα χωριά οι γυναίκες, οι γέροι και τα μικρά παιδιά. Όλες οι γυναίκες είχαν γραμματικές γνώσεις γιατί μόνες τους έκαναν το κουμάντο του σπιτιού[52]. Τα χρήματα που συγκέντρωναν οι άνδρες κατά την ετήσια περιοδεία τους ήταν το εισόδημα που άφηναν στη γυναίκα για την οικογένεια, το οποίο συμπλήρωνε η οικιακή κτηνοτροφία και υλοτομία.

Τα αγόρια των μαστόρων ακολουθούσαν τις συντροφιές των ανδρών στις αποδημίες, από 12 ετών και πάνω. Αυτά έκαναν τις βοηθητικές επαγγελματικές εργασίες, κουβαλούσαν πέτρα, λάσπη, και ένα πρόχειρο νοικοκυριό για την ομάδα, ενώ συγχρόνως συνήθιζαν τη σκληρή πλανόδια ομαδική ζωή και μάθαιναν εμπειρικά την τέχνη του κτίστη, εφόδιο για την αντιμετώπιση της ζωής. Οι σχέσεις ήταν αυστηρές ανάμεσα στους μαστόρους και τους μαθητευόμενους. Το παιδί ήταν υποχρεωμένο να μάθει την τέχνη του πατέρα του για να προκόψει. «Μέσα στους δέκα μαστόρους ο ένας βγαίνει καλός» έλεγαν στο Ζουπάνι. Την καθιερωμένη και απαραβίαστη ιεραρχία της ομάδας δείχνει η φράση που έλεγαν στο Δίλοφο: «κεφάλι από πράσο θα φας μόνο όταν γίνεις μάστορας». Τα μαστορόπουλα έτρωγαν προσφάι με το ψωμί το πράσινο, την ουρά του πράσου, ποτέ το άσπρο. Η ανάγκη επιβίωσης δίδαξε στους μαστόρους να τηρούν στην ομαδική επαγγελματική ζωή την αυστηρότητα που εξασφάλιζε τη μέγιστη απόδοση γνώσεων στους μαθητευόμενους, την αξιοκρατία που ανέπτυσσε τη δημιουργική δραστηριότητα της ομάδας, τη διαφύλαξη της παράδοσης που προνοούσε για τη μελλοντική επαγγελματική απασχόληση των ανδρών και φυσικά για την επιβίωση της κοινότητας σε διάρκεια.

Κάθε ομάδα μαστόρων λειτουργούσε σαν μια απλή μορφή συνεταιρισμού για ένα προφορικά οριζόμενο χρονικό διάστημα. Όλο το *τσούρμο* εξέλεγε αξιοκρατικά έναν αρχηγό και ήταν αποδεκτός από μαστόρους - *καλφάδες* - *τσιράκια* - *παιδόπουλα*. Ο πρωτομάστορας ήταν ένας έμπειρος τεχνίτης αλλά κι έξυπνο άτομο, ευέλικτο στις συναλλαγές. Ρύθμιζε τις πελατειακές σχέσεις της ομάδας, έκλεινε με λόγο τις προφορικές συμφωνίες, υπέγραφε τις γραπτές με το νοικοκύρη ή τους επιτρόπους της εκκλησίας, που στις πόλεις εκπροσωπούσαν τη συνοικία.

Στις λιθόγλυπτες επιγραφές της δυτικής Θεσσαλίας ο πρωτομάστορας της ομάδας ονομάζεται *μάστορας*, *αρχικτίστης*, *πρωτομαΐστωρ*, *αρχιτέκτων*. Η ονοματική αυτή διαβάθμιση αντιστοιχεί σε μια εξέλιξη διάρκειας ενός περίπου αιώνα και συμβαδίζει με την επιθυμία του αρχηγού της ομάδας αλλά και του κοινωνικού συνόλου για την κατοχύρωση ανώτερου τίτλου, του πρωτομάστορα.

Για χρόνια οι κουμπανίες των μαστόρων γύριζαν στις ίδιες περιοχές. Συνέχιζαν οικοδομικές εργασίες και άρχιζαν καινούργιες, όπως μας πληροφορούν πάλι οι επιγραφές. Εξειδίκευση υπήρχε στις ομάδες αλλά δεν την τηρούσαν πάντοτε αυστηρά. Κτίστες, πελεκάνοι, χοντρομαραγκοί ήξεραν να κάνουν όλες τις δουλειές, έκοβαν την πέτρα από το βουνό, τη μετέφεραν, την ξεχόντριζαν, την πελεκούσαν και έκτιζαν με λάσπη ή ασβέστη. Ακολουθούσαν οι ξυλουργικές εργασίες μέχρι το ζέψιμο της στέγης και το σκέπασμα της οικοδομής με σχιστόπλακες ή κεραμίδια. Οι κτίστες εργάζονταν κατά ζεύγη – ο πιο έμπειρος από το έξω μέρος γιατί ήταν δυσκολότερο, ο άλλος από μέσα – και ύψωναν τους τοίχους. Οι χοντρομαραγκοί δούλευαν τα ξύλα. Οι πελεκάνοι κατεργάζονταν την πέτρα με τα εργαλεία τους, καλέμια, βελόνια, ματσόλα, χτένια κ.ά.[53] Σχεδίαζαν και πελεκούσαν τα υπέρθυρα, τις παραστάδες για τις πόρτες, τα πρέκια για τα παράθυρα, τα αγκωνάρια για δέσιμο της γωνιάς, τα τζάκια.

Οι πελεκάνοι, οι απλοϊκοί μάστοροι της πέτρας σκάλιζαν τις Κυριακές συνήθως, για να μην χασομερούν τις καθημερινές, στα υπέρθυρα της εκκλησίας ή στις παραστάδες, έτσι από μεράκι, ένα σταυρό, μια χρονολογία, ένα σχηματικό κυπαρίσσι ή άλλο μοτίβο της λαϊκής τέχνης. Μια υποτυπώδης λιθογλυπτική γεννήθηκε σιγά σιγά μέσα στις κουμπανίες των κτιστάδων. Δειλά και συντηρητικά οι πελεκάνοι ψηλάφισαν σε ένα χώρο χωρίς πρόσφατο παρελθόν, πράγμα που δεν ενθαρρύνει την παραδοσιακή δημιουργία. Η λιθογλυπτική άργησε να εκδηλωθεί στην πορεία της λαϊκής τέχνης. Στον ηπειρωτικό ελλαδικό χώρο και στη δυτική Θεσσαλία εμφανίζεται όταν το εκκλησιαστικό ξυλόγλυπτο – στο απόγειο της ακμής του – δουλεύεται με μεγάλο βάθος, διάτρητο. Γνωστά είναι τα ονομαζόμενα «σκαλιστά στον αέρα τέμπλα» με επιχρυσώματα και πολυπρόσωπες σκηνές. Ωστόσο, στο διάστημα ενός περίπου αιώνα που ασκήθηκε η λιθογλυπτική στον κεντρικό ελλαδικό χώρο, μέσα σε υποχρεωτικές δεσμεύσεις – υλικό, τεχνολογία, ιδεολογία – παρουσίασε μια εξέλιξη σημαντική. Μπορεί η χρήση των λιθαναγλύφων να έμεινε ίδια – υποταγμένη στην αρχιτεκτονική – με θέματα που καλύπτουν μεταφυσικές και αισθητικές ανάγκες των ανθρώπων της εποχής. Όμως το άνοιγμα, το φανέρωμα της θρησκευτικής πίστης, που βγαίνει προς τα έξω και αγκαλιάζει εξωτερικά το ναό με τα λιθανάγλυφα στις πόρτες, στις κόγχες του ιερού, στους τοίχους, είναι ένα επίτευγμα και σημάδι μιας νέας οπτικής. Επίσης επίτευγμα είναι η διαμόρφωση του τοξωτού, με τριπλή καμπύλωση, υπερθύρου των περιθυρωμάτων που είναι κατάγραφα με λιθόγλυπτο διάκοσμο και επιγραφές – μια μόδα που επικράτησε για έναν περίπου αιώνα. Η θεματογραφία των λιθαναγλύφων παραμένει προσκολλημένη στην αγιογραφία και στα γνωστά παραδοσιακά πρότυπα, αλλά το καινούργιο παρουσιάζεται σποραδικά και φέρνει την ανανέωση. Σκηνές του ιδιωτικού καθημερινού βίου, παραστάσεις ανθρώπων με ενδύματα της εποχής γίνονται θέματα αποδεκτά πλέον για τον εξωτερικό διάκοσμο της εκκλησίας και του καμπανα-

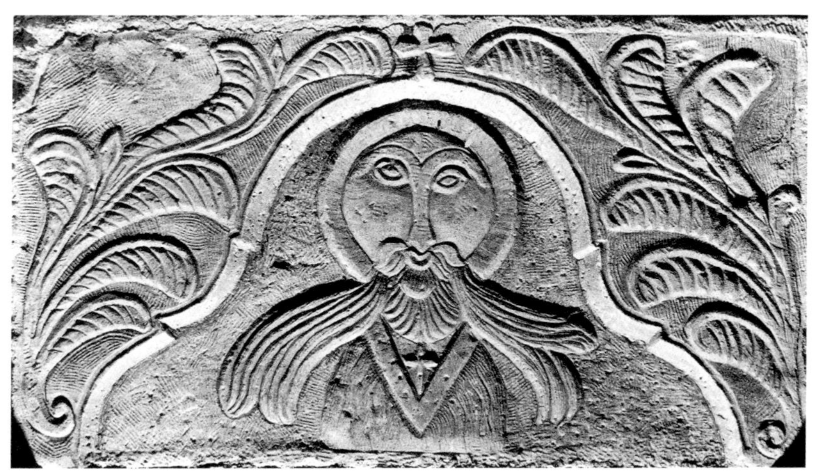

Πλάκα εντοιχισμένη στην κόγχη του ιερού του Αγίου Αθανασίου στο Μικρό Βουνό (σελ. 118). Απεικονίζεται η μορφή του Παντοκράτορα, ενταγμένη σε κοιλόκυρτο τοξωτό πλαίσιο.

ριού. Ένας πελεκάνος στολίζει τη βρύση ή αναθέτει τη φύλαξή της σε δύο νεράιδες και όχι σε αγγελικές μορφές ή την Παναγία. Αλλά και η ψυχολογία του πελεκάνου του 19ου αι. διαφοροποιείται με τον καιρό. Έχει αποκτήσει συνείδηση υπέρβασης της τέχνης του κτίστη, αισθάνεται ότι ανήκει στον κύκλο των καλλιτεχνών. Όπως ο πρωτομάστορας της κουμπανίας των κτιστών ονομάζεται αρχιτέκτων, ο πελεκάνος, με διαμορφωμένο προσωπικό ύφος στις επιγραφές, υπογράφει τα έργα όπως ο αγιογράφος της εποχής. *Δια χειρός Στεφανή Θεοδώρου* γράφει η λιθόγλυπτη εικόνα στο υπέρθυρο του ναού Μεταμόρφωση του Σωτήρος στο Περτούλι Τρικάλων, το 1863. Η τεχνοτροπία του Στεφανή Θεοδώρου είναι αναγνωρίσιμη, προσωπική. Όπως και η τεχνοτροπία ενός άλλου επώνυμου πελεκάνου, του Δημήτρη Ραγιά. Αναγνωρίζουμε τη δουλειά του και σε ανυπόγραφα έργα του στο εκκλησάκι Κοίμηση της Θεοτόκου στη Λάσδα, στον Άγιο Αθανάσιο στο Μικρό Βουνό και στο καμπαναριό του Αγίου Αθανασίου στο Ψυχικό, 1859-1865. Ο Μαστορομιχάλης πάλι, χωρίς επώνυμο, υπογράφει – ίσως έχει σκαλίσει το δικό του πρόσωπο, με αφαιρετικό τρόπο στη διακοσμητική ταινία της επιγραφής – τη μεστή και χαριτωμένη λιθόγλυπτη σύνθεσή του στον Άγιο Αθανάσιο, Νέα Μονή Τρικάλων.

Το λιθανάγλυφο δεν διαφοροποιήθηκε ως προς το βάθος. Παρέμεινε επιπεδόγλυφο με πολλές εγχάρακτες λεπτομέρειες. Η ποιοτική διαφορά της δουλειάς που συναντούμε σε διαφορετικές χρονολογίες οφείλεται σε περισσότερο ή λιγότερο επιδέξια χέρια και όχι σε προοδευτική αλλαγή.

Με το τέλος του 19ου αι. ατονούν οι δυναμικές δημιουργίες των πελεκάνων, που ανδρώθηκαν μέσα στις συντεχνίες των κτιστάδων και απέκτησαν συνείδηση καλλιτέχνη. Η έκφραση της λαϊκής τέχνης με το λιθόγλυπο ήταν ένα σύντομο φαινόμενο με μέτρο τον παραδοσιακό χρόνο. Στη Θεσσαλία, πριν από την απελευθέρωση (1881) άρχισαν να απλοποιούνται τα περιθυρώματα των εκκλησιών γιατί η πρωτεύουσα του ελεύθερου κράτους, η Αθήνα, υπέδειξε μια νέα γραμμή με την επικράτηση του κλασικισμού. Τα υπέρθυρα αλλάζουν σχήμα, ο λιθόγλυπτος διάκοσμος στα θυρώματα των ναών περιορίζεται σταδιακά έως την εξαφάνιση. Στους εξωτερικούς τοίχους των εκκλησιών δεν εντοιχίζονται πλέον λιθόγλυπτες πλάκες. Έτσι οι πελεκάνοι, πριν προφτάσουν να γίνουν γλύπτες, ξανάγιναν κτίστες. Η μετοίκηση οικογενειών κτιστών από τη βόρεια Ελλάδα σε πόλεις και χωριά της πεδινής και ορεινής δυτικής Θεσσαλίας, μεταφύτευσε την τέχνη των μαστόρων. Κτίστες και πελεκάνοι με την παραδοσιακή οργάνωση συνέχισαν να εργάζονται, ως Θεσσαλοί πλέον οικοδόμοι, και αργότερα, στην εποχή του μπετόν. Οι πελεκάνοι, ωστόσο, διατήρησαν την ειδικότητά τους μέσα στις συντροφιές των μαστόρων, περίπου μέχρι το τέλος της δεύτερης δεκαετίας του εικοστού αιώνα. Πρώτα ο παραδοσιακός τρόπος οικοδόμησης υποχώρησε στις πόλεις, αλλά σιγά σιγά το μπετόν αρμέ και η τοιχοποιία με τούβλα αντικατέστησαν την πέτρα και στα χωριά της υπαίθρου. Αλλά στην εξελικτική πορεία του παραδοσιακού βίου και πολιτισμού τίποτε δεν σταματά απότομα, κομμένο με το μαχαίρι. Έτσι, πριν συρρικνωθεί ολότελα μια εποχή, συμπορεύεται με την άλλη για ένα χρονικό διάστημα που ρυθμίζεται από τις εσωτερικές αντιστάσεις των παλιών δομών και τις φιλόδοξες τάσεις επικράτησης των νέων. Γι' αυτό πότε πότε κάποιος πελεκάνος από τους τελευταίους εκπροσώπους της παράδοσης, απομακρυσμένος από λόγιες επιδράσεις του κέντρου και τη νεότερη τεχνολογία, δημιουργεί με συνείδηση λιθογλύπτη που αψηφά όμως το καθιερωμένο επιπεδόγλυφο ανάγλυφο. Έχει ανακαλύψει ότι το βάθος στο σκάλισμα της πέτρας μπορεί να φτάσει, σχεδόν, και στην ολόγλυφη μορφή, όταν ένας λειτουργικός λόγος το απαιτεί. Παράδειγμα η βρύση στην Ανθούσα Τρικάλων, έργο του μάστορα Τραγδάρα. Ένα ολόγλυφο ανδρικό κεφάλι κρύβει μέσα του το σωλήνα και το νερό εκχέεται από το στόμα του γλυπτού. Αυτό το δείγμα παραδοσιακού περίοπτου έργου, που είναι μια υπέρβαση του συντηρητισμού της παράδοσης, κατασκευάστηκε σε εποχή που οι αρχιτέκτονες και γλύπτες απόφοιτοι του Εθνικού Μετσόβιου Πολυτεχνείου και της Σχολής Καλών Τεχνών, πολλοί κατιόντες των μαστόρων της παράδοσης, εργάζονται στα αστικά κέντρα σύμφωνα με την τεχνολογία και τις απαιτήσεις της νέας εποχής.

Λεπτομέρειες παραστάδας του νότιου περιθυρώματος του Αγίου Αθανασίου στη Θεόπετρα Καλαμπάκας (σελ. 146). Συνεχής βλαστός με σταφύλια, μαργαρίτες, κρίνους και χαριτωμένα πουλιά.

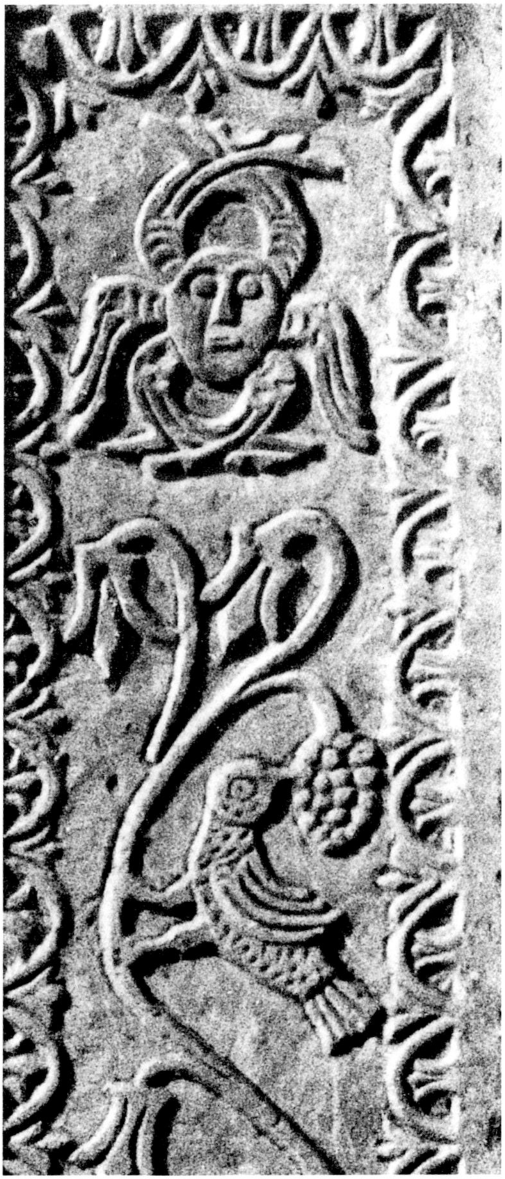

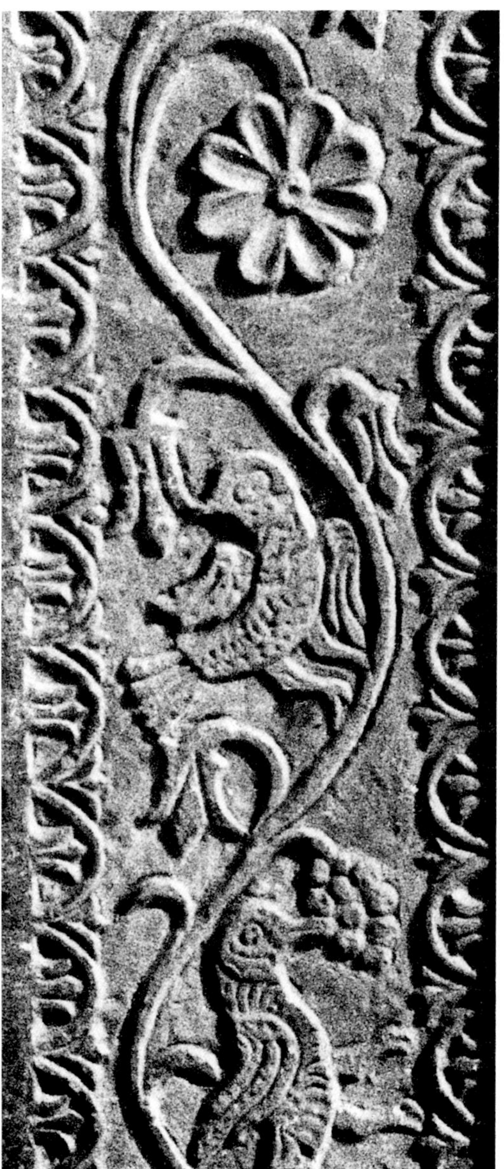

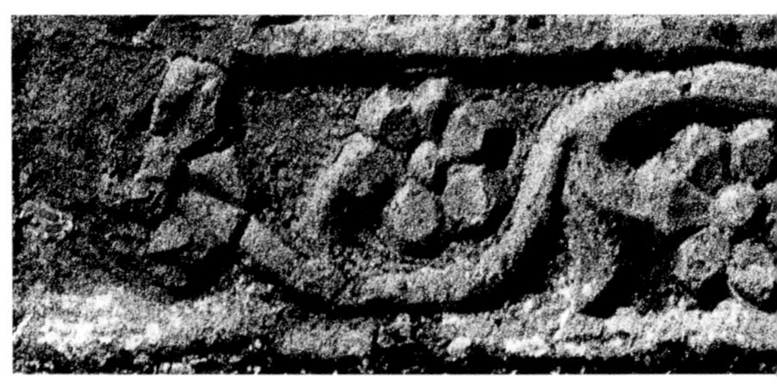

Λεπτομέρεια από επιγραφή εντοιχισμένη στο καμπαναριό του Αγίου Αθανασίου στο Ψυχικό Λάρισας (σελ. 130). Συνεχής βλαστός με μαργαρίτες που κοσμεί τις δύο κάθετες πλευρές της επιγραφής.

ΣΗΜΕΙΩΣΕΙΣ

1. Λένα Γουργιώτη, «Bas-reliefs metabyzantins sur pierre de la Thessalie», Actes de la Table-Ronde «La Thessalie», Collection de la maison de l'orient méditerranéen, No. 6, Lyon 1979, σ. 319-337.

2. David Talbot Rice, «Byzantine Art», London 1962, σ. 162.

3. Π. Ζώρα, «Συμβολή στη μελέτη της Ελληνικής λαϊκής γλυπτικής», περιοδικό *Ζυγός*, Μάιος 1966, σ.35-36· Αντ. Π. Στεφάνου, «Δείγματα Νεοελληνικής Τέχνης», Χίος 1972· Α.Ε Φλωράκης, «Η λαϊκή λιθογλυπτική της Τήνου», Αθήνα 1979· Μ. Καραγάτση, «Λίθινες εικόνες της Άνδρου», Ανδριανά Χρονικά, 18, Άνδρος 1990· Μ. Καραγάτση, «Μαρμάρινα τέμπλα στην Άνδρο τον 18ο αιώνα», Ανδριανά Χρονικά, 21, Άνδρος 1993· Μ. Καραγάτση, «Κτητορικές πλάκες της Άνδρου», Ανδριανά Χρονικά, 27, Άνδρος 1996· Α. Γουλάκη-Βουτυρά, Γ. Καραδέδος, Γ. Λάββας, «Η εκκλησιαστική μαρμαρογλυπτική στις Κυκλάδες από τον 16ο ως τον 20ό αιώνα», Αθήνα 1996.

4. Δ.Ζ. Σοφιανός, «Ο Τηνιακός μαρμαράς και η προσφορά του στην νεοελληνική τέχνη», Αθήνα 1995, σ. 8,9 κ.ε.

5. Α.Ε. Φλωράκης, «Άγιο Όρος. Λιθανάγλυφα», Αθήνα 2000, σ. 34-36.

6. Δ. Γούναρη, «Μια συντεχνιακή συνθηματική γλώσσα της Δ. Θεσσαλίας», Θεσσαλικά Χρονικά, τ. 10, Αθήνα 1971, σ. 211-212.

7. Θ. Ζήση, «Ιστορία της ιδρύσεως των Καναλίων», Κανάλια

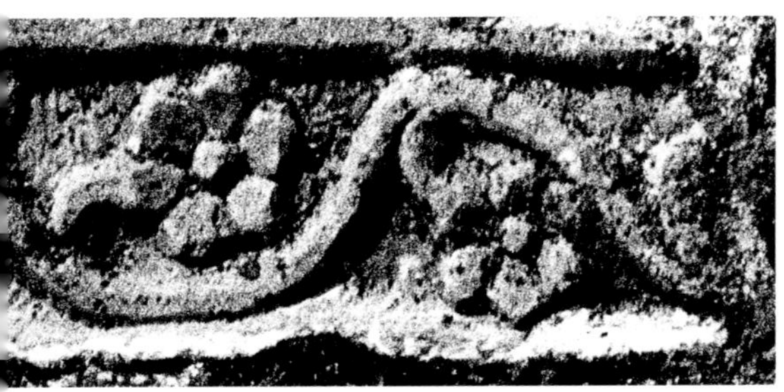

Καρδίτσης, Βόλος 1976, σ. 26-27.
Μαρτυρία Στεργίου Αργυρόπουλου (1891-1978). Ιατροφιλόσοφος, σπούδασε στη Βιέννη, άσκησε το επάγγελμα του ιατρού στα Τρίκαλα. Καταγόταν από οικογένεια Ζουπανιωτών μαστόρων. Ο πατέρας του και τα αδέλφια του πατέρα του είχαν εγκατασταθεί στα Τρίκαλα και έχτιζαν οικοδομές.

8. Β. Νικήτα-Σκαρτάδου, «Το μοναστήρι της Μπουνάσιας και τα λιθανάγλυφά του», Μακεδονικά, τ. 17, σ. 212 - 234· Α. Πετρονώτης, «Λιθανάγλυφα θυρώματα εκκλησιών δυτικής Θεσσαλίας με νεοκλασσικές επιδράσεις», περιοδικό *Ανθρωπολογικά*, 3, Βόλος 1982, σ. 44-45, 49· Κτητορικές επιγραφές - λιθανάγλυφα - κουδαρίτικα, περιοδικό *Αρμολόι*, τ.3, Λάρισα 1977, σ. 14-21· Β. Νικήτα-Σκαρτάδου, «Ο γλύπτης Μίλιος στον τόπο του» περιοδικό *Αρμολόι*, τ. 4-5, Λάρισα 1997, σ. 49-57.

9. Κ. Μακρής, «Ο καπετάν Σέργιος και ο γλύπτης Μίλιος», Βόλος 1965· Κ. Μακρής, «Η λαϊκή τέχνη του Πηλίου», Αθήνα 1976, σ. 130 - 140· Π. Ζώρα, «Νεοελληνική Χειροτεχνία», κεφ. Λιθογλυπτική, Αθήνα 1969, σ. 31-35, 38-41· Α. Ζαχαρός, «Λιθανάγλυφα της Μονής Προδρόμου στη Συκή του Πηλίου και οι κτητορικές επιγραφές τους», περιοδικό *Θεσσαλικό Ημερολόγιο*, 1994, σ. 241-249.

10. Παλαιό όνομα Ζουπάνι.

11. Β. Νικήτα-Σκαρτάδου, ό.π. σ. 49-56.

12. Ανήκουν στη συλλογή του Λαογραφικού Ιστορικού Μουσείου Λάρισας (αρ. βιβλ. εισαγ. 63α και 768).

13. Οικισμός πολύ κοντά στη Λάρισα, παλαιό όνομα Νέχαλη. Στην οκτάστιχη επιγραφή (αρ. βιβλ. εισαγ. 63α) διαβάζουμε: ΔΑΠΑΝΗ : ΤΟΥ ΑΓΙΟΥ : ΑΘΑΝΑΣΙΟΥ : Τ : Μ / ΑΡΧΗΕΡΑΤΕΥΟΝΤΟΣ ΣΤΕΦΑΝΟΥ Τ : ΑΡΧΙΕ /
ΠΙΣΚΟΠΟΥ + ΕΠΙΤΡΟΠΕΥΟΝ Ο ΚΥΡΙΟΣ : ΙΩ ΚΩ ΝΣΤΑΝΤ : ΚΑΡΤΕΡΟΥΛΙ ΚΑΙ Τ(ων) ΣΗΝΔΡΟΜΗΤΩΝ/
ΙΑΝΣΤ. ΙΩ) ΙΩ ΑΘ) ΑΘ ΘΔ) ΑΠ ΙΩ) ΙΩ ΧΡ) / ΓΡΓ ΔΜ /
ΚΩΝΣΧΡ) ΑΚΡΙΠΝ) ΙΩ ΣΤ) ΙΩ ΠΡ) ΜΑΡΓ ΧΡ) ΑΠΑΟ) ΑΝΤΙΩ
ΕΚΤΗΣΤΙ ΔΙΑ ΧΙΡΑΝ ΤΟ:Ν ΖΙΟΠΑΝ
ΕΝ ΕΤΕΙ 1869 ΜΗΝΙ ΟΚΤΩΜΒΡΙΩ 30.

14. Θ. Παλιούγκας, «Συναγωγή επιγραφών και ενθυμήσεων των παλαιών ναών της Λάρισας», περιοδικό *Θεσσαλικό Ημερολόγιο*, τ. 23, 1993, σ. 169-170.

15. Ευεργετικά μεταρρυθμιστικά διατάγματα: Τανζιμάτ επί Αβδούλ Μετζίτ, 1839, Χάτι Χουμαγιούν επί Αβδούλ Μετζίτ, 1856, Χάτι επί Αβδούλ Αζίζ, 1861.

16. Λ.Β.Βουτσιλάς, «Το μοναστήρι των Δολιανών, Κρανιά Καλαμπάκας», περιοδικό *Θεσσαλικό Ημερολόγιο*, τ. Δ', Λάρισα 1983, σ. 136-137.

17. Α. Πετρονώτης, «Λιθανάγλυφα θυρώματα εκκλησιών της δυτικής Θεσσαλίας με νεοκλασσικές επιδράσεις», περιοδικό *Ανθρωπολογικά*, 3, Βόλος 1982, σ. 41-60.

18. Οι πόρτες των εκκλησιών του 17ου και 18ου αι. ήταν χαμηλές. Το 19ο αι. οι ναοί έχουν διαστάσεις μνημειακές και οι πόρτες τους συχνά ξεπερνούν το ύψος των 2,50 μ.

19. Ν. Ι. Γιαννόπουλος, «Το χωρίον Βοεβόδα (νυν Βασιλική) ιδιοκτησία της Κυρά-Βασιλικής του Αλή Πασά και αναγλύφου επί μαρμάρου αυτής», Ηπειρωτικά Χρονικά, τ. Ε', 1930, σ. 11-12· Κ. Μακρής, «Η εκκλησία της Κυρά Βασιλικής», εφημερίδα «ΤΟ ΒΗΜΑ», 27-3-1966.

20. Π. Ζώρα, ό.π. σ. 45,46,49· Κ. Γ. Κορρέ, «Η ανθρώπινη κεφαλή, θέμα αποτρεπτικό στη νεοελληνική λαϊκή τέχνη», Αθήνα 1978, σ. 42-49, 51, 52, 64, 80-81.

21. Η επιγραφή αναπτύσσεται σε δεκατρείς στίχους: ΑΡΧΙΕΡΑΤΕΥΟΝΤΟΣ ΤΟΥ ΠΑΝΙΕΡΩΤΑ/ΤΟΥ ΚΑΙ ΘΕΟΦΙΛΕΣΤΑΤΟΥ/

ΑΓΙΟΥ ΤΡΙΚΚΗΣ ΚΥΡΙΟΥ ΜΕΛΕΤΙΟΥ / ΑΝΗΓΕΡΘΗ ΕΚ ΒΑΘΡΩΝ Ο ΠΕΡΙΚΑΛ / ΛΗΣ ΚΑΙ ΠΑΝΣΕΠΤΟΣ ΘΕΙΟΣ ΝΑΟΣ/ ΟΥΤΟΣ Ο ΕΠΟ- ΝΟΜΑΤΙ ΤΗΣ ΕΠΙΣΚΕΨΕΩΣ / ΚΑΙ ΕΤΗΣΙΟΝ ΜΝΗΜΗΝ ΕΧΩΝ ΤΗΣ ΤΕ ΚΟΙΜΗΣΕΩΣ / ΚΑΙ ΤΩΝ ΕΙΣΟΔΙΩΝ ΤΗΣ ΥΠΕΡΑΓΊΑΣ ΘΕ- ΟΤΟΚΟΥ/ ΔΑΠΑΝΗ ΔΕ ΤΟΥ ΙΔΙΟΥ ΝΑΟΥ ΚΑΙ ΣΥΝΔΡΟΜΗ ΤΩΝ ΕΥΣΕ / ΒΩΝ ΧΡΙΣΤΙΑΝΩΝ ΤΩΝ ΕΝΟΡΙΤΩΝ ΤΕ ΚΑΙ ΤΩΝ ΕΝΤΑΥ- ΤΑ / ΠΟΛΙΤΩΝ ΚΑΙ ΤΩΝ ΠΕΡΙΞ ΤΗΣ ΠΟΛΕΩΣ ΤΑΥΤΗΣ ΧΩΡΙΩΝ/ ΜΕΝ ΕΝΕΓΕΡΣΕΩΣ ΑΡΧΗ ΕΓΕΝΕΤΟ ΤΟ ΑΩΞΓ ΕΤΟΥΣ ΣΩΤΗ / ΡΙΟΥ ΕΤΟΥΣ ΕΝ ΜΗΝΙ ΜΑΡΤΙΩ ΚΣ΄ Η ΔΕ ΤΕΛΕΙΩΣΙΣ / ΤΟ ΑΩΞΖ ΜΗΝΙ ΑΠΡΙΛΙΩ ΚΘ.

22. Δ. Ζ. Σοφιανός, «Ιστορικά σχόλια σε επιγραφές, επιγράμματα, χαράγματα και ενθυμήσεις της μονής Δουσίκου», Αθήνα 1996, σ. 54-56.

23. Παλαιά ονομασία Μπουχούνιστα.

24. Απαλλοτριώθηκε και μοιράστηκε στις οικογένειες των αγροτών που δούλευαν στα μοναστηριακά κτήματα. Τότε σχηματίστηκε ο οικισμός ως κοινότητα.

25. Ν.Ι. Γιαννόπουλος, ό.π. σ. 13-14. Βοεβόντα ήταν το παλαιό όνομα του χωριού. Ο Αλή Πασάς είχε προικοδοτήσει τη χριστιανή σύζυγό του Βασιλική με πολλά τσιφλίκια. Ένα από αυτά ήταν και το χωριό Βοεβόντα, όπου λέγεται ότι εγκαταστάθηκε η Κυρά Βασιλική μετά την καταστροφή του Αλή. Α. Πετρονώτης, «Τρουλωτή βασιλική της όψιμης τουρκοκρατίας (1814) στη Μεγάλη Πουλιάνα των θεσσαλικών Τρικάλων», Θεσσαλικά Χρονικά, Πρακτικά Β΄ Διεθνούς Συνεδρίου Θεσσαλικών Σπουδών, τ. ΙΕ΄, Αθήνα 1984, σ. 224, για τη συμβολή του Αλή Πασά στη ναοδομία της περιοχής Τρικάλων στη δεύτερη δεκαετία του 19ου αι.

26. Τη μαρτυρία αυτή του Τρικαλινού κτίστη Βασίλη Βεζύρη, απογόνου των προηγουμένων που πέθανε το 1928-30, διέσωσε και μας παρέδωσε το 1975 ο γιατρός Στέργιος Αργυρόπουλος.

27. Ο πρωτομάστορας της συντροφιάς των Ζουπανιωτών μαστόρων λεγόταν Τζαβαλιάνος. Μαρτυρία του κτίστη Βασίλη Βεζύρη που μας παρέδωσε ο Στέργιος Αργυρόπουλος.

28. Κονιτσιώτες ονομάζονταν οι κάτοικοι όλων των μαστοροχωρίων της περιοχής, Πυρσόγιανης, Βούρμπιανης κ.ά.

29. Ζουπανιώτες ονομάζονταν όχι μόνο οι κάτοικοι του χωριού Πεντάλοφος (Ζουπάνι) αλλά και των γειτονικών χωριών Βυθός, Δίλοφο κ.ά.

30. Πιστεύουμε πως είναι επώνυμο και όχι πατρώνυμο των αδελφών Δημητρίου και Στεφανή.

31. Μαστοροχώρι της περιοχής Κόνιτσας.

32. Το 1974 ο Κωνσταντίνος Λιατίψης, κάτοικος Γοργογυρίου, μέσης ηλικίας, μας είπε ότι μια γερόντισσα συγγενής του θυμόταν τον πρωτομάστορα Δημήτρη που έκτισε την εκκλησία και μιλούσε γι΄ αυτόν.

33. Α. Πετρονώτης, ό.π. Ανθρωπολογικά, σ. 57. Στη φωτογραφία είναι δυσδιάκριτα η επιγραφή και ο λιθόγλυπτος διάκοσμος.

34. (ΑΩ)ΞΓ είναι το έτος 1863.Τα δύο ψηφία λείπουν.

35. Εδώ αναφέρεται ο Δημήτριος με το γενικό όνομα των διάφορων χωριών της περιοχής, ως Κονιτσιώτης.

36. Το λιθανάγλυφο ανήκει στη συλλογή του Λαογραφικού Ιστορικού Μουσείου Λάρισας, αρ. βιβλ. εισαγ. 1574. Δημοσιεύτηκε από την Κ. Κορρέ-Ζωγράφου, «Φύλακες δέντρων και κιόνων» στα Πρακτικά Γ΄ Συμποσίου Λαογραφίας του Βορείου Ελλαδικού Χώρου, Θεσσαλονίκη 1979, σ. 347.

37. Ν. Πολίτου, «Λαογραφικά Σύμμεικτα», Δ΄, Αθήνα 1980 - 1985, σ. 239.

38. Σ. Χούλια, «Μεταβυζαντινά κωδωνοστάσια της Θεσσαλίας», μεταπτυχιακή εργασία, Αθήνα 1987, σ. 27-28.

39. Π. Ζώρα, ό.π. σ. 52.

40. Είναι το μόνο ανάγλυφο που διασώζεται εντοιχισμένο, σε δεύτερη χρήση, σε χριστιανικό ναό, στην περιοχή που εξετάζουμε.

41. Στο χωριό Στεφάνιο, παλαιό όνομα Σκληνιάσα, υπάρχει εντοιχισμένη πλάκα σε οικία με παρόμοιο θέμα.

42. Θυμίζει παρόμοια μορφή στο ηπειρώτικο κέντημα «πομπή γάμου». Εξώφυλλο του τόμου «Ελληνική Χειροτεχνία», Αθήνα 1969.

43. Παλαιά ονομασία Μεγάλη Πουλιάνα.

44. Α. Πετρονώτης, ό.π., Τρουλωτή Βασιλική, σ. 219-221.

45. Η μαρτυρία προέρχεται από τους κατοίκους των Σταγιάδων.

46. Κονιτσιώτες ονομάζονταν οι κάτοικοι όχι μόνο της Κόνιτσας αλλά και των γειτονικών χωριών, Βούρμπιανης, Πυρσόγιαννης, Πλήστιανης κ.ά. Ζουπανιώτες εκτός από τους κατοίκους του Πεντάλοφου (Ζουπάνι) λέγονταν και οι κάτοικοι του Βυθού, Δίλοφου κ.ά.

47. Παλαιό όνομα Σκληνιάσα.

48. Κανάλια Καρδίτσας, Ν. Ντρέγκας, «Πίναξ ονομάτων», Βόλος 1976, σ. 48.

49. Κανάλια Καρδίτσας, Θ. Ζήσης, «Ιστορία της ιδρύσεως των Καναλίων», Βόλος 1976, σ. 35.

50. Α. Χατζημιχάλη, «Οι συντεχνίες, τα ισνάφια», Επετηρίς Ανωτ. Σχολής Βιομηχανικών Σπουδών, 2, Αθήνα 1949 - 50, σ. 186· Α. Χατζημιχάλη, «Μορφές από τη σωματειακή οργάνωση των Ελλήνων στην οθωμανική αυτοκρατορία», L'Hellenisme Contemporain, 1953, σ. 281-285· Ν. Πανταζόπουλος, «Ελλήνων συσσωματώσεις κατά την Τουρκοκρατίαν», περιοδικό *Γνώσεις*, Αθήνα 1958, σ. 12, 18, 35· Α.Ε. Βακαλόπουλος, «Ιστορία του νέου Ελληνισμού», Β', 1, Θεσσαλονίκη 1964, σ. 311-312.

51. Ν.Κ. Μουτσόπουλος, «Η λαϊκή αρχιτεκτονική της Βέροιας», Αθήνα 1967, σ. 50-55, 57-60, 63· Περιοδικό *Αρμολόι*, τ. 3, Λάρισα 1977, σ. 22-36· Π.Ν. Τζελέπη, «Λαϊκή Ελληνική Αρχιτεκτονική», Αθήνα 1977, σ. 18-19.

52. Μαρτυρία Αριστείδη και Μιχάλη Φίκα (1913 - 1989, 1915 - 1985) από το Δίλοφο (παλαιό όνομα Λιμπόχοβο): Για την επαγγελματική και ιδιωτική ζωή στα μαστοροχώρια. Ο παπάς κατά τη λειτουργία της Κυριακής έβαζε τις γυναίκες εναλλάξ και διάβαζαν τον Απόστολο.

53. Περιοδικό *Αρμολόι*, μαρτυρίες μαστόρων, «Οι πελεκάνοι και η τεχνική τους», τ. 6, Λάρισα 1978, σ. 28-37· Περιοδικό *Αρμολόι*, μαρτυρίες μαστόρων, «Μαστόρικα εργαλεία, νταμάρια, πελέκημα», τ. 8-9, Λάρισα 1979, σ. 29-51.

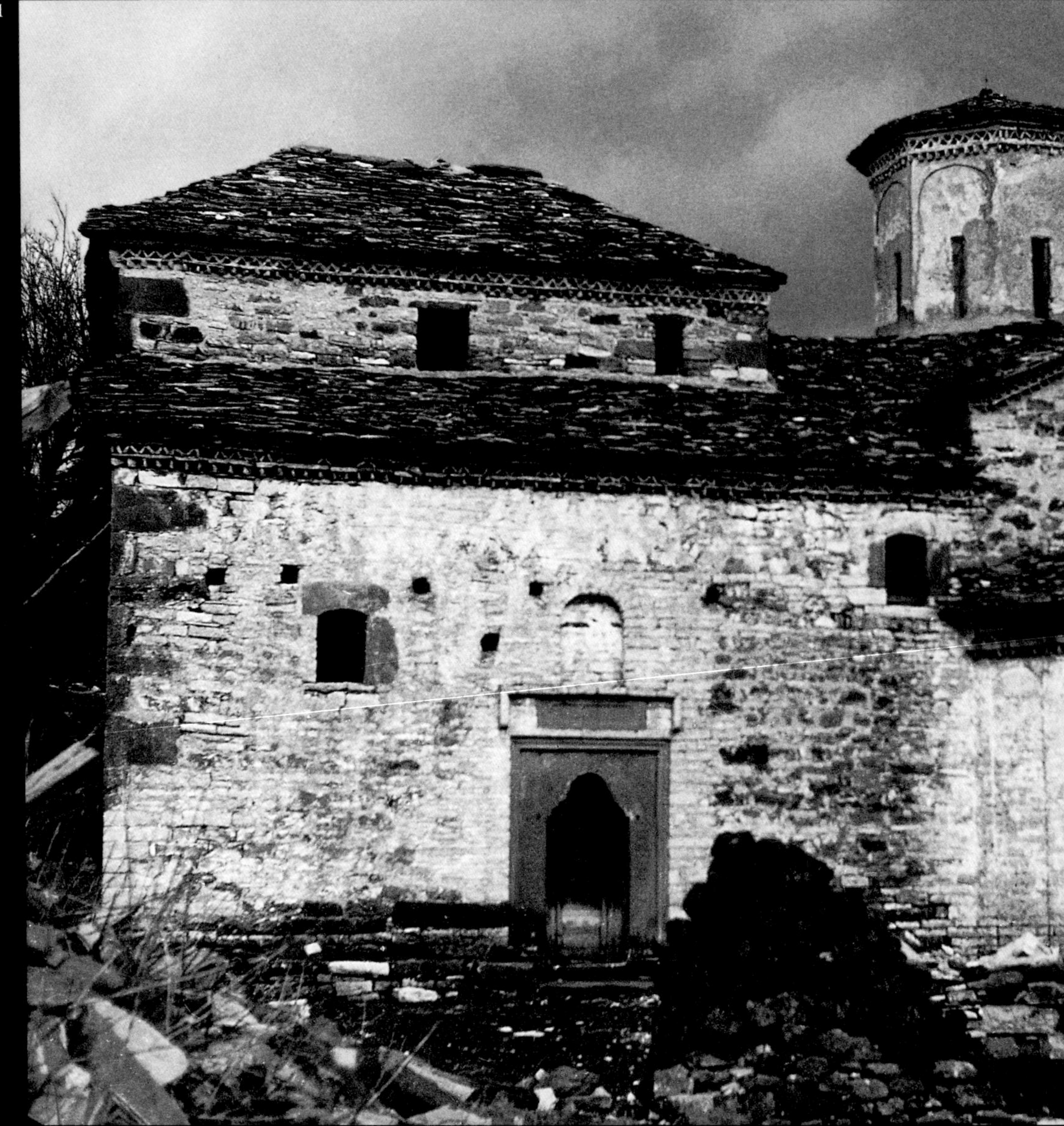

ΑΓΙΑ ΠΑΡΑΣΚΕΥΗ,
Νεραϊδοχώρι Τρικάλων

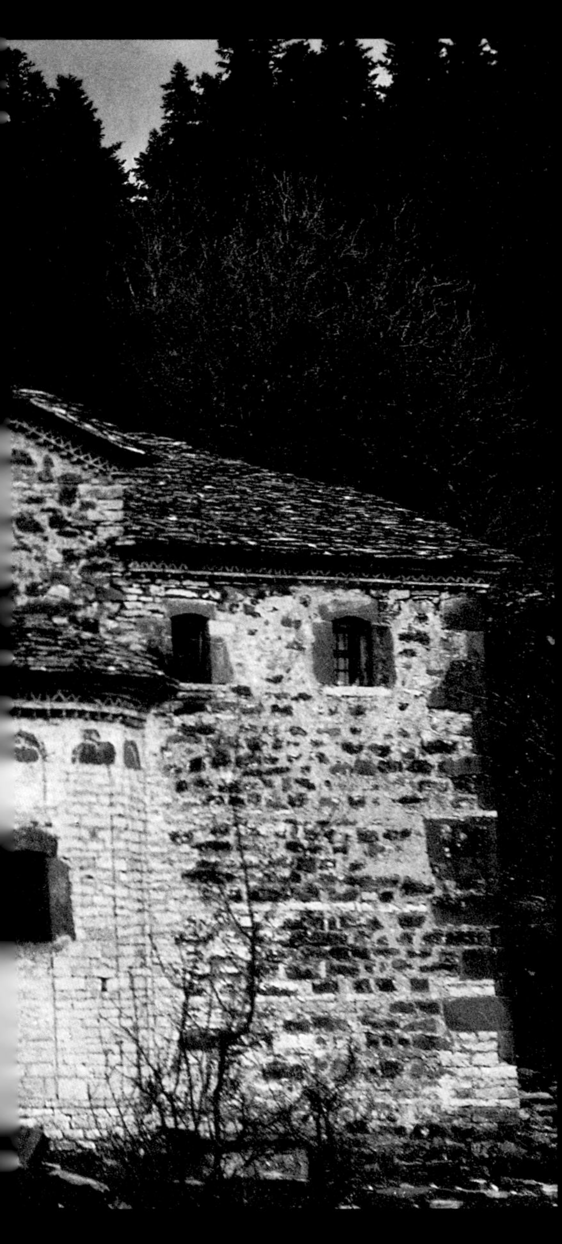

1. Ο ΝΑΟΣ ΤΗΣ ΑΓΙΑΣ ΠΑΡΑΣΚΕΥΗΣ
Τρίκογχος σταυροειδής εγγεγραμμένος με τρούλο (αθωνίτικου τύπου), 1792.

2

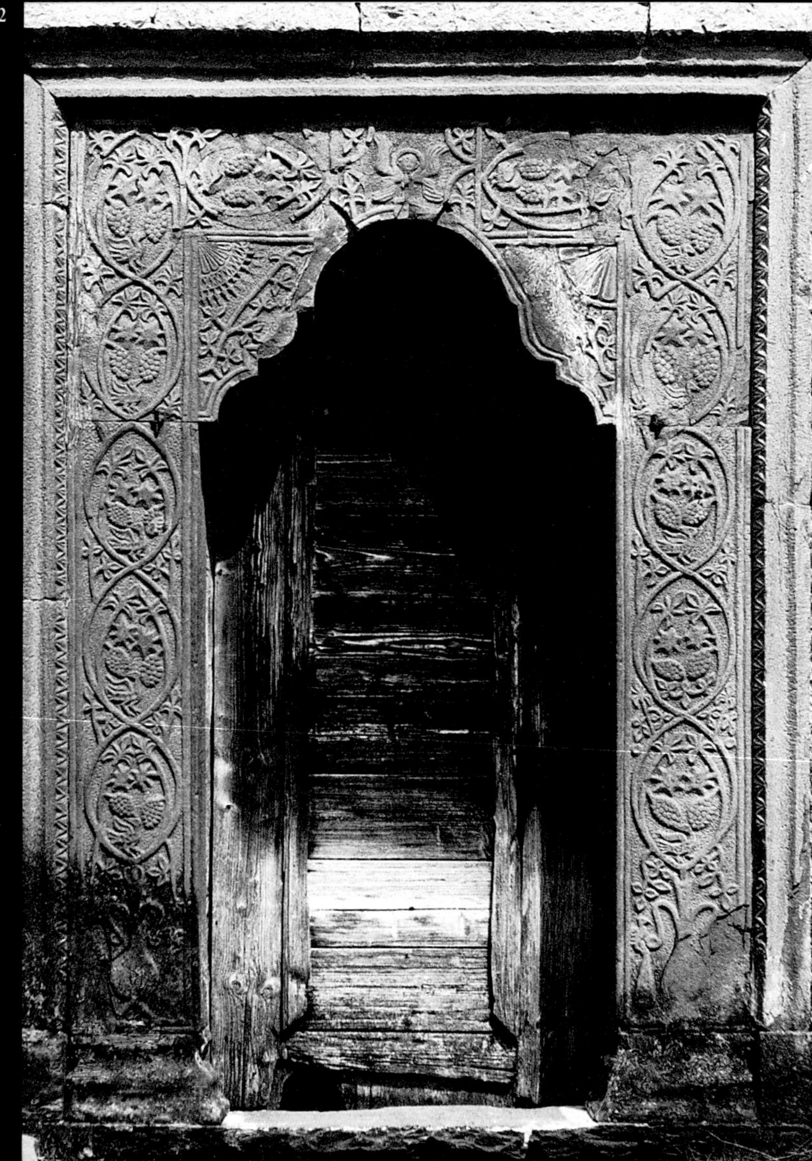

2. ΝΟΤΙΟ ΠΕΡΙΘΥΡΩΜΑ
Υλικό: ψαμμίτης
Διαστάσεις: ύψος 2,22 μ., πλάτος 1,62 μ.

Πλούσιος και πυκνός λιθόγλυπτος διάκοσμος. Στις βάσεις των παραστάδων διακρίνεται κομψό δοχείο με δύο λαβές, από το οποίο εκφύονται διαπλεκόμενες κληματίδες που συνθέτουν ωοειδή πλαίσια περιγράφοντας το θύρωμα. Τα πλαίσια γεμίζουν με τσαμπιά που τα ραμφίζουν χαριτωμένα μικρά πουλιά. Δεξιά, ένα πουλί με μακριά ουρά (παγώνι;) πατά στη λαβή του δοχείου. Στο μέσο του κοιλόκυρτου τοξωτού υπερθύρου ένα μικρό τετραπτέρυγο διακόπτει τη συνέχεια των κληματίδων. Στα τριγωνικά μέρη που σχηματίζει η διακοσμητική σύνθεση, ο πελεκάνος έχει σκαλίσει ακτινωτά τεταρτοκύκλια και κληματίδες.

3. ΕΠΙΓΡΑΦΗ ΕΝΤΟΙΧΙΣΜΕΝΗ
ΠΑΝΩ ΑΠΟ ΤΟ ΝΟΤΙΟ ΠΕΡΙΘΥΡΩΜΑ
Υλικό: ψαμμίτης
Διαστάσεις: ύψος 0,31 μ., πλάτος 1,03 μ.

Μέσα σε πλαίσιο με εξώγλυφους χαρακτήρες διαβάζουμε:

ΕΤΟΣ ΑΞΥΒ 1792 ΙΟΥΝΙΟΥ 20 ΚΕΠΙ ΑΡΧΙΕΡΕΩΣ ΣΤΑΓΩΝ / ΚΥΡ ΠΑΙΣΙΟΥ ΚΕ ΚΤΙΤΩΡ ΔΑΜΑΣΚΗΝΟΥ ΙΕΡΟΜΑΧΟΥ/ ΚΤΗΤΩΡΕΧ ΜΑΚΑΡΙΟΣ ΠΑΝΑΓΙΩΤΗΣ ΚΥΡ ΓΕΩΡΓΙΟΣ ΠΕΤΡΟΥ/ ΜΑΣΤΩΡΑΣ ΓΙΩΡΓΙΣ ΚΕ ΩΙΛΗ ΚΤΗΤΟΡΕΣ.

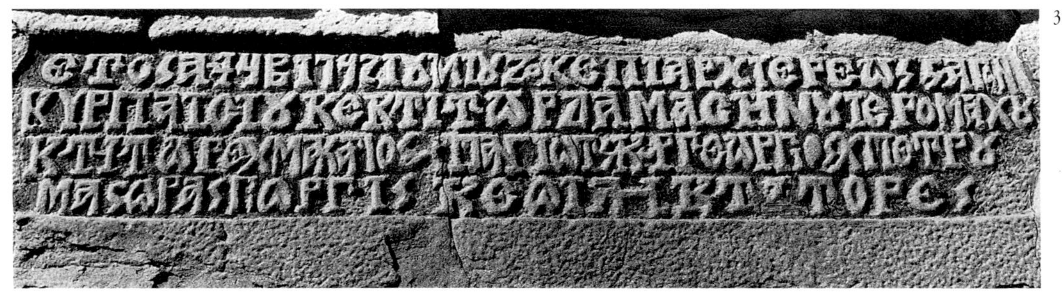
3

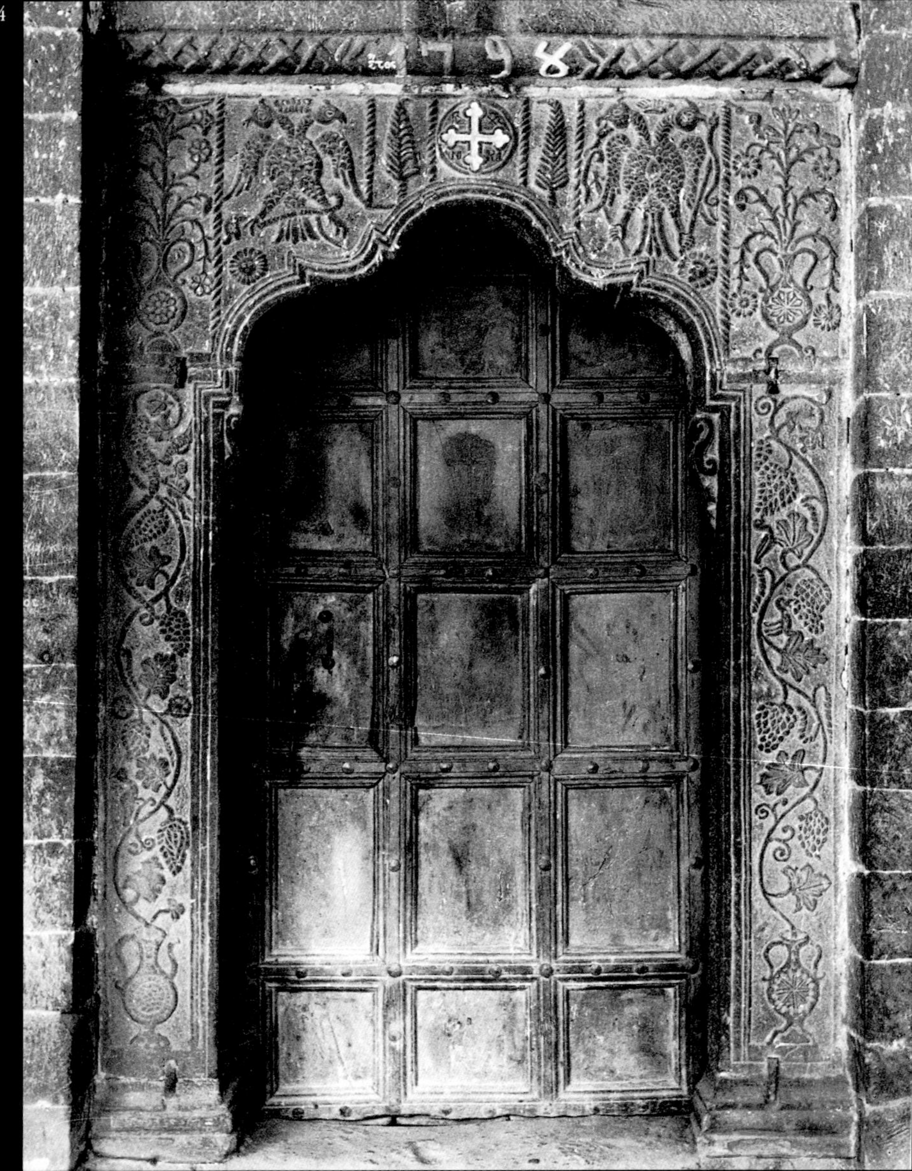
ετος 1798

ΑΓΙΟΣ ΧΑΡΑΛΑΜΠΟΣ,
Μονή Αγίου Στεφάνου - Μετέωρα

4. ΒΟΡΕΙΟ ΠΕΡΙΘΥΡΩΜΑ, 1798
Υλικό: ψαμμίτης
Διαστάσεις: ύψος 2,40 μ., πλάτος 1,02 μ.

Στο υπέρθυρο παρατακτική σύνθεση που οργανώνεται σε πλαίσια από σχοινόσχημα. Στο κέντρο, μέσα σε κύκλο, ισοσκελής σταυρός με τρίλοβες κεραίες. Εκατέρωθεν του σταυρού αναπτύσσονται με συμμετρία κυπαρίσσια, εστεμμένοι δικέφαλοι αετοί και ανθοφόρα δοχεία. Τις παραστάδες κοσμούν κληματίδες που εκφύονται από περίτεχνα λεγένια και επιμηκύνονται μέχρι το υπέρθυρο. Μικρά πουλιά ραμφίζουν τα τσαμπιά. Χρονολογία στο άνω μέρος 1798.

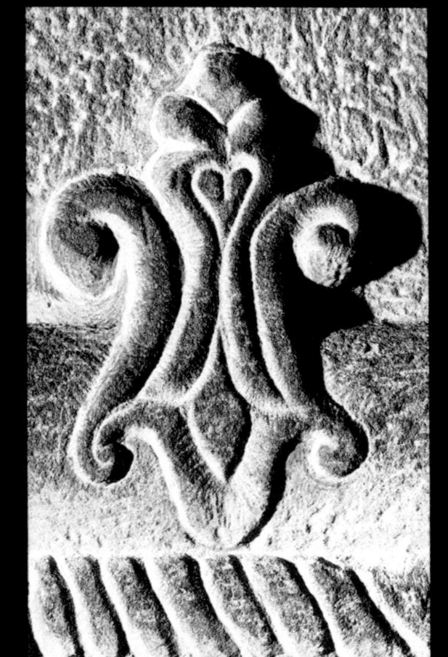
5

5. ΛΕΠΤΟΜΕΡΕΙΑ ΠΑΡΑΣΤΑΔΑΣ
Διακοσμητικό μοτίβο που κλείνει το τόξο στην εσωτερική επιφάνεια των παραστάδων

6

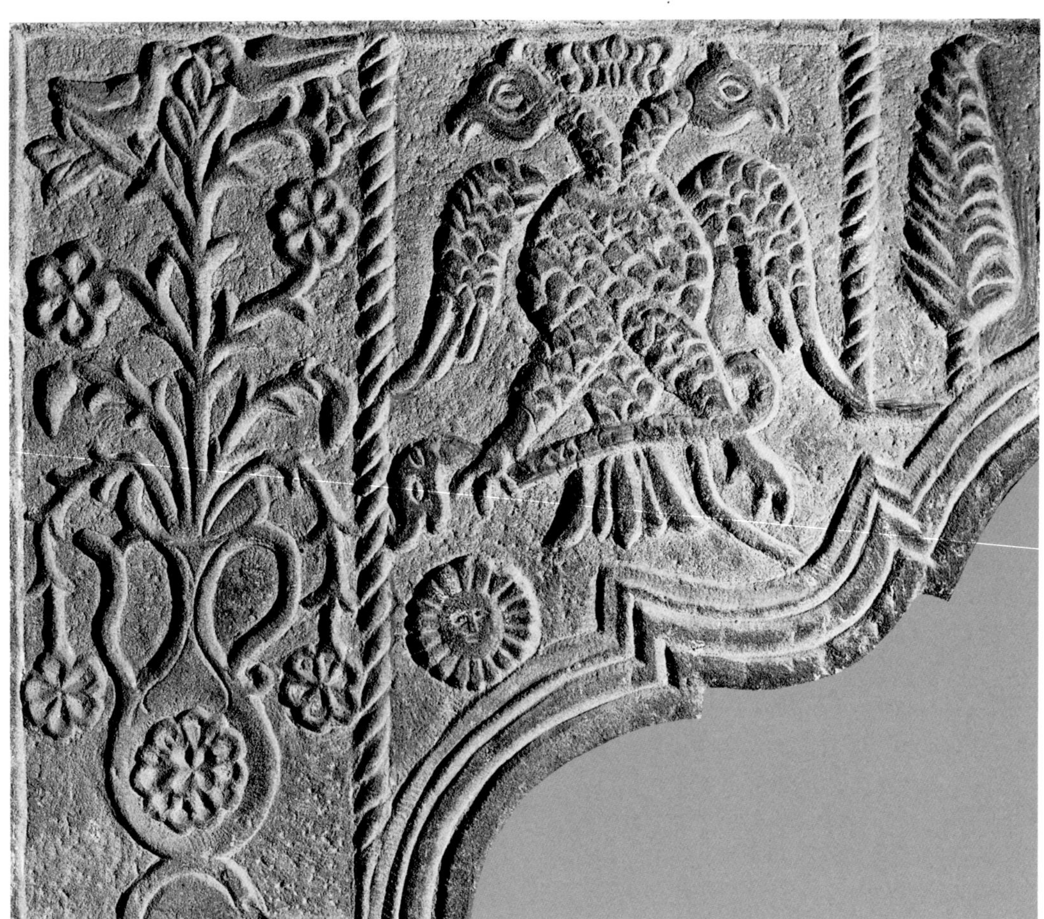

6. ΤΜΗΜΑ ΥΠΕΡΘΥΡΟΥ ΒΟΡΕΙΟΥ ΠΕΡΙΘΥΡΩΜΑΤΟΣ

Τα συνθετικά στοιχεία της παράστασης οργανώνονται σε πλαίσια από σχοινόσχημα. Αριστερά, κομψό ανθοφόρο κανάτι.Το σώμα του κοσμεί πολύφυλλος ρόδακας. Από το κανάτι εκφύονται λυγεροί μίσχοι με μαργαρίτες. Δύο πουλάκια ακροπατώντας στα κλωνιά ενώνουν τα ράμφη τους. Στο κέντρο, δικέφαλος αετός με φολιδωτό φτέρωμα. Ανάμεσα στα δύο κεφάλια με τους λεπτούς λαιμούς διακρίνεται στέμμα. Στο πόδι του κρατά ένα φίδι – η ουρά του περιπλέκεται γύρω από το άλλο πόδι.
Το μικρό κενό καλύπτει μικρός προσωποποιημένος ήλιος. Στο πλαίσιο που ακολουθεί ο πελεκάνος έχει σκαλίσει ένα κυπαρίσσι.

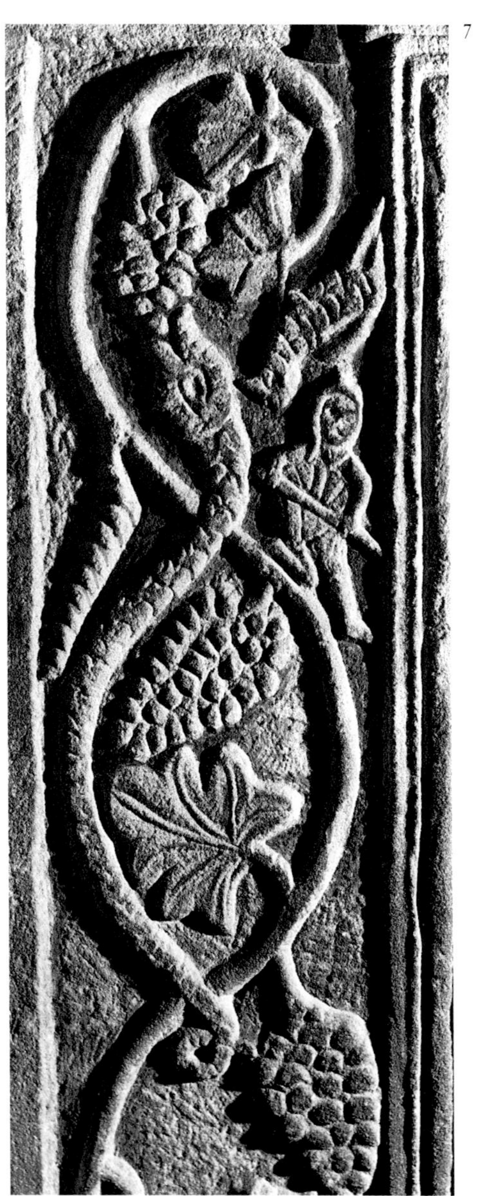
7

7. ΛΕΠΤΟΜΕΡΕΙΑ ΑΡΙΣΤΕΡΗΣ ΠΑΡΑΣΤΑΔΑΣ

Η κληματίδα περιπλέκεται με ένα φίδι. Μια μορφή μικροσκοπική, κάπως αστεία, με ρόπαλο στο χέρι έχει κουρνιάσει με το ένα πόδι λυγισμένο, κάτω από ένα μεγάλο, ανάποδα σκαλισμένο, πουλί. Δραγάτης ή ασκητής, η μικρή αυτή μορφή εκφράζει μια σημαντική καινοτομία. Ο πελεκάνος, δειλά, τοποθετεί μέσα στο παραδοσιακό φυτικό θέμα την ανθρώπινη μορφή.

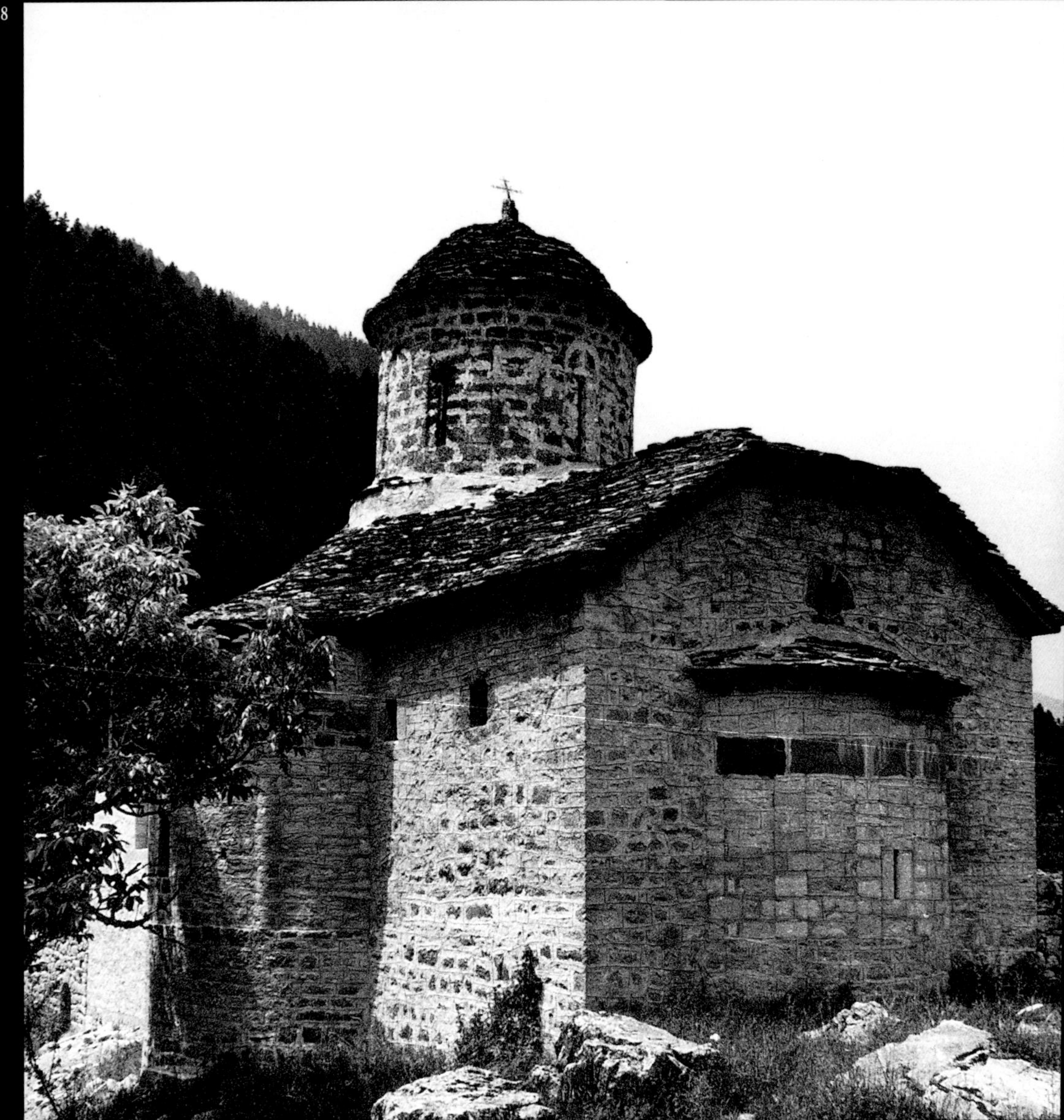

8. ΤΟ ΚΑΘΟΛΙΚΟ ΤΗΣ ΜΟΝΗΣ ΚΟΙΜΗΣΗΣ ΤΗΣ ΘΕΟΤΟΚΟΥ

Τρίκογχος σταυροειδής εγγεγραμμένος με τρούλο (αθωνίτικου τύπου), 1799.

9-11. ΥΠΕΡΘΥΡΟ ΒΟΡΕΙΟΥ ΠΕΡΙΘΥΡΩΜΑΤΟΣ

Υλικό: ψαμμίτης

Διαστάσεις: ύψος 1,83 μ., πλάτος 1,35 μ.

9. Στο κεντρικό τμήμα του υπερθύρου, κυκλική δόξα με παράσταση της Αγίας Τριάδας περιβάλλεται από τέσσερα σεραφείμ, διακρίνοντας την κύρια παράσταση του Ευαγγελισμού σε δύο μέρη.

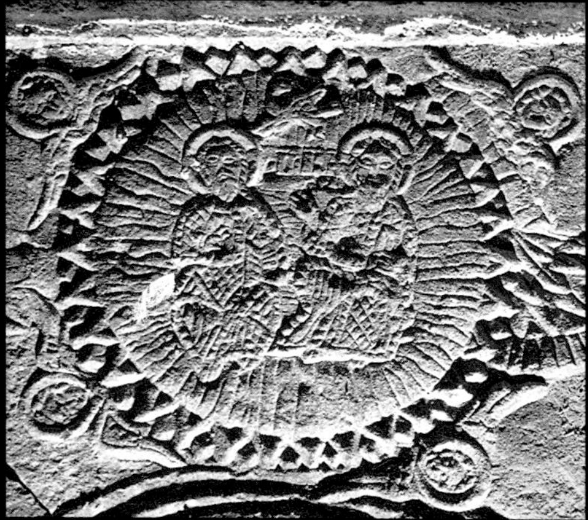

9

10

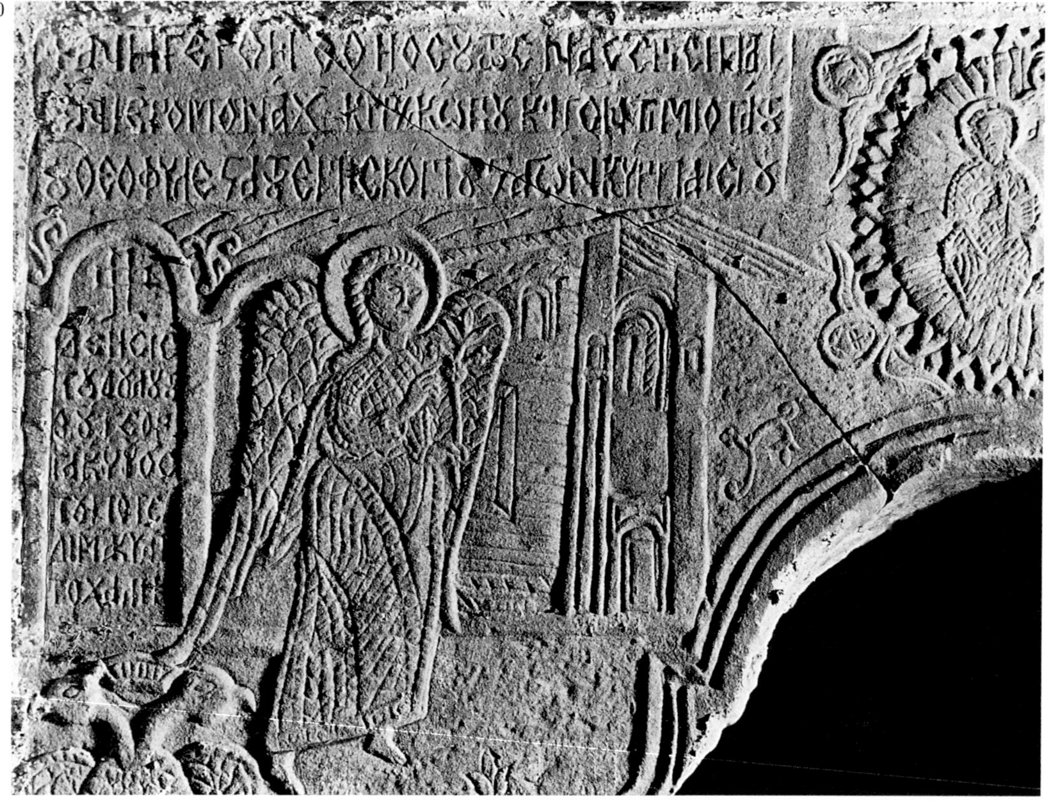

10. Στην επιγραφή διαβάζουμε: ΑΝΗΓΕΡΘΗ Ο ΘΗΟΣ ΟΥΤΩΣ ΝΑΟΣ ΤΙΣ ΙΠΑΙΡΑΓΙΑΣ ΘΕΟΤΟΚΟΥ ΔΙΑ ΔΑΠΑΝΗΣ ΤΟΥ ΠΑΝΟΣΙΩΤΑΤΟΥ (Ε)Ν ΙΕΡΟΜΟΝΑΧ(ΟΥ) ΚΥΡ ΙΑΚΩΒΟΥ ΚΙ ΤΟΥ ΤΙΜΙΟΤΑΤΟΥ ΚΥΡΙΟΥ ΑΝΑΣΤΑΣΙΟΥ ΙΚΡΙΤΖΑ ΑΡΧΙΕΡΑΤΕΥΟΝΤΟΣ ΤΟΥ ΘΕΟΦΥΛΕΣΤΑΤΟΥ ΕΠΙΣΚΟΠΟΥ ΣΤΑΓΩΝ ΚΥΡ ΠΑΙΣΙΟΥ ΕΠΙ ΕΤΟΥΣ ΑΨϞ΄Θ 1799 ΑΥΓΟΥΣΤΟΥ 25.

Αριστερά, ολόσωμη μορφή του αρχαγγέλου Γαβριήλ με το πόδι λυγισμένο και το σώμα με ελαφρά κλίση προς τα δεξιά. Στο αριστερό χέρι του κρατά τον κρίνο. Ο πελεκάνος προσπαθεί να αποδώσει τις πτυχώσεις του χιτώνα του με βαθιές χαράξεις. Τα φτερά του αγγέλου είναι μακριά και φολιδωτά. Τα μαλλιά άτεχνα και τα χαρακτηριστικά του προσώπου συνοπτικά. Στο βάθος διώροφο κτήριο ενώ αριστερά, σε αψιδωτό άνοιγμα, η επιγραφή:

ΔΕΗΣΙΣ/ΤΟΥ ΔΟΥΛΟΥ ΤΟΥ Θ(Ε)ΟΥ/ΓΕΟΡΓΑΚΥ ΙΟΣ/ΤΟΥ ΠΟΤΕ/ΔΙΜΑΚΥ Α/ΠΟ ΧΑΛΙΚΙ.

11

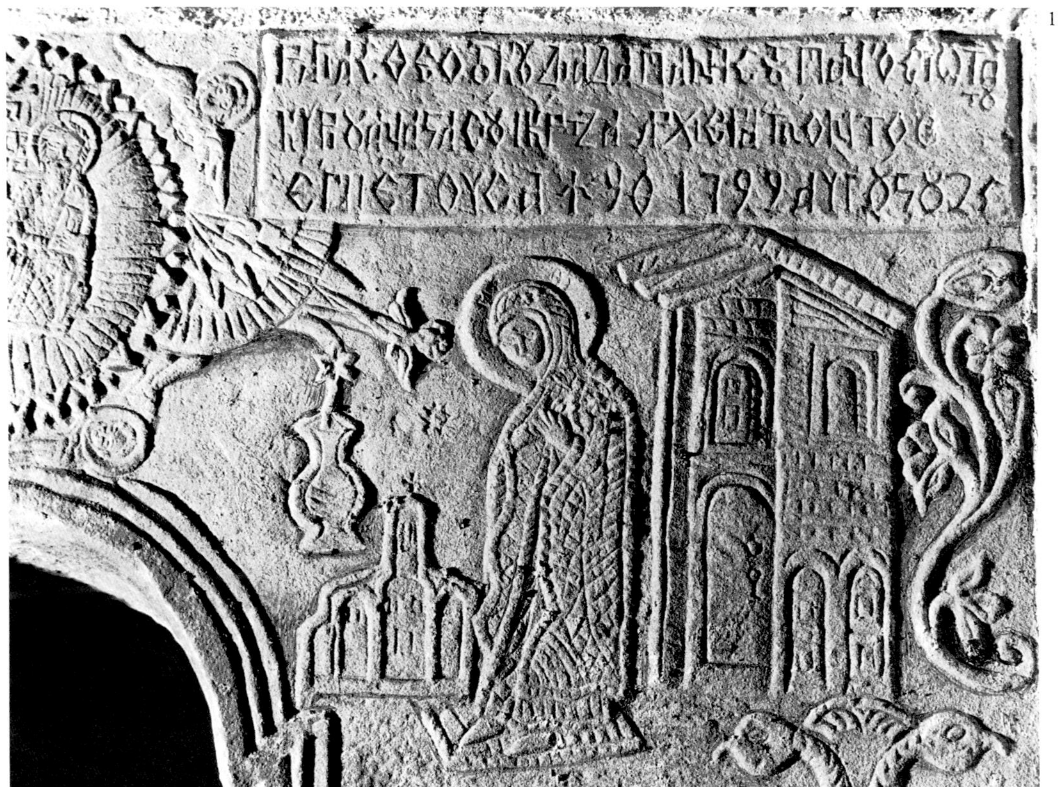

11. Αντίστοιχα οργανώνεται η σύνθεση στο δεξιό τμήμα. Ανάμεσα στο πλαίσιο της επιγραφής και την κυκλική δόξα προβάλλει ηλιακό τεταρτοκύκλιο με λογχοειδείς ακτίνες απ' όπου εξακτινώνεται ανθοφόρος μίσχος. Η Παναγία σε άκομψη, άτεχνη στάση αποδίδεται μπροστά από μεγάλο διώροφο οικοδόμημα. Γέρνει ελαφρά, με συστολή, το κεφάλι της, τα χέρια είναι λυγισμένα στο στήθος, τα πόδια προτάσσονται άτεχνα από το σώμα. Στο βάθος της πλάκας τα κενά πληρούν ομοίωμα ναού, δοχείο με αστερόσχημο άνθος και ανθοφόρος μίσχος.

12

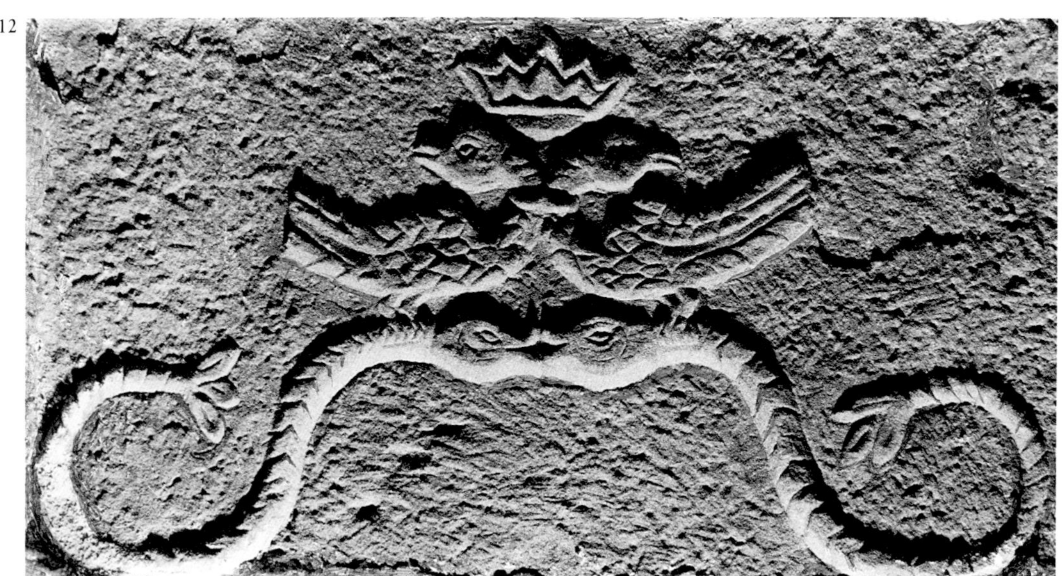

12. ΠΛΑΚΑ ΕΝΤΟΙΧΙΣΜΕΝΗ ΣΤΗΝ ΚΟΓΧΗ ΤΟΥ ΙΕΡΟΥ ΤΟΥ ΚΑΘΟΛΙΚΟΥ
Υλικό: ψαμμίτης
Διαστάσεις: ύψος 0,35 μ., πλάτος 0,64 μ.

Δύο φίδια με λεπτό σώμα και περιελισσόμενες ουρές με φυλλοειδή απόληξη ενώνουν τα στόματά τους, σαν να φιλιούνται. Πάνω στον κορμό τους πατούν ανάλαφρα δύο αετοί που οι κεφαλές τους ενώνονται με δακτύλιο – παραλλαγή του θέματος του δικέφαλου αετού. Ανάμεσα από τις κεφαλές προβάλλει καλοσχηματισμένο στέμμα.

13-14. ΤΜΗΜΑΤΑ ΠΑΡΑΣΤΑΔΩΝ ΒΟΡΕΙΟΥ ΠΕΡΙΘΥΡΩΜΑΤΟΣ

Ο αρχάγγελος Μιχαήλ σε μετωπική στάση, με στρατιωτική ενδυμασία, κρατά στο δεξί χέρι σπαθί. Τα πόδια του αποδίδονται σε ελαφρά διάσταση. Τα χαρακτηριστικά του προσώπου του είναι αδρά χαραγμένα και διακρίνεται μικρό μουστάκι. Τα φτερά του αγγέλου είναι φολιδωτά.
Ο αρχάγγελος Γαβριήλ, με μακριά ιερατική ενδυμασία, κρατά στο αριστερό χέρι λόγχη, ενώ ευλογεί με το δεξί. Τα πόδια του αποδίδονται σε συμβατική στάση κίνησης στο πλάι. Τα χαρακτηριστικά του προσώπου του είναι αδρά χαραγμένα και τα φτερά του φολιδωτά.

13

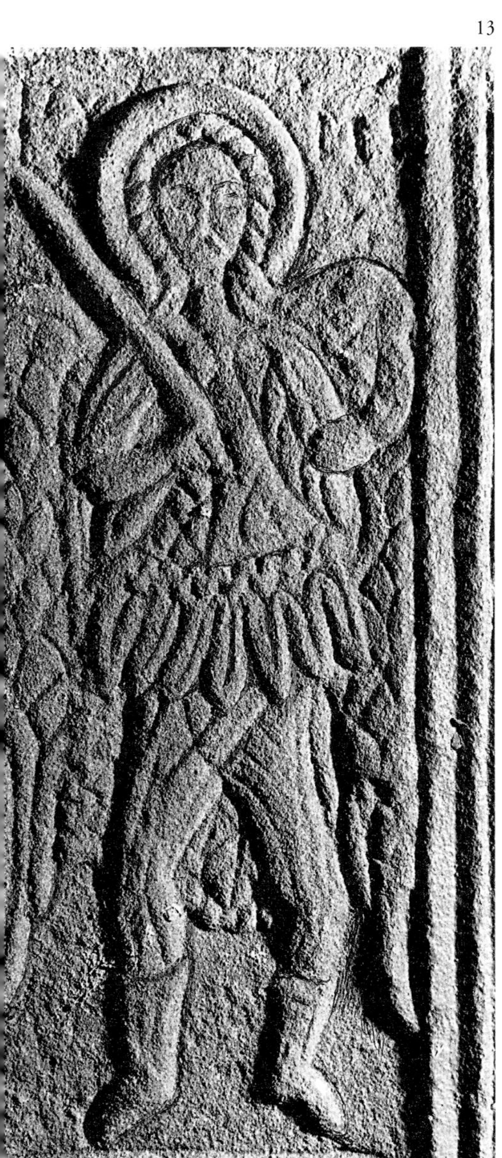

14

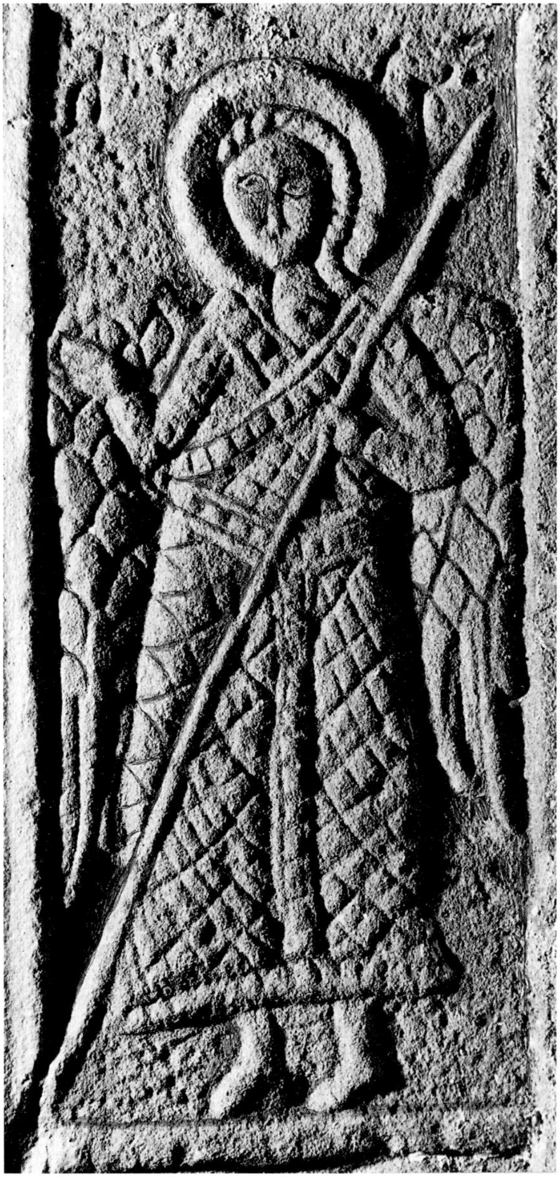

15

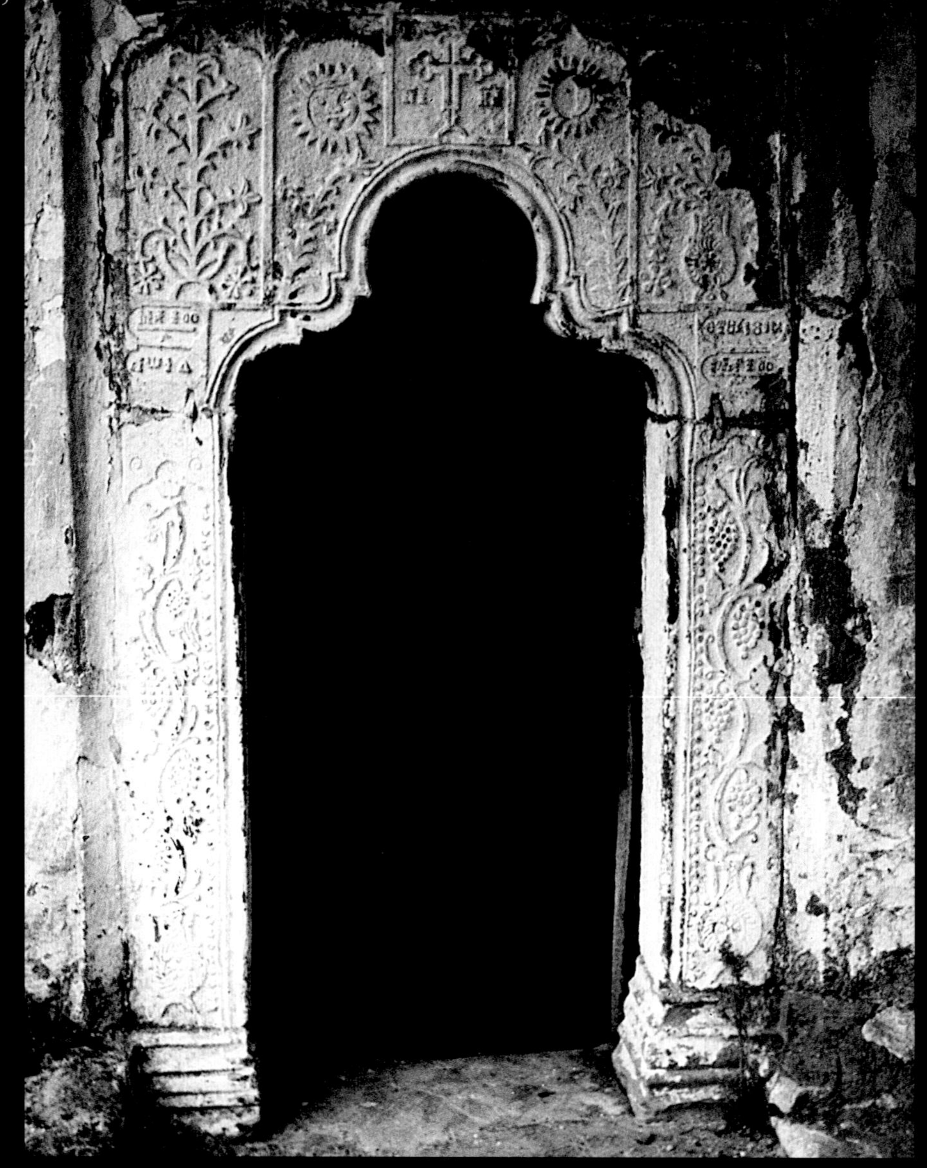

15. ΝΟΤΙΟ ΠΕΡΙΘΥΡΩΜΑ, 1814
Υλικό: ψαμμίτης
Διαστάσεις: ύψος 2,21 μ., πλάτος 1,50 μ.

Το υπέρθυρο οργανώνεται με αψιδωτά πλαίσια μέσα στα οποία εντάσσονται γλάστρα και ανθοφόρο δοχείο. Στο κεντρικό τμήμα του ένας σταυρός μέσα σε πλαίσιο περιβάλλεται από προσωποποιημένο ήλιο και σελήνη. Τις παραστάδες κοσμούν κληματίδες που περιελίσσονται μέσα από κομψά δοχεία.

16. ΕΠΙΓΡΑΦΗ ΝΟΤΙΟΥ ΠΕΡΙΘΥΡΩΜΑΤΟΣ με εξώγλυφους χαρακτήρες που εντάσσονται σε δύο καμπυλωτά πλαίσια: ΕΤΟΥΣ 1814/ΜΑΙΟΣ.

16

17

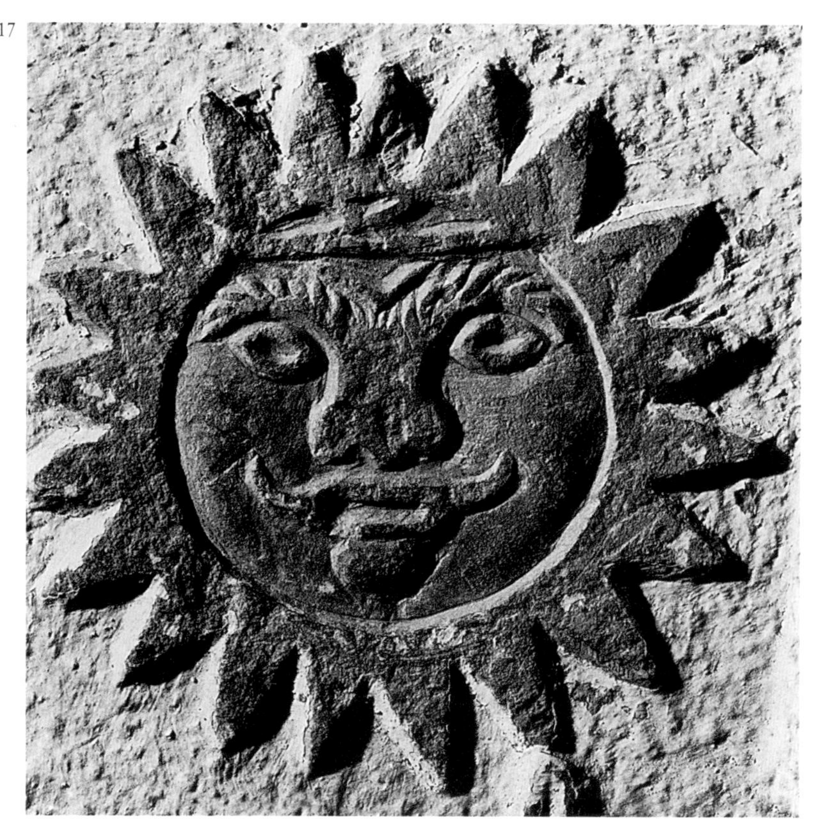

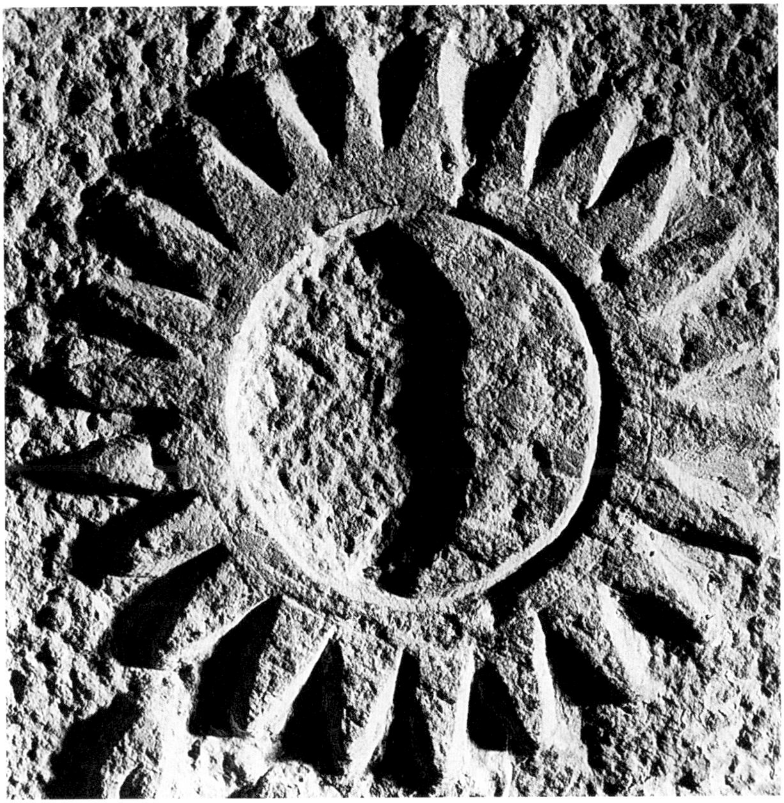

18

17-18. ΛΕΠΤΟΜΕΡΕΙΕΣ ΥΠΕΡΘΥΡΟΥ

Ανθρωπόμορφος ήλιος με μικρά αμυγδαλωτά μάτια και πυκνά φρύδια που ενώνονται σε μια ιδιαίτερα πλατιά μύτη. Το μικρό στόμα στολίζει ένα κομψό «τσιγκελωτό» μουστάκι. Οι τριγωνικές, προσεκτικά διατεταγμένες ακτίνες, φωτίζουν την καλοσυνάτη μορφή του ήλιου. Η Σελήνη αποδίδεται ως ημισέληνος μέσα σε κύκλο που περιγράφεται από καλοσχηματισμένες ακτίνες.

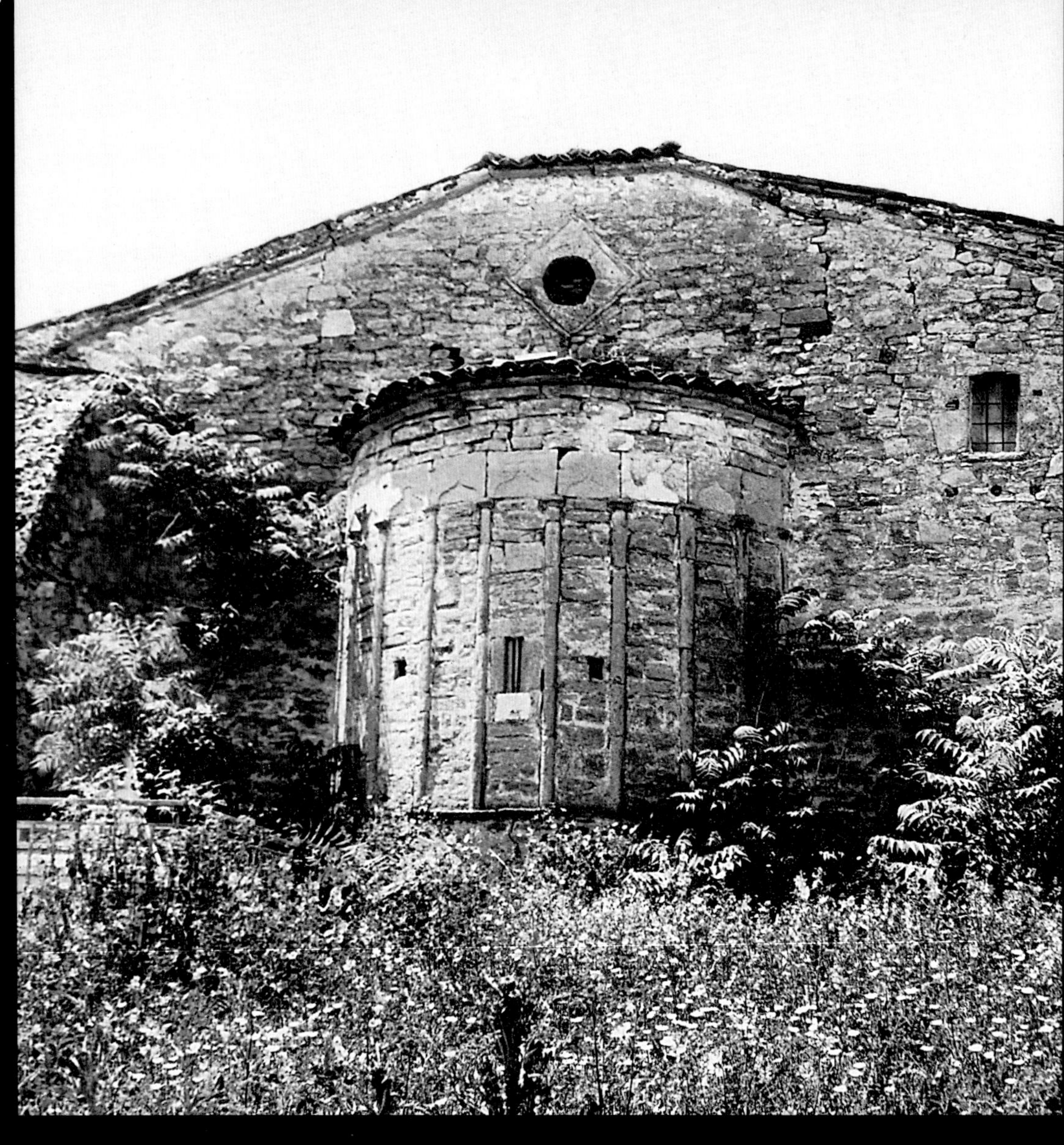

ΑΓΙΟΣ ΝΙΚΟΛΑΟΣ,
Μαγουλίτσα Καρδίτσας

19. Ο ΜΟΝΟΧΩΡΟΣ ΝΑΟΣ ΤΟΥ ΑΓΙΟΥ ΝΙΚΟΛΑΟΥ, 1815

20

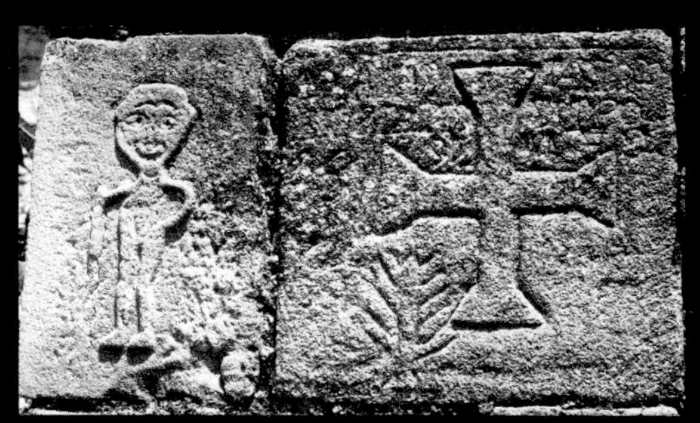

20. ΔΥΟ ΔΟΜΟΙ ΕΝΣΩΜΑΤΩΜΕΝΟΙ ΣΕ ΕΞΩΤΕΡΙΚΟ ΤΟΙΧΟ ΤΟΥ ΝΑΟΥ

Ολόσωμη ανδρική μορφή με κατεύθυνση προς τα αριστερά. Το κεφάλι με τα αδρά, συνοπτικά χαρακτηριστικά είναι δυσανάλογα μεγάλο σε σχέση με το σχηματικό κορμό. Μορφή άτεχνη, καμωμένη με παιδική αφέλεια. Στο δεύτερο δόμο μεγάλος ισοσκελής σταυρός με τραπεζοειδή απόληξη στις κεραίες. Κάτω αριστερά σχηματοποιημένο δέντρο.

21

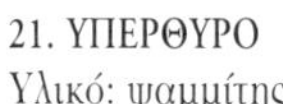

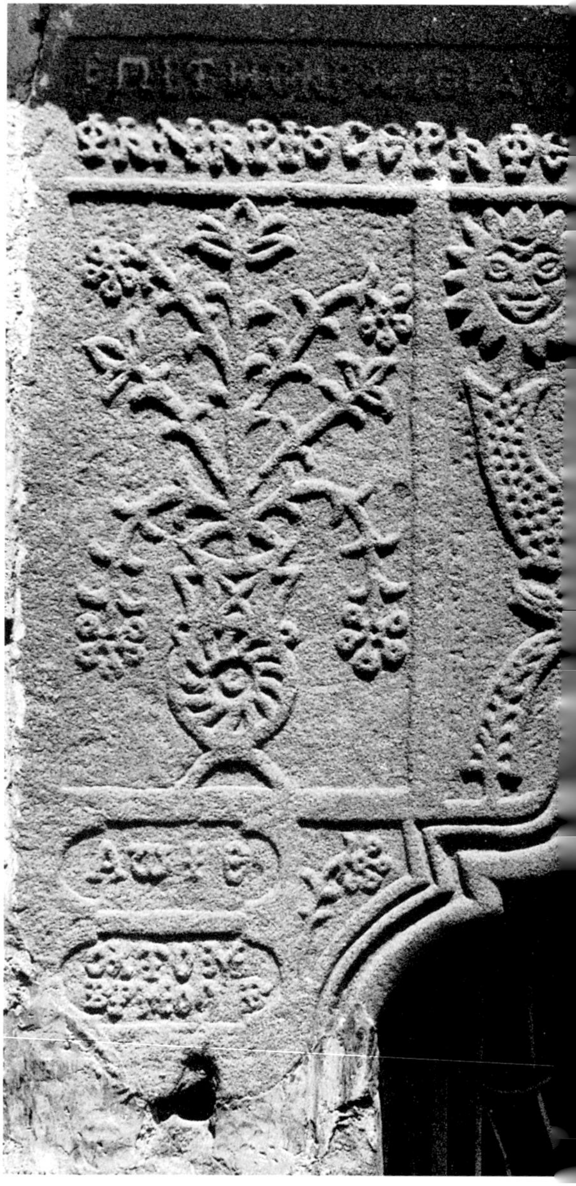

21. ΥΠΕΡΘΥΡΟ
Υλικό: ψαμμίτης

Στο κέντρο του κοιλόκυρτου αψιδώματος ισοσκελής σταυρός με τρίλοβες κεραίες φυλάσσεται από δύο μεγαλόσωμα φίδια. Το φολιδωτό σώμα τους καταλήγει σε μια καμπυλωτή ουρά, μέσα από την οποία εκφύεται χαμογελαστός προσωποποιημένος ήλιος. Ανάμεσα στις κεραίες τα: ΗΣ ΧΣ/ΝΙ ΚΑ. Στα διάκενα μικρά κυπαρίσσια γέρνουν από το βάρος δύο μικρών πουλιών που πατούν στις κορυφές τους.

Το κεντρικό θέμα πλαισιώνουν ανθοφόρα δοχεία με μαργαρίτες και κρίνα που γέρνουν με χάρη σε μακρείς μίσχους. Στο άνω τμήμα του υπερθύρου κτιτορική επιγραφή.

Κάτω από τα ανθοφόρα δοχεία, μέσα σε κοιλόκυρτα πλαίσια:

ΑΩΙΕ/ΟΚΤΟΒΡΙΟΥ(;) και 1815 ΟΚΤΟΜΒΡΙΟΥ.

Τα κενά κοσμούν άνθη. Χαμηλό, επιμελημένο ανάγλυφο.

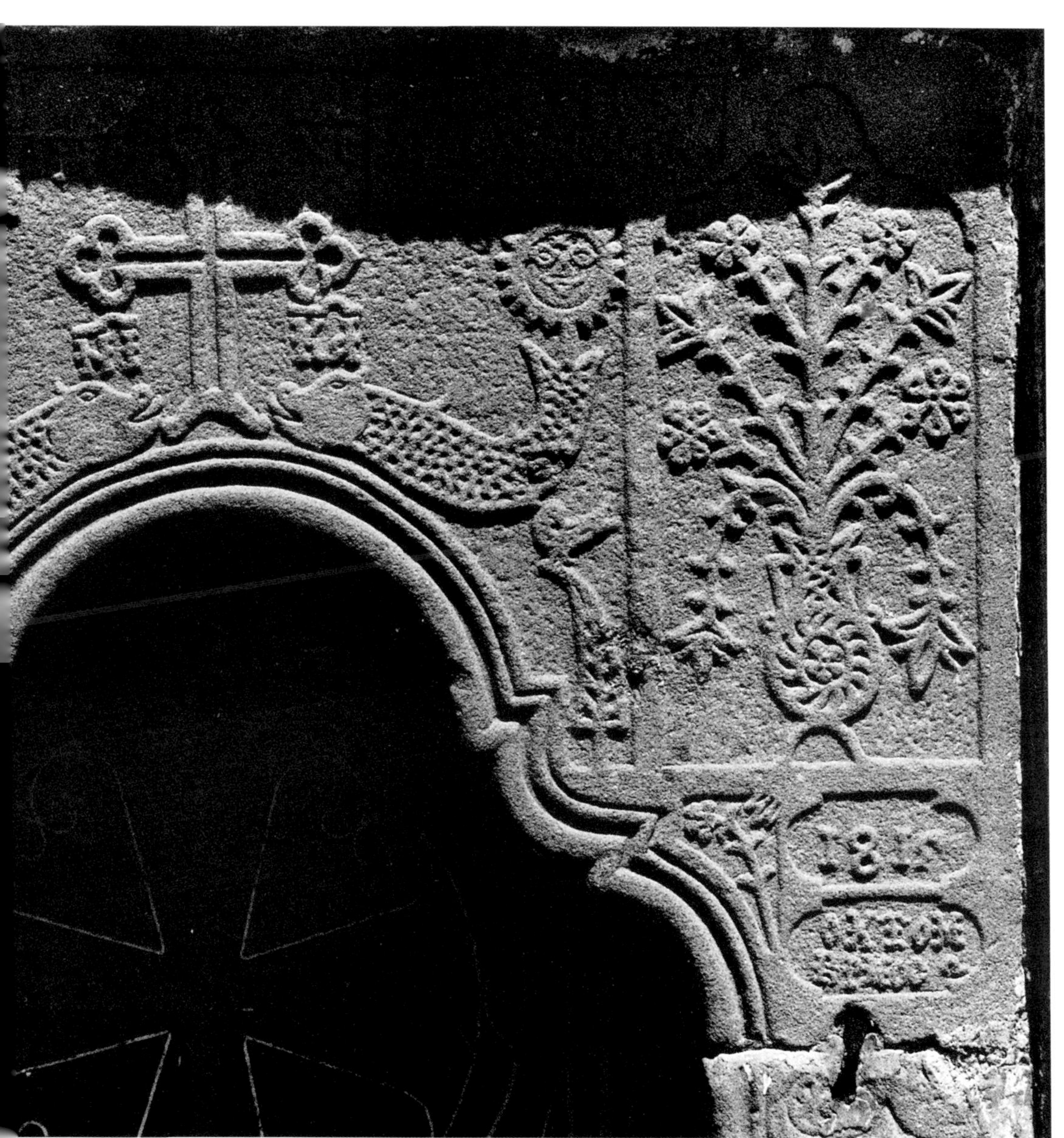

22

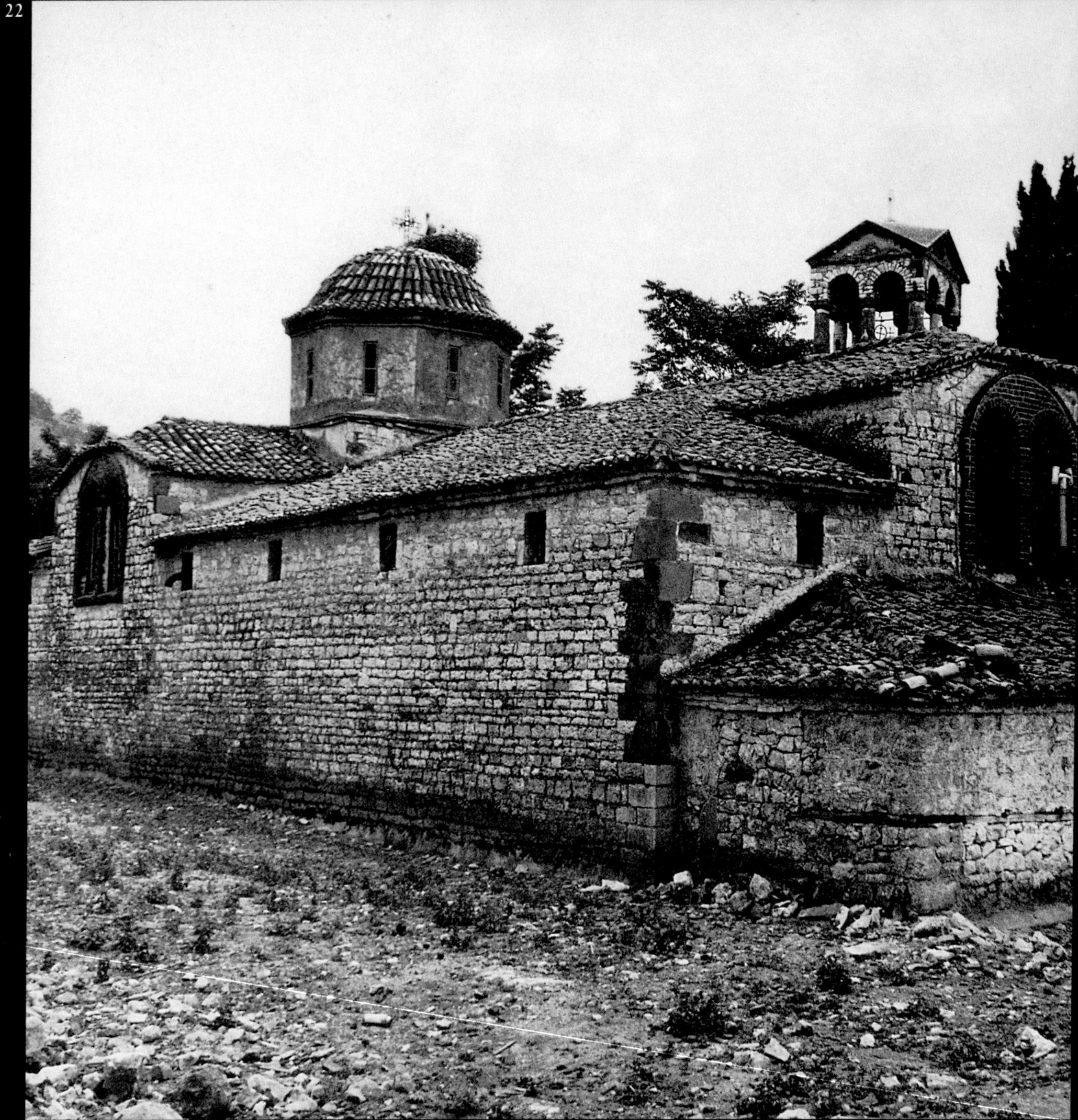

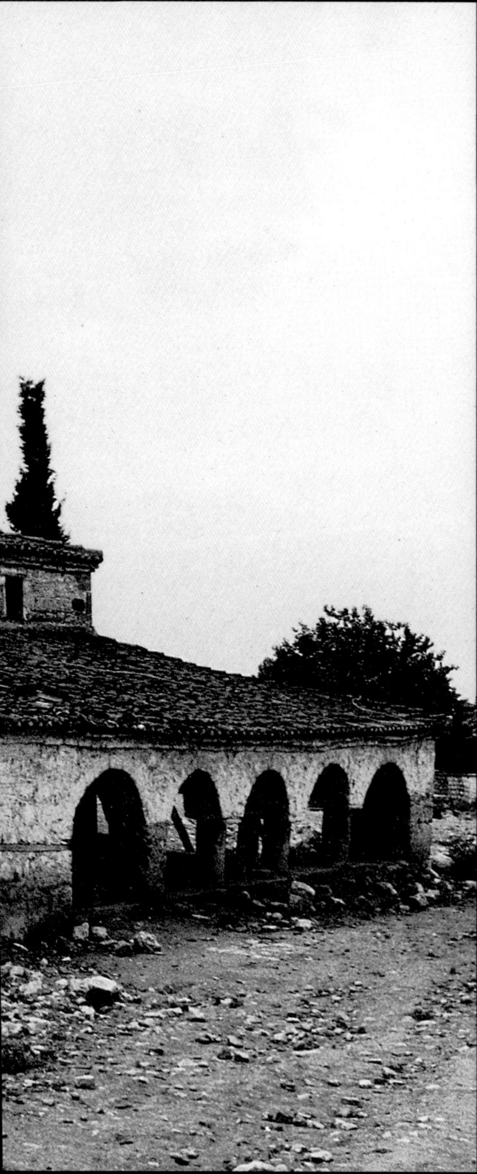

ΑΓΙΟΣ ΝΙΚΟΛΑΟΣ,
Βασιλική Καλαμπάκας

22-23. Ο ΝΑΟΣ ΤΟΥ ΑΓΙΟΥ ΝΙΚΟΛΑΟΥ

Σταυροειδής εγγεγραμμένος με τρούλο

23

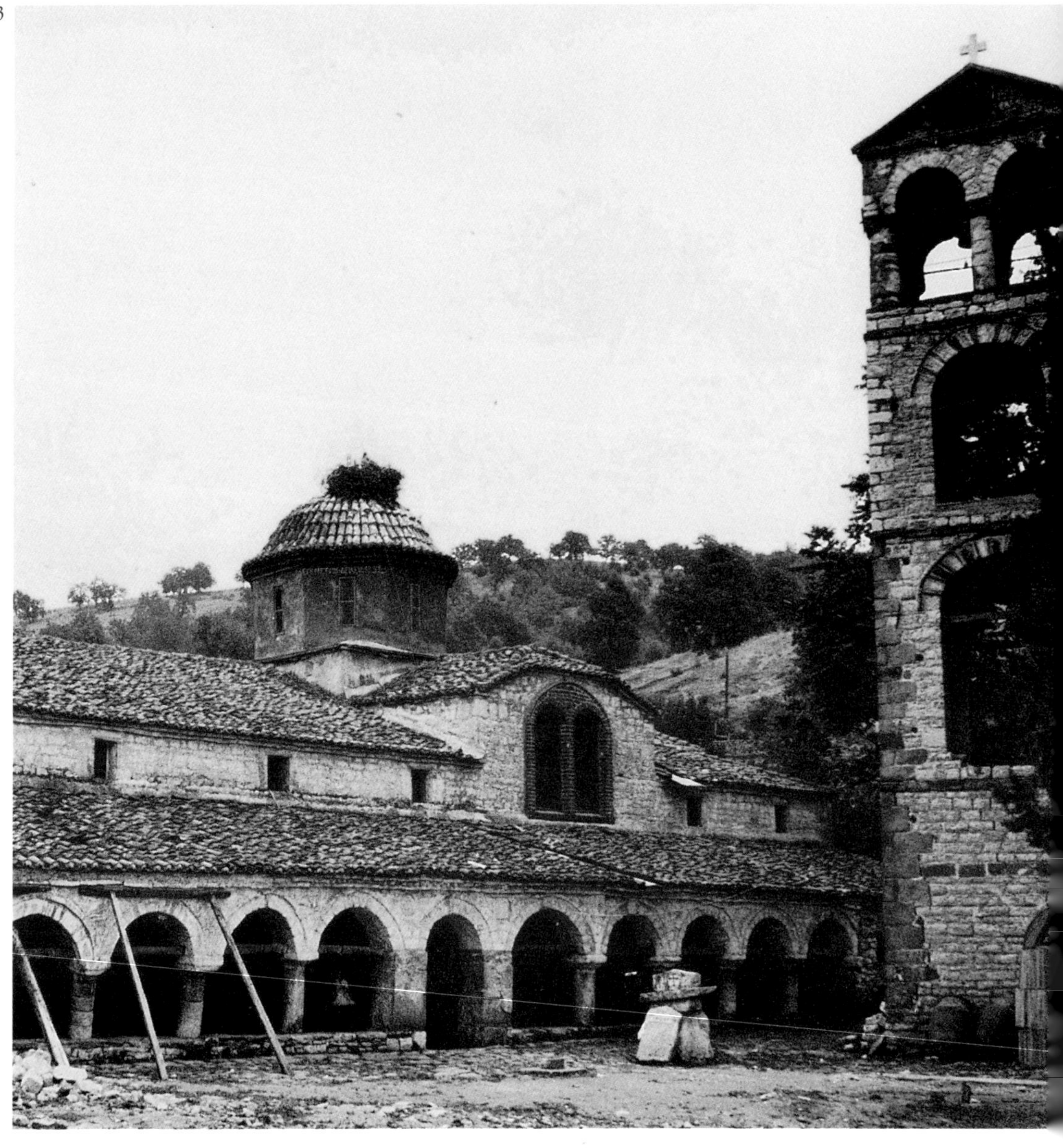

24. ΚΤΙΤΟΡΙΚΗ ΕΠΙΓΡΑΦΗ ΕΝΤΟΙΧΙΣΜΕΝΗ ΠΑΝΩ ΑΠΟ ΤΟ ΝΟΤΙΟ ΠΕΡΙΘΥΡΩΜΑ

Υλικό: μάρμαρο*

Διαστάσεις: ύψος 0,20 μ., πλάτος 0,97 μ.

Τέσσερις στίχοι ενταγμένοι σε πλαίσιο με καμπύλες μικρές πλευρές, ο πέμπτος εκτός πλαισίου.

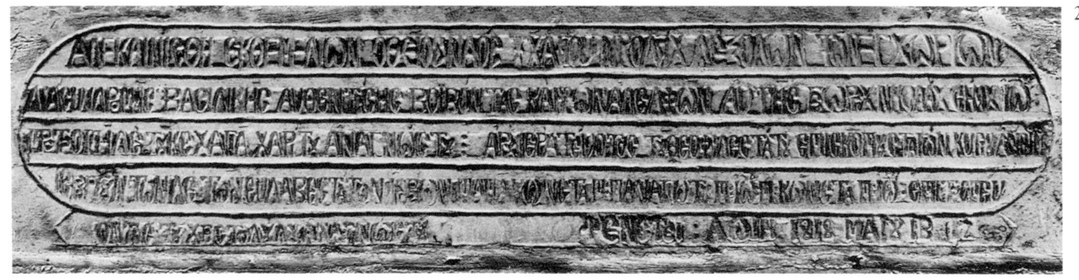

24

ΑΝΕΚΑΙΝΙΣΘΗ ΕΚ ΘΕΜΕΛΙΩΝ Ο ΘΕΙΟΣ ΝΑΟΣ ΤΟΥ ΑΓΙΟΥ ΝΙΚΟΛΑΟΥ ΔΙΑ ΕΞΟΔΩΝ ΤΩΝ ΕΓΧΩΡΙΩΝ / ΔΙΑ ΣΥΝΔΡΟΜΗΣ ΒΑΣΙΛΙΚΗΣ ΑΥΘΕΝΤΙΣΗΣ ΒΟΙΒΟΝΤΑΣ ΚΑΙ ΤΩΝ ΑΔΕΛΦΩΝ ΑΥΤΗΣ ΓΕΩΡΓΙΟΥ ΝΙΚΟΛΑΟΥ ΣΙΜΟΥ ΙΩΑΝΝΟΥ ΕΠΙΤΡΟΠΗ ΔΕ ΤΟΥ ΚΕΧΑΓΙΑ ΧΑΡΙΤΟΥ ΑΝΑΓΝΩΣΤΟΥ: ΑΡΧΙΕΡΑΤΕΥΟ-ΝΤΟΣ ΤΟΥ ΘΕΟΦΙΛΕΣΤΑΤΟΥ ΕΠΙΣΚΟΠΟΥ ΣΤΑΓΩΝ ΚΥΡΙΟΥ ΑΝΘΙΜΟΥ / ΙΕΡΟΥΡΓΟΥΝΤΩΝ ΔΕ ΤΩΝ ΕΥΛΑΒΕΣΤΑΤΩΝ ΙΕ-ΡΕΩΝ ΠΑΠΑ ΚΩΝΣΤΑ Π:ΠΑΝΑΓΙΩΤΟΥ Π ΙΩΑΝΝΟΥ Π: ΚΩΝ-ΣΤΑ Π: ΙΩ ΕΠΙΤΡΟΠΕΥ / ΟΝΤΟΣ ΤΟΥ ΧΡΙΣΤΟΔΟΥΛΟΥ ΑΝΑ-ΓΝΩΣΤΟΥ ΕΝ ΕΤΗ ΑΩΙΗ 1818 ΜΑΙΟΥ ΙΒ 12.

**Μεταγενέστερα επιχρίστηκε με σκούρο γκρι χρώμα.*

25

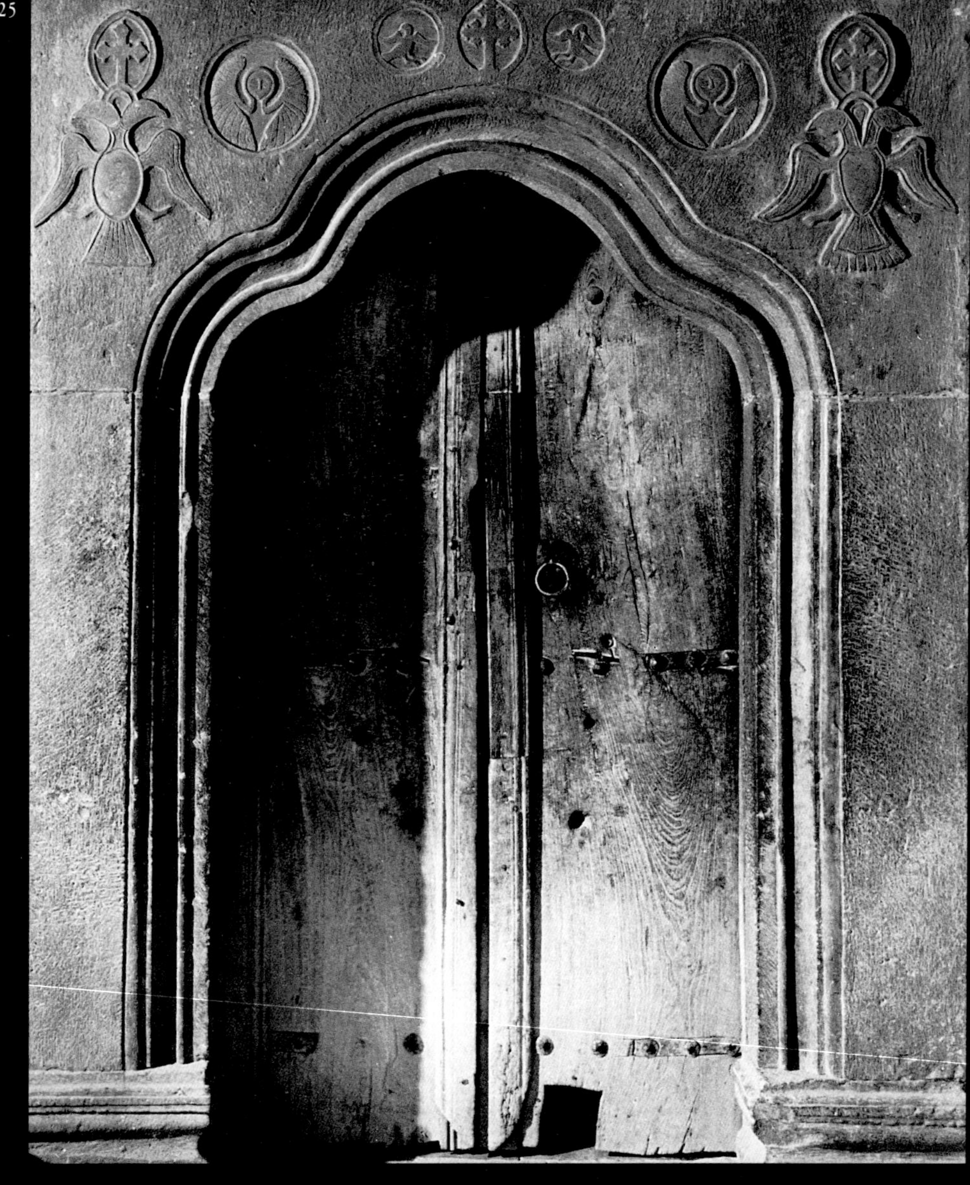

25. ΝΟΤΙΟ ΠΕΡΙΘΥΡΩΜΑ
Υλικό: ψαμμίτης
Διαστάσεις: ύψος 2,07 μ., πλάτος 1,92 μ.

Τρίκογχο αψιδωτό περιθύρωμα. Στο τοξωτό τμήμα τα λιτά κοσμητικά στοιχεία αναπτύσσονται με αυστηρότητα και συμμετρία. Στο κέντρο, σταυρός με κεραίες που απολήγουν σε τρίλοβα ενταγμένος σε ωοειδές πλαίσιο. Εκατέρωθεν του σταυρού, σε κυκλικά πλαίσια, δύο πουλιά αγγίζουν με το ράμφος τις ανοιχτές φτερούγες τους, με την κεφαλή στραμμένη προς τα πίσω. Σε κάθε τριγωνικό διάκενο στυλιζαρισμένος δικέφαλος αετός που επιστέφεται με σταυρό και αγγελικές μορφές σε κυκλικά πλαίσια.
Οι παραστάδες του θυρώματος είναι ακόσμητες.

26. ΠΛΑΚΑ ΕΝΤΟΙΧΙΣΜΕΝΗ ΣΤΟΝ ΑΝΑΤΟΛΙΚΟ ΕΞΩΤΕΡΙΚΟ ΤΟΙΧΟ ΤΟΥ ΝΑΟΥ
Υλικό: λευκό μάρμαρο
Διαστάσεις: ύψος 0,92 μ., πλάτος 0,55 μ.

Γυναικεία μορφή κατενώπιον με τα πόδια σε συμβατική κίνηση στο πλάι. Τα ευκρινή, καλοσχηματισμένα χαρακτηριστικά του προσώπου, μακριά από την πραγματικότητα του «πορτραίτου», εκφράζουν την ιδεατή σοβαρότητα και ευλάβεια της δωρήτριας. Στο κεφάλι της φέρει ψηλό κάλυμμα. Φορά λιτό, μακρύ επενδύτη με διακοσμητικό τελείωμα, ανοιχτό από τη μέση και κάτω και μεγαλόσχημη εντυπωσιακή πόρπη. Στο δεξί, λυγισμένο στο στήθος, χέρι κρατά μακρύμισχο άνθος, ενώ το αριστερό χέρι ακουμπά στη μέση της.
Η μορφή αποδίδεται με πλαστική σαφήνεια και καθαρότητα μαρτυρώντας την πρόθεση του πελεκάνου να προσδώσει τη δέουσα βαρύτητα στο εικονιζόμενο πρόσωπο.

26

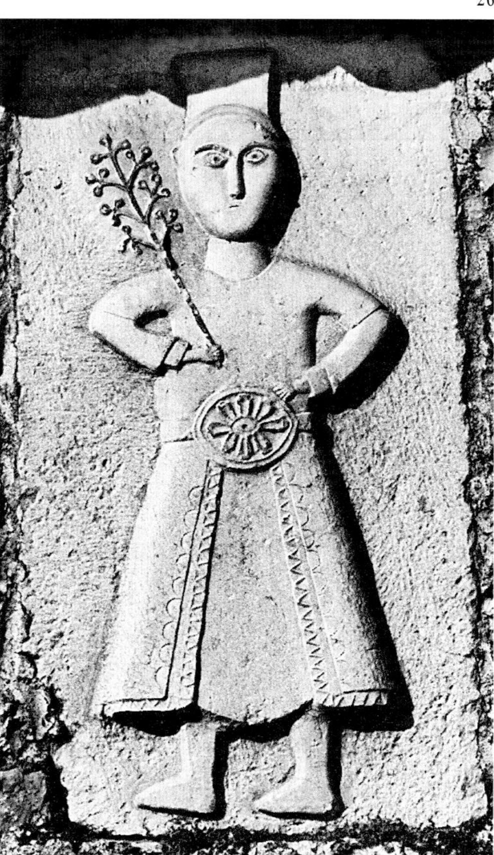

27

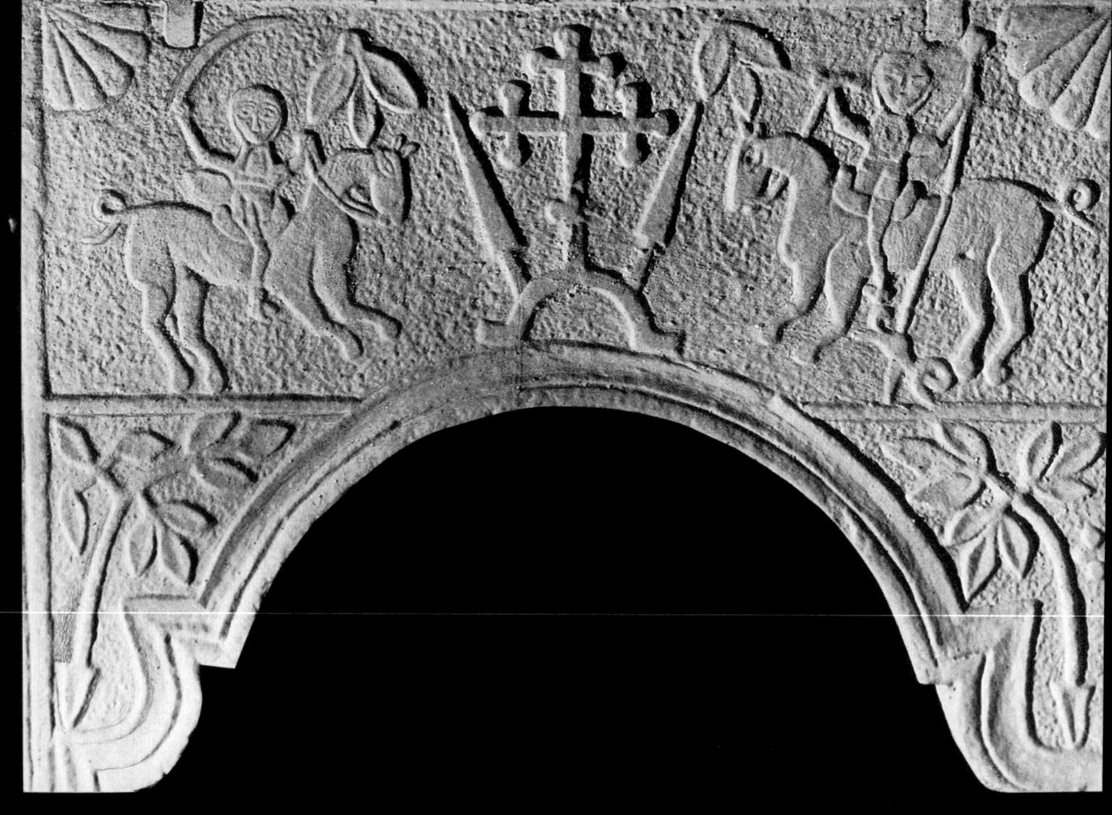

ΑΓΙΟΣ ΓΕΩΡΓΙΟΣ,
Ριζάρι Τρικάλων

27. ΥΠΕΡΘΥΡΟ ΒΟΡΕΙΟΥ ΠΕΡΙΘΥΡΩΜΑΤΟΣ, 1819
Υλικό: ψαμμίτης
Διαστάσεις: ύψος 2,25 μ., πλάτος 1,64 μ.

Στο κέντρο, ισοσκελής σταυρός με τρίλοβες κεραίες στηρίζεται σε βάση ημικυκλική και πλαισιώνεται από ψηλά κυπαρίσσια. Το σταυρό προστατεύουν εκατέρωθεν δύο καβαλάρηδες. Η μορφή, αριστερά, κραδαίνει καλπάζοντας ένα σπαθί. Ο καβαλάρης, δεξιά, λογχίζει ένα δρακόμορφο φίδι. Στις άνω γωνίες του πλαισίου αχηβαδόσχημα φυλλώματα συμπληρώνουν τα κοσμητικά στοιχεία. Στα τριγωνικά διάκενα κλαδί με φύλλα.

28. ΓΕΙΣΩΜΑ ΠΑΝΩ ΑΠΟ ΤΟ ΒΟΡΕΙΟ ΠΕΡΙΘΥΡΩΜΑ
Υλικό: ψαμμίτης
Διαστάσεις: ύψος 0,24 μ., πλάτος 1 μ.

Στο μέσον αναγράφεται το έτος 1819. Τα διάκενα της ορθογώνιας πλάκας διακοσμούν με συμμετρία δικέφαλοι αετοί με μακρείς λαιμούς και φολιδωτό σώμα. Ανάμεσα στις δύο κεφαλές διακρίνεται σταυρός. Μίσχοι με κρίνους πλαισιώνουν την επιγραφή με τη χρονολογία. Αριστερά, τον ανθοφόρο μίσχο στολίζει ένας άτεχνος φιόγκος. Δεξιά, το δέσιμο αποδίδεται με μεγαλύτερη επιτυχία.

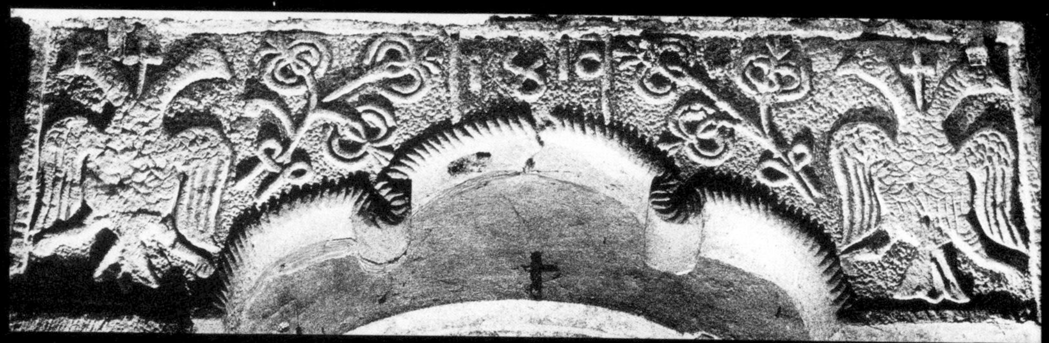
28

29

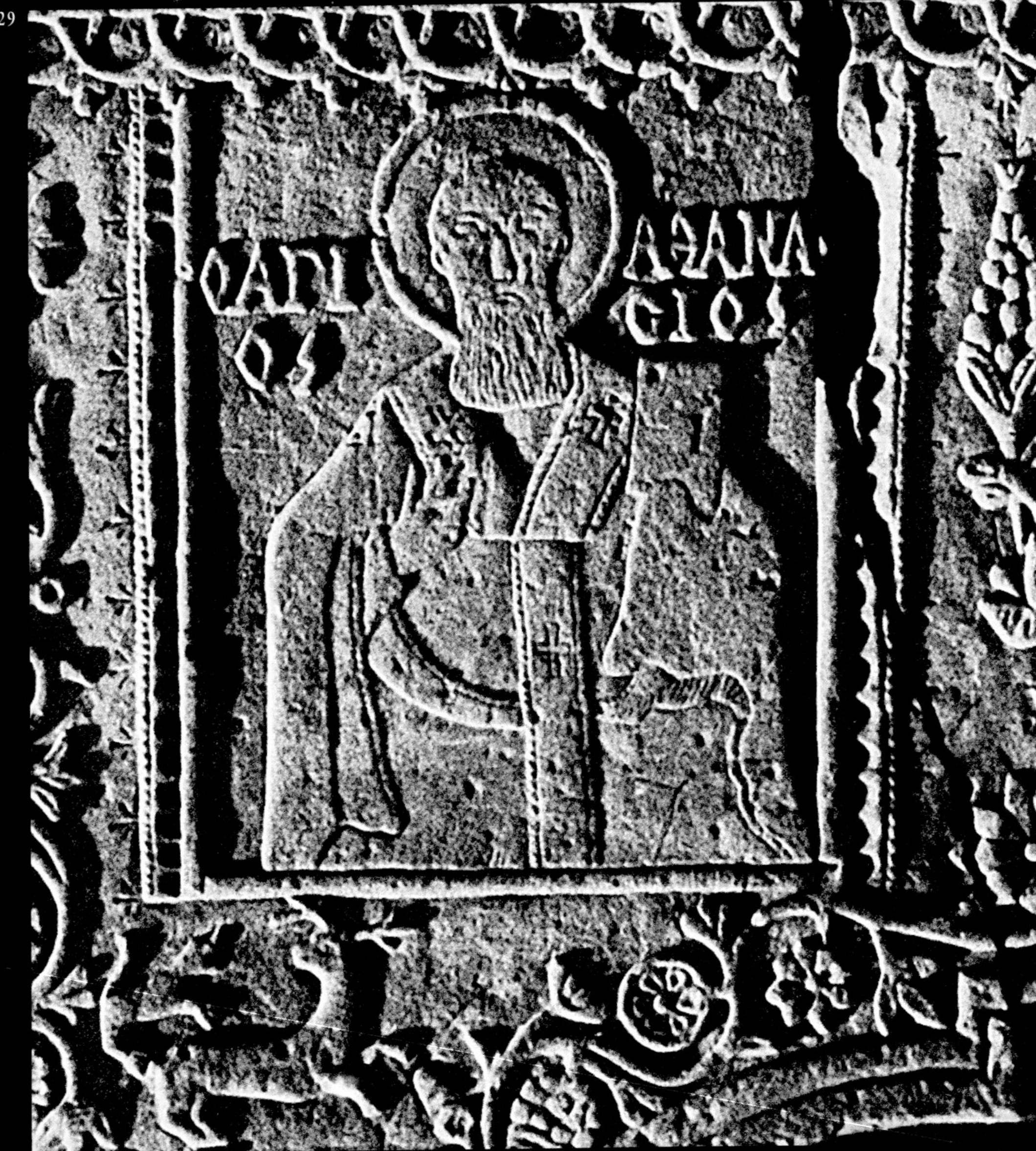

29. ΛΕΠΤΟΜΕΡΕΙΑ ΥΠΕΡΘΥΡΟΥ ΑΠΟ ΤΟ ΔΥΤΙΚΟ ΠΕΡΙΘΥΡΩΜΑ

30. ΛΕΠΤΟΜΕΡΕΙΑ ΥΠΕΡΘΥΡΟΥ

Περίτεχνα μακρύμισχα άνθη, υάκινθος, τουλίπα και μαργαρίτες, διακλαδίζονται με άνεση στο αριστερό τμήμα του υπερθύρου. Ένα πουλί με μακριά ουρά και ανοιχτές φτερούγες τσιμπά με το ράμφος του ένα περιελισσόμενο φίδι που προτείνει απειλητικά τη γλώσσα του.

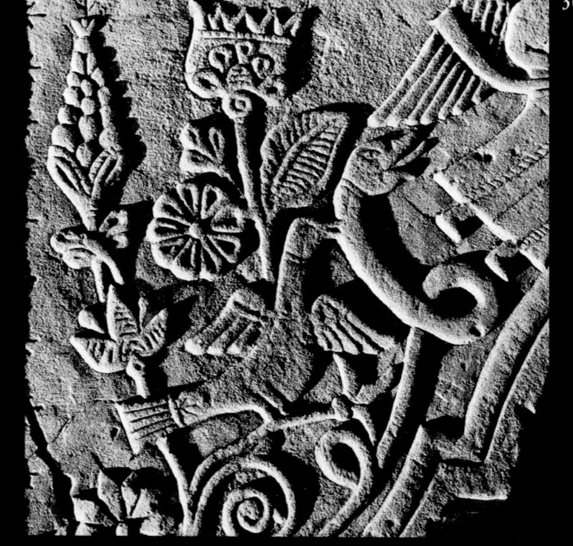

30

31. ΚΤΙΤΟΡΙΚΗ ΕΠΙΓΡΑΦΗ ΠΑΝΩ ΑΠΟ ΤΟ ΔΥΤΙΚΟ ΠΕΡΙΘΥΡΩΜΑ[1]

Υλικό: ψαμμίτης
Διαστάσεις: ύψος 0,38 μ., πλάτος 1,71 μ.

Τα γράμματα της επιγραφής είναι εξώγλυφα, σκαλισμένα με τέχνη μέσα σε αβαθές πλαίσιο. Παρατηρούμε λάθη ορθογραφικά. Το βάθος της πέτρινης επιφάνειας είναι γραμμωτό, δουλεμένο με οδοντωτό εργαλείο. Το ανάγλυφο είναι πολύ χαμηλό αλλά η εργασία ιδιαίτερα επιμελημένη.

ΑΝΩΚΟΔΟΜΗΤΑΙ ΚΑΙ ΑΝΕΓΕΡΘΗ ΕΚ ΒΑΘΡΩΝ Ο ΠΑΝΣΕΠΤΟΣ ΚΑΙ ΠΕΡΙΚΛΕΗΣ ΟΥΤΟΣ ΝΑΟΣ ΕΠ ΟΝΟΜΑΤΙ ΤΟΥ / ΕΝ ΑΓΙΟΙΣ ΠΑΤΡΟΣ ΗΜΩΝ ΑΘΑΝΑΣΙΟΥ ΤΟΥ ΜΕΓΑΛΟΥ ΙΝΑ ΕΝ ΑΥΤΩ ΑΚΑΤΑΠΑΥΣΤΩΣ ΔΟΞΑΖΕΤΑΙ Ο ΕΝ ΤΡΙΑΔΙ ΥΜΝΟΥΜΕΝΟΣ ΘΕΟΣ / ΔΙΑ ΔΑΠΑΝΗΣ ΚΑΙ ΕΞΟΔΩΝ ΤΗΣ ΑΥΤΗΣ ΕΚΚΛΗΣΙΑΣ ΕΠΙ ΤΟΥ ΘΕΟΦΙΛΕΣΤΑΤΟΥ ΑΡΧΙΕΡΕΩΣ ΗΜΩΝ ΚΥΡΙΟΥ ΚΥΡΙΟΥ ΚΥΡΙΛΛΟΥ / ΚΑΙ ΕΠΙΤΡΟΠΟΥ ΚΑΙ ΚΤΙΤΟΡΟΣ ΤΟΥ ΑΙΔΕΣΙΜΩΤΑΤΟΥ ΚΥΡΙΟΥ ΑΘΑΝΑΣΙΟΥ ΙΕΡΕΩΣ ΣΤΕΡΕΩΣΟΝ ΚΥΡΙΕ ΤΟΥΤΟΝ / ΤΟΝ ΟΙΚΟΝ ΕΙΣ ΑΙΩΝΑ ΤΟΝ ΑΠΑΝΤΑ ΚΑΙ ΠΡΟΣΔΕΞΑΙ ΗΜΩΝ ΕΥΜΕΝΩΣ ΤΑΣ ΕΝ ΑΥΤΩ ΠΡΟΣΑΓΟΜΕΝΑΣ ΣΟΙ / ΔΕΗΣΕΙΣ ΕΝ ΕΤΕΙ ΧΙΛΙΟΥΣ ΟΚΤΑΚΟΣΙΟΥΣ ΤΡΙΑΝΤΑ ΤΡΕΙΣ ΜΗΝΙ ΔΕΚΕΜΒΡΙΟΥ ΙΕ Ζ.Χ. ΜΑΣΤΟΡΟΜΙΧΑΛΗΣ ΖΩΠΑΝΙΟΤΙΣ ΑΩΛΓ 1833 Κ.ΣΤ [;] (γράμματα δυσανάγνωστα)

1. Φωτογραφήθηκε το 1973. Βρισκόταν αποτοιχισμένη και σπασμένη σε δύο κομμάτια μαζί με το περιθύρωμα της δυτικής εισόδου στην αυλή του ανακαινισμένου ναού.

31

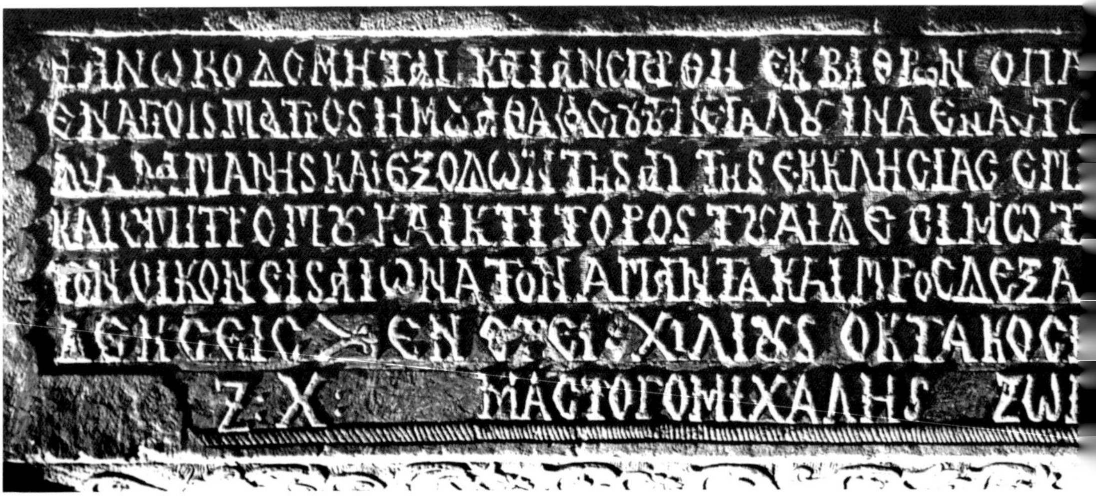

32

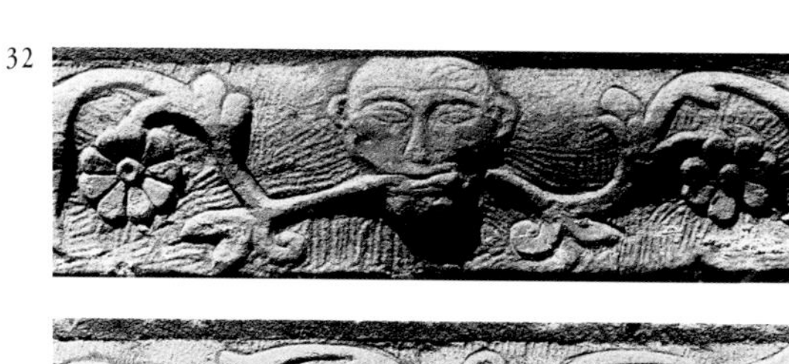

33

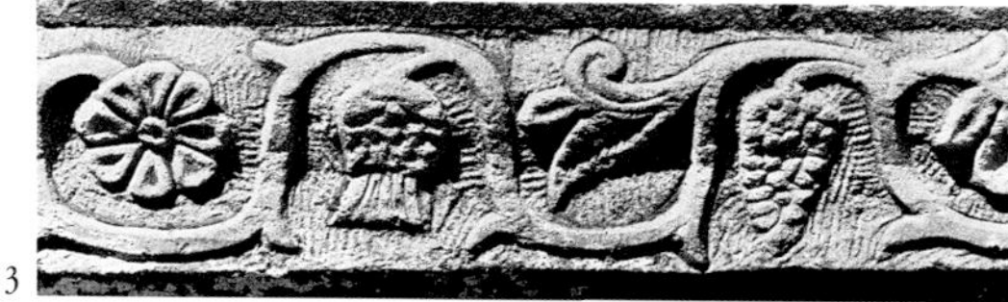

34

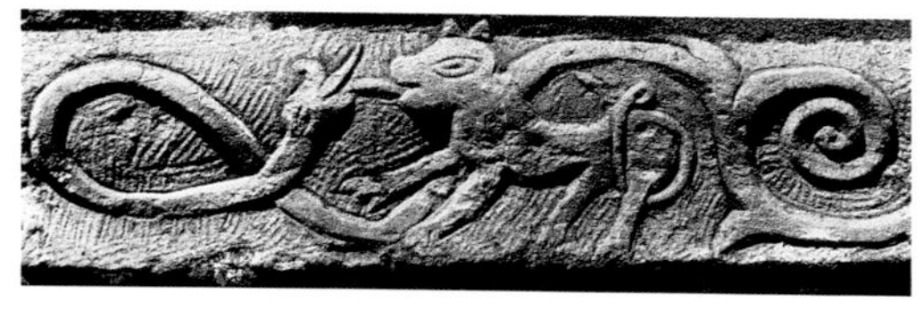

35

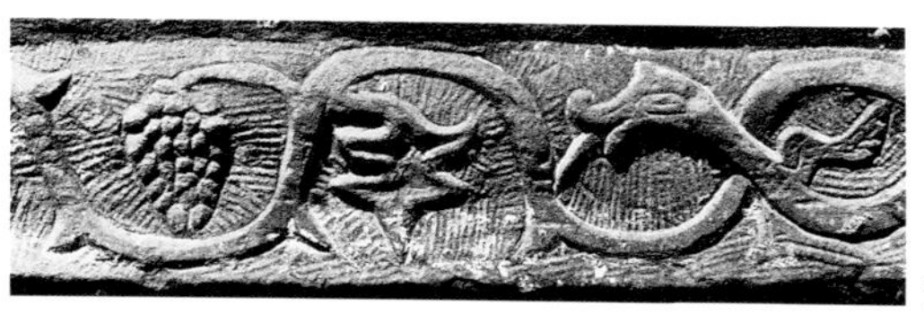

32-35. ΛΕΠΤΟΜΕΡΕΙΕΣ ΤΗΣ ΚΤΙΤΟΡΙΚΗΣ ΕΠΙΓΡΑΦΗΣ

Στο κάτω όριο στενή λιθόγλυπτη ταινία με ένα πρόσωπο ανδρός στο κέντρο. Από τις άκρες του στόματός του εκφύονται κυματοειδείς βλαστοί που στολίζονται με λουλούδια (τουλίπες, μαργαρίτες), κληματόφυλλα, σταφύλια, ζώα, φτερωτά φίδια με προτεταμένη γλώσσα και τονισμένη ουρά.

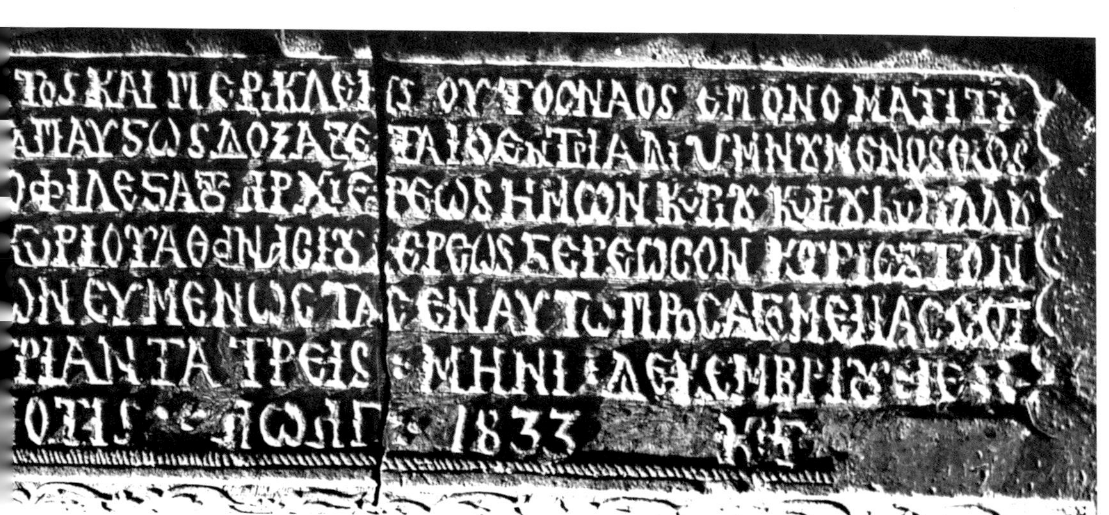

36

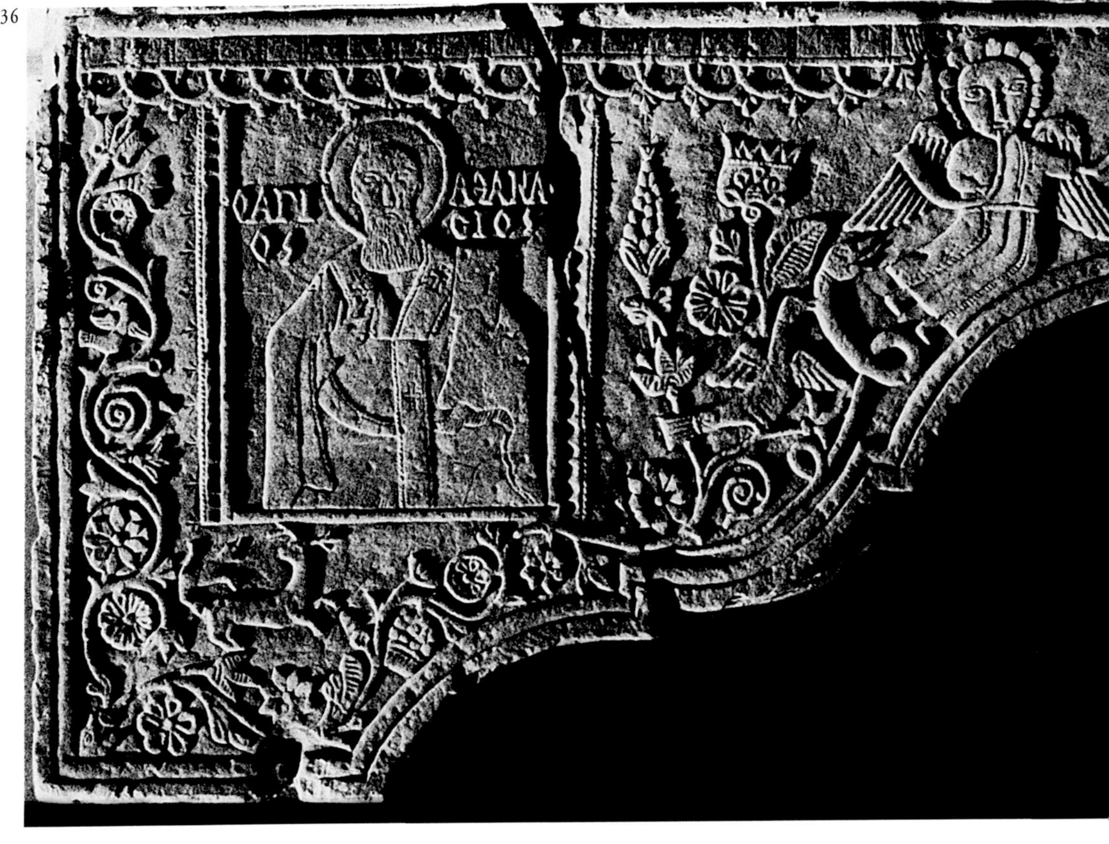

36. ΥΠΕΡΘΥΡΟ ΜΕ ΚΟΙΛΟΚΥΡΤΟ ΑΨΙΔΩΜΑ ΑΠΟ ΤΟ ΔΥΤΙΚΟ ΠΕΡΙΘΥΡΩΜΑ
Υλικό: ψαμμίτης
Διαστάσεις: ύψος 0,54 μ., πλάτος 1,51 μ.

Συνδυάζοντας αισθητική και εξαίρετη τεχνική ο πελεκάνος δημιούργησε μια επιβλητική σύνθεση που συναρπάζει. Αριστερά, ο άγιος Αθανάσιος σε προτομή κρατά το ευαγγέλιο στο ένα χέρι και με το άλλο ευλογεί. Εκατέρωθεν της μορφής επιγραφή με εξώγλυφα γράμματα: Ο ΑΓΙΟΣ ΑΘΑΝΑΣΙΟΣ. Η οργάνωση της παράστασης θυμίζει φορητή ζωγραφιστή εικόνα. Στο κέντρο της σύνθεσης δύο άγγελοι με σάλπιγγες στο στόμα πε-

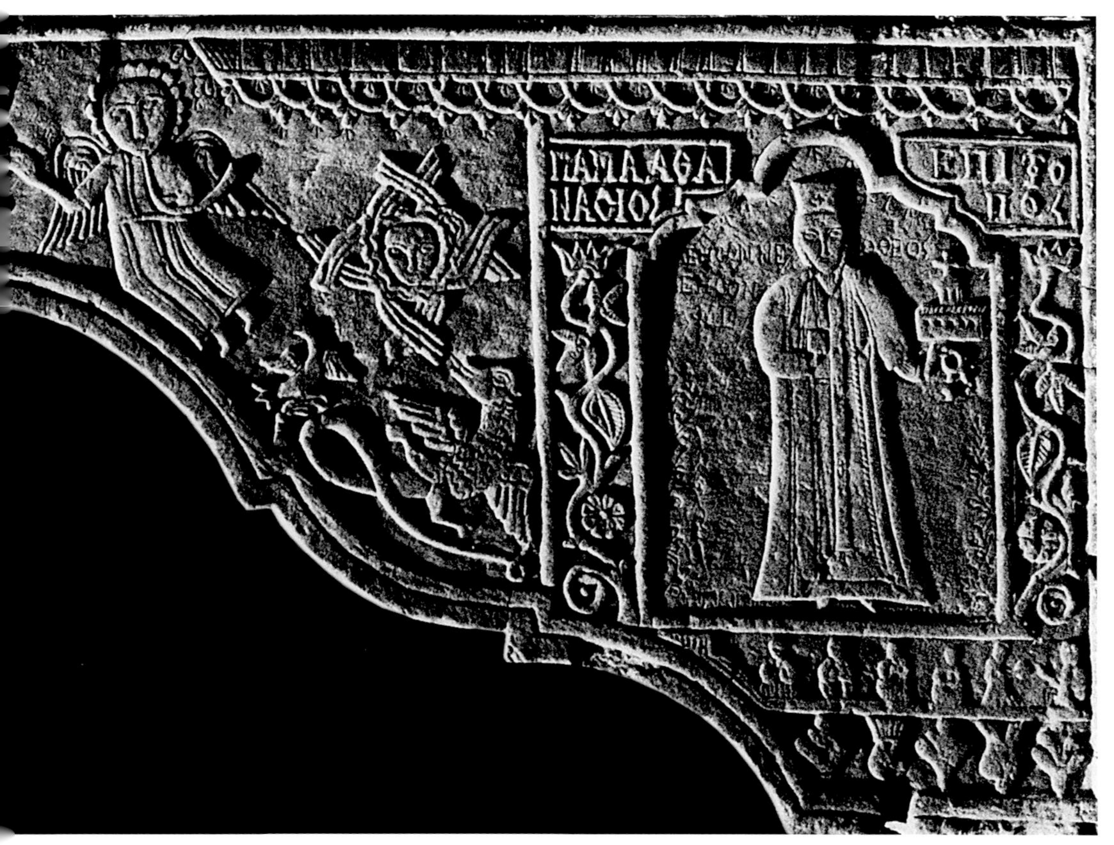

τούν κρατώντας περίτεχνο στέμμα. Τα φωτοστέφανά τους θυμίζουν ανθοπέταλα. Δεξιά ακολουθεί σε κοιλόκυρτο αψιδωτό πλαίσιο ανδρική ολόσωμη, μετωπική μορφή με ένδυμα ιερέως. Στο αριστερό χέρι κρατά ομοίωμα ναού και στο δεξί μικρό βιβλίο(;). Μέσα στο πλαίσιο εγχάρακτη επιγραφή: ΕΛΕΗΣΟΝ ΜΕ Ο ΘΕΟΣ ΕΛΕΗΣΟΝ ΜΕ. Εκατέρωθεν της μορφής και εκτός του πλαισίου επιγραφή με εξώγλυφα γράμματα: ΠΑΠΑΑΘΑΝΑΣΙΟΣ ΕΠΙΤΡΟΠΟΣ. Κάτω από το αψιδωτό πλαίσιο, ζώνη – αρκετά φθαρμένη – με μικρόσχημες ανθρώπινες μορφές σε ποικίλες στάσεις. Τη σύνθεση εμπλουτίζει φυτικός διάκοσμος. Συνεχής βλαστός με καλοδουλεμένα περίτεχνα άνθη καταλήγει σε μακρύμισχα άνθη. Στα διάκενα παρεμβάλλονται μορφές ζώων: ελάφι, πουλιά, φίδι. Στο δεξιό τμήμα, φτερωτός δράκοντας και ένα εξαπτέρυγο χερουβείμ.

37

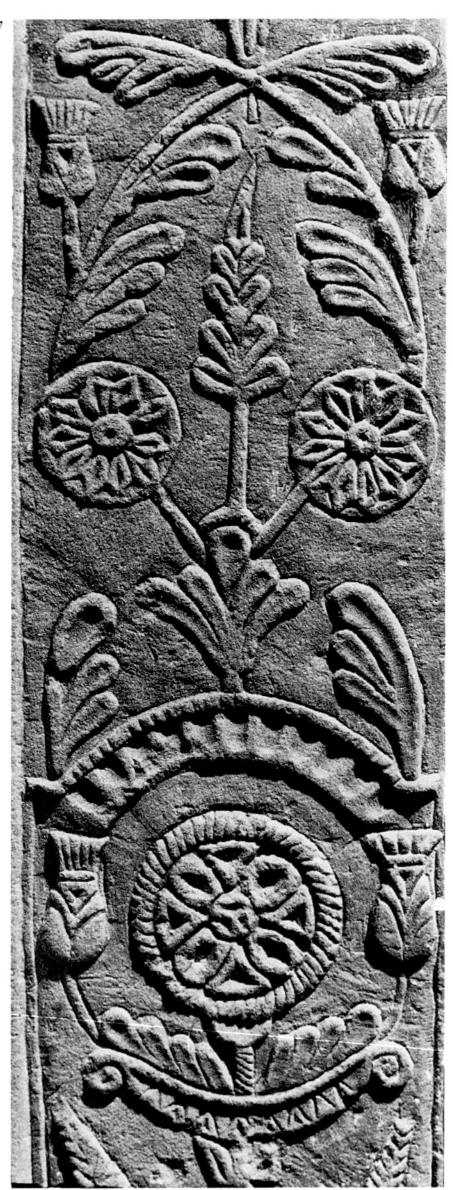

37-39. ΛΕΠΤΟΜΕΡΕΙΕΣ ΑΠΟ ΤΗ ΔΕΞΙΑ ΠΑΡΑΣΤΑΔΑ ΤΟΥ ΔΥΤΙΚΟΥ ΠΕΡΙΘΥΡΩΜΑΤΟΣ
Υλικό: ψαμμίτης
Διαστάσεις παραστάδων: ύψος 1,52 μ., πλάτος 0,24 μ.

Η διακοσμητική σύνθεση οργανώνεται με συμμετρία. Ένας κεντρικός άξονας συγκρατεί τα θέματα στην κατακόρυφη διάταξη, δίνοντας έμφαση στο λειτουργικό ρόλο της παραστάδας που στηρίζει το υπέρθυρο. Στη βάση της παραστάδας εξεζητημένη άνθινη σύνθεση. Το κεντρικό άνθος πλαισιώνουν όμορφες τουλίπες που πάνω τους στηρίζεται ακτινωτό τόξο. Η σύνθεση αναπτύσσεται προς τα πάνω με φυλλοειδή και διαπλεκόμενους βλαστούς με «μαργαρίτες» και τουλίπες. Τον κεντρικό άξονα τονίζει φυλλόσχημο κυπαρισσάκι και συνεχίζει με μακρύμισχο άνθος (τουλίπα;) εμψυχωμένο με ανθρώπινο πρόσωπο. Πάνω στο τοξωτό τμήμα του άνθους μικρά τριφυλλόσχημα, τουλίπες και διαπλεκόμενοι βλαστοί. Δύο λεπτά πουλιά ραμφίζουν ένα κυπαρίσσι(;), στις γωνίες δύο χερουβείμ.

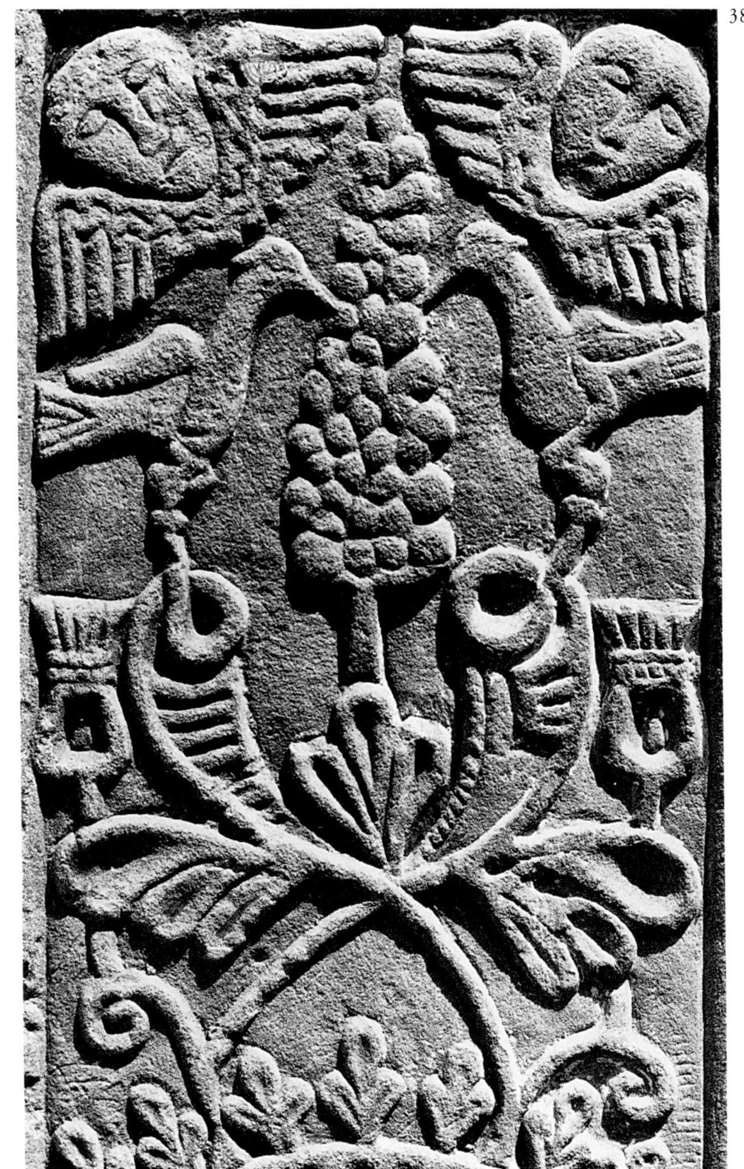

38

40. ΠΛΑΚΑ ΕΝΤΟΙΧΙΣΜΕΝΗ ΣΤΗΝ ΚΟΓΧΗ ΤΟΥ ΝΑΟΥ
Διαστάσεις: ύψος 0,60 μ., πλάτος 0,65 μ.

Στην ορθογώνια πλάκα λαξεύεται εσωτερικό κοιλόκυρτο τόξο μέσα στο οποίο εντάσσεται ολόσωμη, μετωπική μορφή μοναχού. Φορά χαμηλό κάλυμμα κεφαλής, μακρύ πτυχωτό ένδυμα και κρατά μακρύ κομποσκοίνι. Από τις γωνίες εκφύονται δέσμες με μαργαρίτες. Εκτός του πλαισίου δύο προσωποποιημένοι ηλιακοί δίσκοι[2].

39

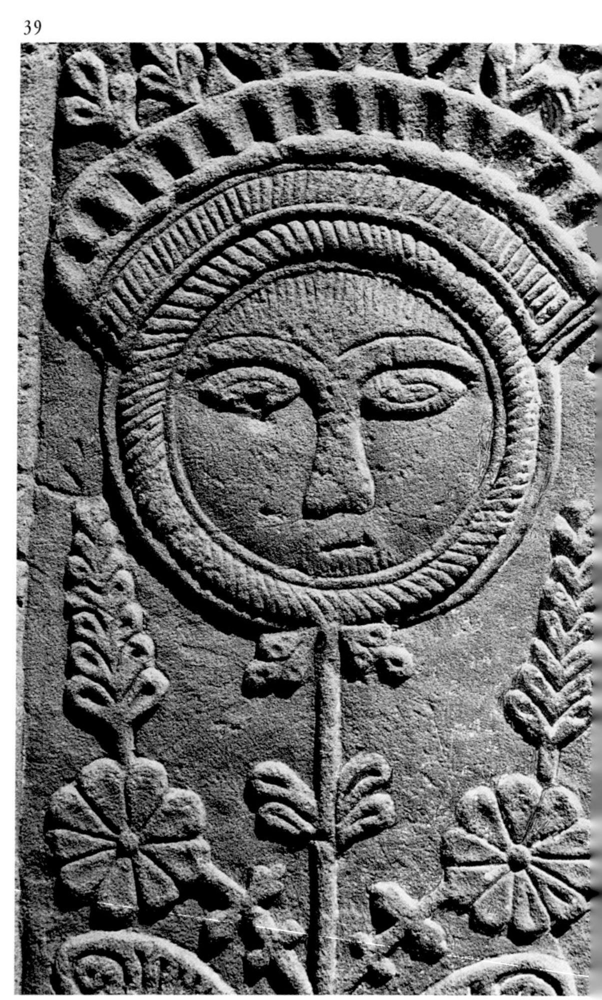

2. Τα τέσσερα δείγματα που παρουσιάζονται μπορούν να αποδοθούν με σιγουριά στο χέρι του πελεκάνου Μαστορομιχάλη Ζουπανιώτη. Αρκετές, ωστόσο, από τις λιθόγλυπτες πλάκες της ανατολικής πλευράς είναι άτεχνες, προφανώς σκαλισμένες από το χέρι μαθητευόμενου. Οι περισσότερες είναι κατασκευασμένες από γκρίζο ψαμμίτη, ενώ λίγες είναι από λευκή μαρμαρόπετρα.

40

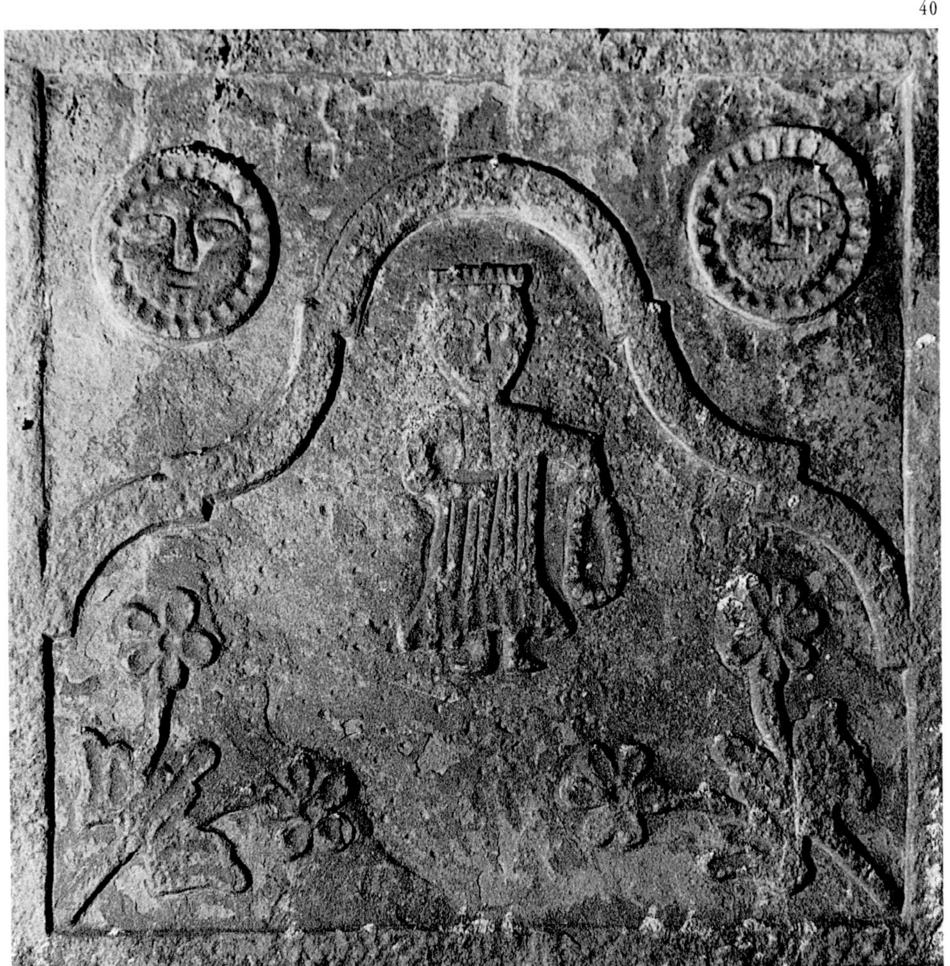

41. ΠΛΑΚΑ ΕΝΤΟΙΧΙΣΜΕΝΗ ΣΤΗΝ ΚΟΓΧΗ ΤΟΥ ΝΑΟΥ
Διαστάσεις: ύψος 0,60 μ., πλάτος 0,65 μ.

Στο εσωτερικό κοιλόκυρτο τόξο εστεμμένος δικέφαλος αετός κρατά στα πόδια του λόγχη και ράβδο. Εκτός πλαισίου, πάνω από το τόξο, πρόσωπο-μάσκα από το στόμα του οποίου εκφύονται φυλλώδεις μίσχοι με τουλίπες και μαργαρίτες.

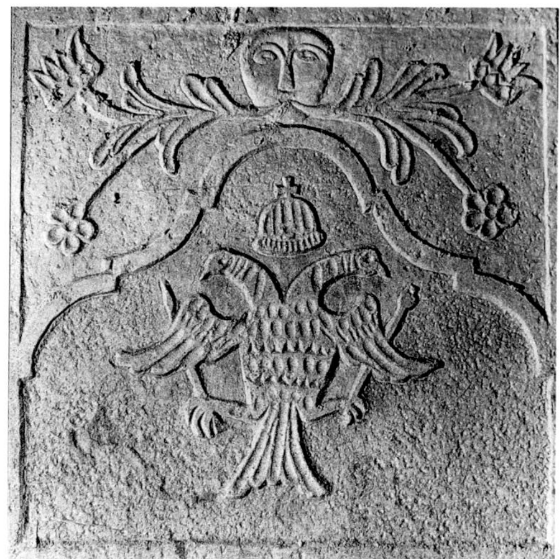

41

42. ΠΛΑΚΑ ΕΝΤΟΙΧΙΣΜΕΝΗ ΣΤΗΝ ΚΟΓΧΗ ΤΟΥ ΝΑΟΥ
Διαστάσεις: ύψος 0,60 μ., πλάτος 0,65 μ.

Στο εσωτερικό κοιλόκυρτο τόξο δύο ζώα αντωπά με ανασηκωμένα τα μπροστινά πόδια, γλώσσες που προεξέχουν από το στόμα και ορθωμένες ουρές, μοιάζουν έτοιμα για πάλη. Εκτός του πλαισίου δύο προσωποποιημένοι ηλιακοί δίσκοι.

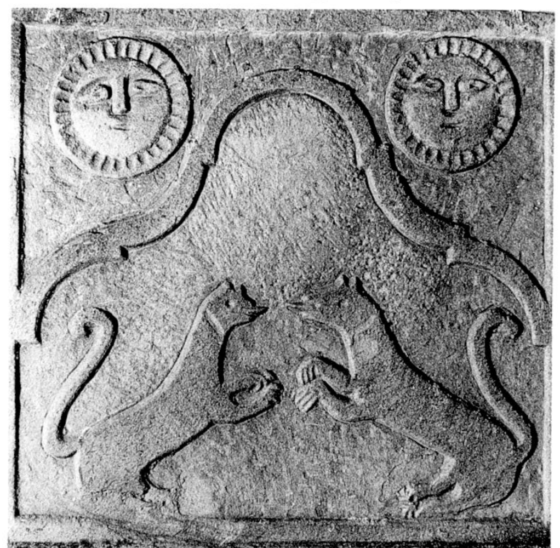

42

43. ΠΛΑΚΑ ΕΝΤΟΙΧΙΣΜΕΝΗ ΣΤΗΝ ΚΟΓΧΗ ΤΟΥ ΝΑΟΥ
Διαστάσεις: ύψος 0,60 μ., πλάτος 0,65 μ.

Στην ορθογώνια πλάκα λαξεύεται εσωτερικό κοιλόκυρτο τόξο που περικλείει σταυρό με τρίλοβες κεραίες. Μεταξύ των κεραιών δύο κρινόμορφες κεφαλές πουλιών και τα αρχικά ΙΣ ΧΣ. Από τις γωνίες εκφύονται καλοσχηματισμένοι πολύφυλλοι ρόδακες. Εκτός πλαισίου, πάνω από το τόξο, πρόσωπο-μάσκα «πατά» σε περιελισσόμενο βλαστό με δύο ρόδακες. Στις άνω γωνίες χερουβείμ.

43

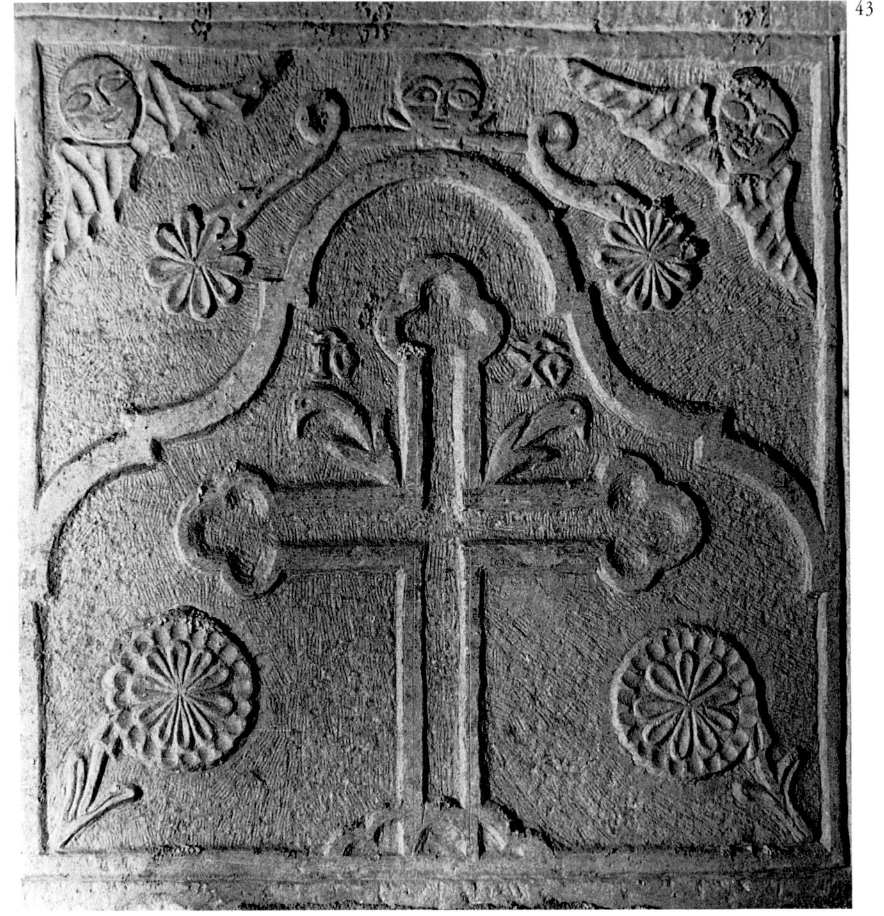

44

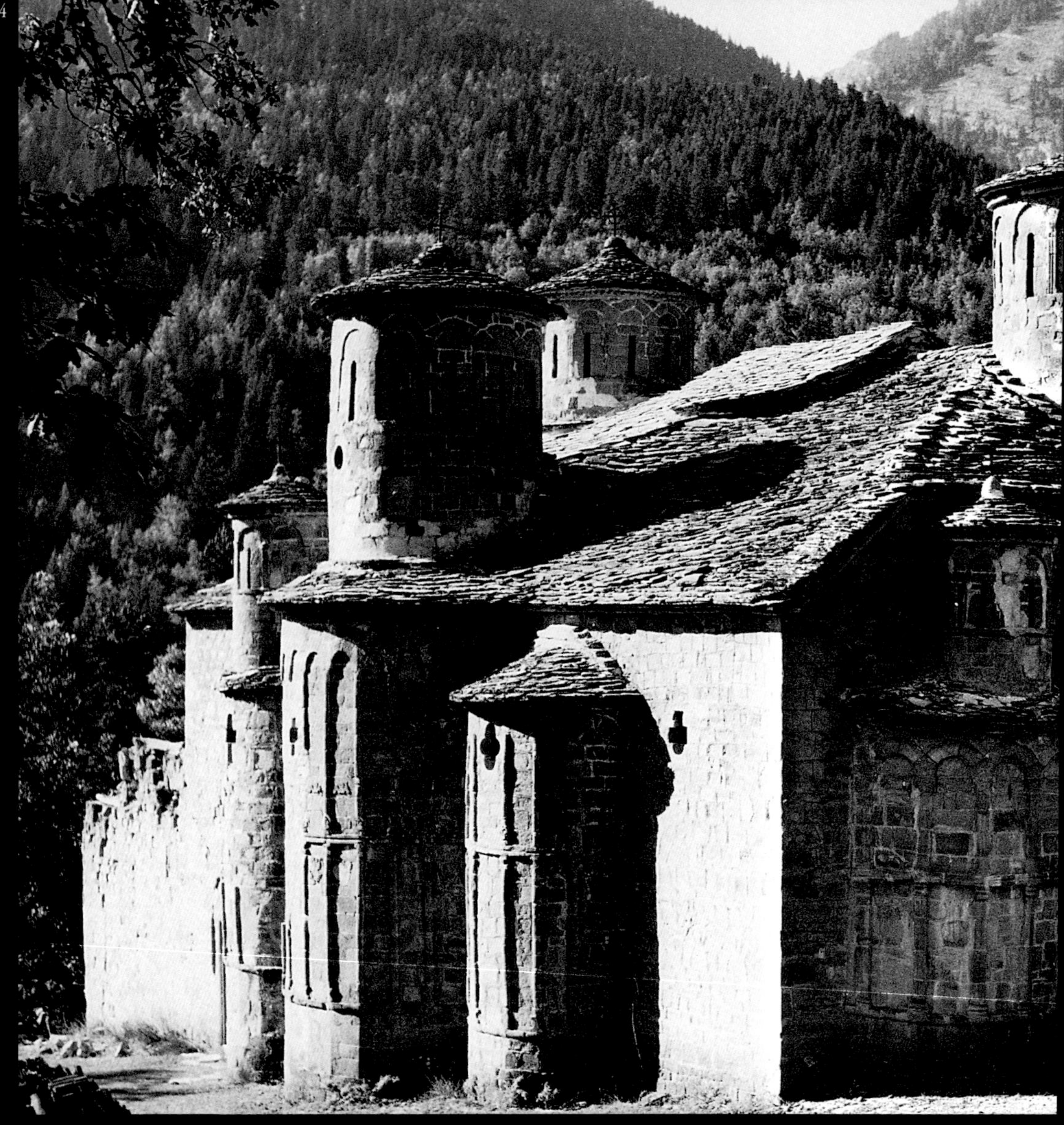

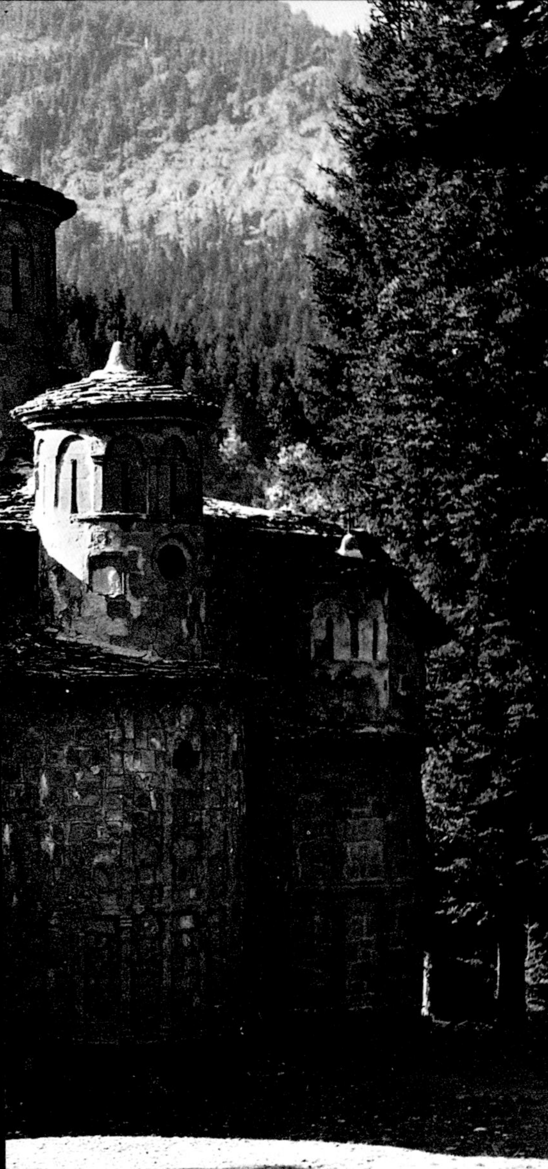

ΥΨΩΣΗ ΤΙΜΙΟΥ ΣΤΑΥΡΟΥ,
Δολιανά Πίνδου

44. Ο ΝΑΟΣ ΤΗΣ ΥΨΩΣΗΣ
ΤΟΥ ΤΙΜΙΟΥ ΣΤΑΥΡΟΥ, 1840-1850

Παραλλαγή του τρίκογχου σταυροειδούς εγγε γραμμένου με τρούλο (αθωνίτικου τύπου).

45. ΠΛΑΚΑ ΕΝΤΟΙΧΙΣΜΕΝΗ ΣΤΗ ΜΕΣΑΙΑ ΚΟΓΧΗ ΤΗΣ ΝΟΤΙΑΣ ΠΛΕΥΡΑΣ ΤΟΥ ΝΑΟΥ
Υλικό: σχιστόλιθος
Διαστάσεις: ύψος 0,22 μ., πλάτος 0,20 μ.

Αψιδωτή πλάκα με εξώγλυφη παράσταση δικέφαλου αετού που πατά σε ημικυκλική βάση με ρόδακα. Τα δύο καλοσχηματισμένα κεφάλια ενώνονται σε ένα συμπαγές σώμα χωρίς φτερούγες. Τα πόδια είναι δυσανάλογα μικρά. Πάνω στο σώμα του αετού πατά ψηλός σταυρός. Στο πλάι της πλάκας δύο ημικυκλικά κοιλώματα.

45

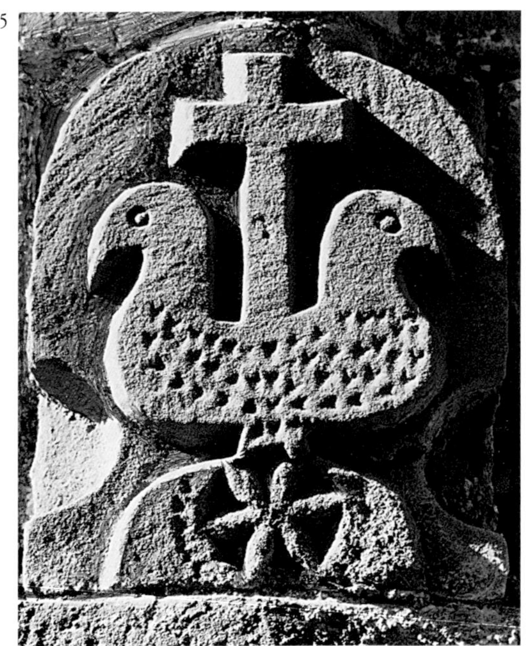

46

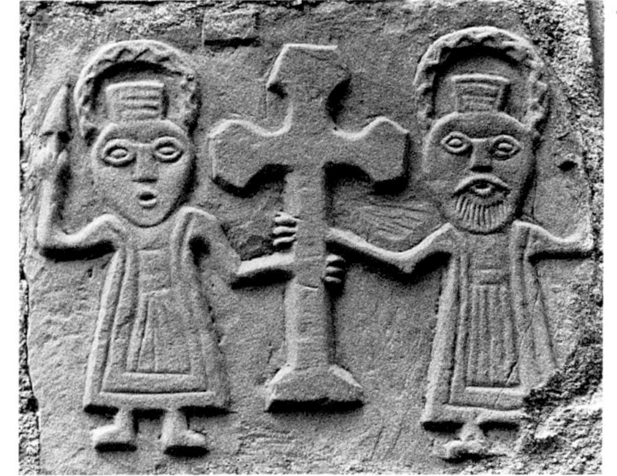

46. ΠΛΑΚΑ ΕΝΤΟΙΧΙΣΜΕΝΗ ΣΤΗ ΜΕΣΑΙΑ ΚΟΓΧΗ ΤΗΣ ΝΟΤΙΑΣ ΠΛΕΥΡΑΣ ΤΟΥ ΝΑΟΥ
Υλικό: σχιστόλιθος
Διαστάσεις: ύψος 0,34 μ., πλάτος 0,42 μ.

Ο άγιος Κωνσταντίνος και η αγία Ελένη κρατούν τον Τίμιο Σταυρό. Στο κεφάλι φέρουν φωτοστέφανα που περιβάλλουν απλοϊκά στέμματα. Οι δύο μορφές αποδίδονται σχηματικά χωρίς λεπτομέρειες. Ιδιαίτερα τονίζονται τα χαρακτηριστικά των προσώπων με τα μεγάλα αμυγδαλωτά μάτια που ενώνονται με την κοντόχοντρη μύτη και το μικρό μισάνοιχτο στόμα. Τη μορφή του αυτοκράτορα ο πελεκάνος διαφοροποιεί προσθέτοντας μουστάκι και κοντή γενειάδα.
Ο μεγαλόσχημος σταυρός είναι ανισοσκελής με πεπλατυσμένες κεραίες. Η αγία Ελένη έχει υψωμένο το δεξί χέρι της και κρατά ένα φυτό. Στη δεξιά πλευρά η πλάκα είναι αρκετά φθαρμένη.

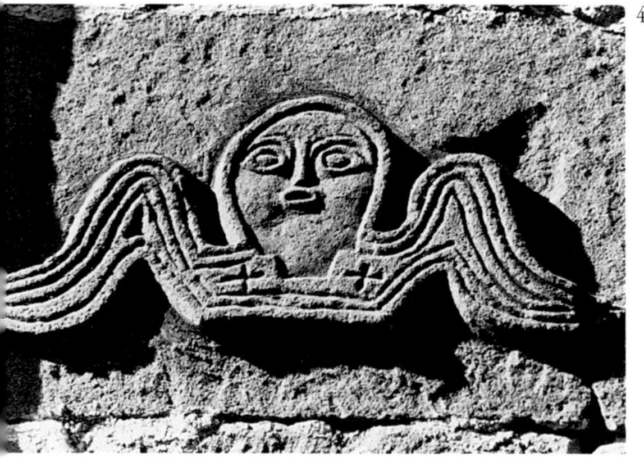

47

47. ΠΛΑΚΑ ΕΝΤΟΙΧΙΣΜΕΝΗ ΣΤΗ ΜΕΣΑΙΑ ΚΟΓΧΗ ΤΗΣ ΝΟΤΙΑΣ ΠΛΕΥΡΑΣ ΤΟΥ ΝΑΟΥ
Υλικό: σχιστόλιθος
Διαστάσεις: ύψος 0,23 μ., πλάτος 0,43 μ.

Σεραφείμ, μορφή ιδιαίτερα κακότεχνη με μεγάλη κεφαλή και κοντόχοντρο λαιμό. Τα μάτια, μεγάλα και ωοειδή, ακολουθούνται από κοντά φρύδια. Η μύτη είναι σχετικά κοντή, το στόμα μισάνοιχτο. Τα φτερά του καμπυλώνουν άτεχνα στο πλάι του λαιμού, όπου σκαλίζονται δύο μικροί σταυροί.

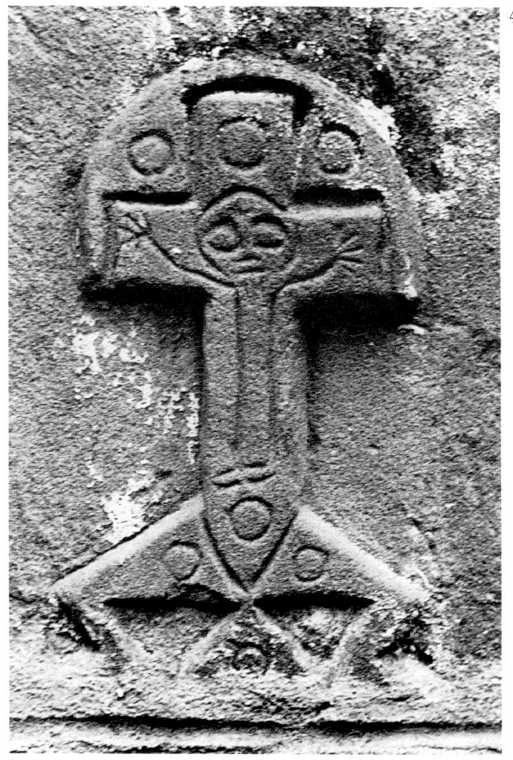

48

48. ΠΛΑΚΑ ΕΝΤΟΙΧΙΣΜΕΝΗ ΣΤΟ ΝΟΤΙΟ ΤΟΙΧΟ ΤΟΥ ΝΑΟΥ
Υλικό: σχιστόλιθος
Διαστάσεις: ύψος 0,32 μ., πλάτος 0,25 μ.

Σχηματική παράσταση του Εσταυρωμένου. Η μορφή αποδίδεται γραμμικά, εντελώς απλοϊκά, σαν παιδική ζωγραφιά. Οι τρεις κεραίες του σταυρού εντάσσονται σε ημικυκλικό πλαίσιο και στηρίζεται σε ρομβοειδή βάση οργανωμένη σε τρίγωνα.

49

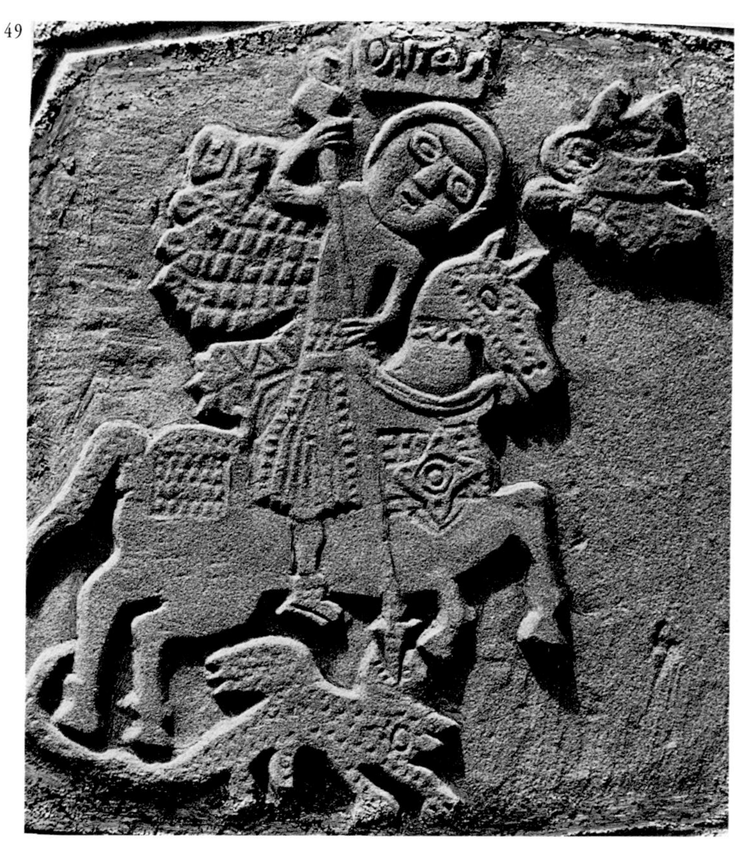

49. ΠΛΑΚΑ ΕΝΤΟΙΧΙΣΜΕΝΗ ΣΤΗ ΜΕΣΑΙΑ ΚΟΓΧΗ ΤΗΣ ΝΟΤΙΑΣ ΠΛΕΥΡΑΣ ΤΟΥ ΝΑΟΥ
Υλικό: σχιστόλιθος
Διαστάσεις: ύψος 0,30 μ., πλάτος 0,36 μ.

Ο άγιος Γεώργιος έφιππος, με κατεύθυνση προς τα δεξιά, λογχίζει το δρακόμορφο θεριό. Ο άγιος αποδίδεται με χιτώνιο και αναπετάρι που ανεμίζει ελεύθερο στην πλάτη. Τα μεγάλα αμυγδαλωτά μάτια του με τα τοξωτά φρύδια και την κοντόχοντρη μύτη είναι όμοια με του αγίου Δημητρίου. Το άλογό του με το κοντόχοντρο βαρύ σώμα και την πλούσια ιπποσκευή πατά με τα πίσω πόδια την ουρά του δράκου. Από τα δεξιά πλησιάζει φτερωτή μορφή αγγέλου σε έντονη σχηματοποίηση. Πάνω από το κεφάλι του αγίου επιγραφή: Ο ΑΓΙΟΣ.

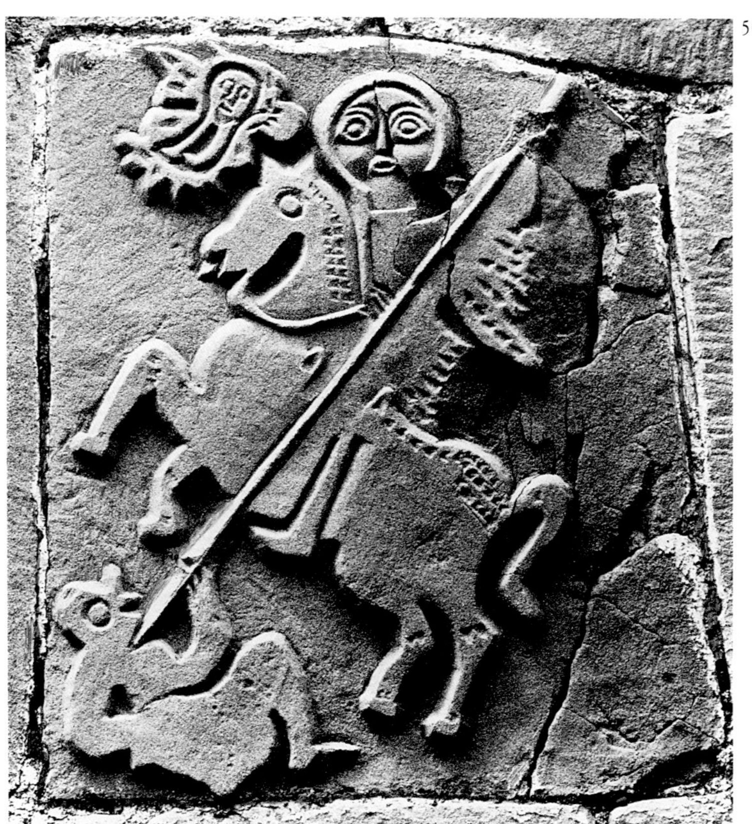
50

50. ΠΛΑΚΑ ΕΝΤΟΙΧΙΣΜΕΝΗ ΣΤΗ ΜΕΣΑΙΑ ΚΟΓΧΗ ΤΗΣ ΝΟΤΙΑΣ ΠΛΕΥΡΑΣ ΤΟΥ ΝΑΟΥ
Υλικό: σχιστόλιθος
Διαστάσεις: ύψος 0,30 μ., πλάτος 0,36 μ.

Ο άγιος Δημήτριος έφιππος, με κατεύθυνση προς τα αριστερά, λογχίζει ανδρική μορφή που αποδίδεται συνοπτικά, σχεδόν σαν περίγραμμα. Άλογο και αναβάτης αποτελούν ένα συμπαγές σύνολο χωρίς λεπτομέρειες. Τα μεγάλα αμυγδαλωτά μάτια του αγίου με τα τοξωτά φρύδια κοιτάζουν απευθείας το θεατή. Στο πλάι ο πελεκάνος προσπαθεί να αποδώσει τον ανεμίζοντα μανδύα του. Το άλογό του με το κοντόχοντρο βαρύ σώμα πατά στα πίσω πόδια απειλώντας με τον όγκο του τον πεσμένο άνδρα. Στο πλάι του αλόγου πλησιάζει φτερωτή μορφή αγγέλου σε έντονη σχηματοποίηση. Η εκτέλεση του αναγλύφου προδίδει έναν ελάσσονα τεχνίτη που πιθανότατα δεν ολοκλήρωσε το έργο του.

51

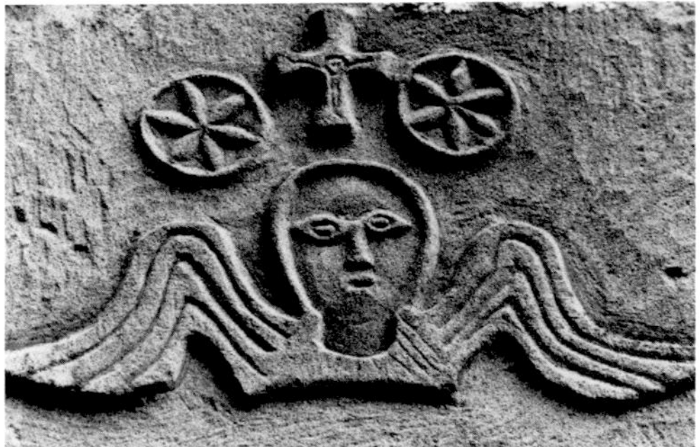

51. ΠΛΑΚΑ ΕΝΤΟΙΧΙΣΜΕΝΗ ΣΤΗ ΜΕΣΑΙΑ ΚΟΓΧΗ ΤΗΣ ΒΟΡΕΙΑΣ ΠΛΕΥΡΑΣ ΤΟΥ ΝΑΟΥ
Υλικό: σχιστόλιθος
Διαστάσεις: ύψος 0,20 μ., πλάτος 0,42 μ.

Μορφή σεραφείμ. Τα αμυγδαλωτά «σχιστά» μάτια ενώνονται με τη φαρδιά μύτη, το στόμα υποδηλώνεται με βαθιά σχισμή. Από τον ευκρινή λαιμό αναπτύσσονται κυματιστές φτερούγες. Πάνω από την κεφαλή του ισοσκελής σταυρός με γραμμική παράσταση Εσταυρωμένου πλαισιώνεται από δύο ρόδακες.

52

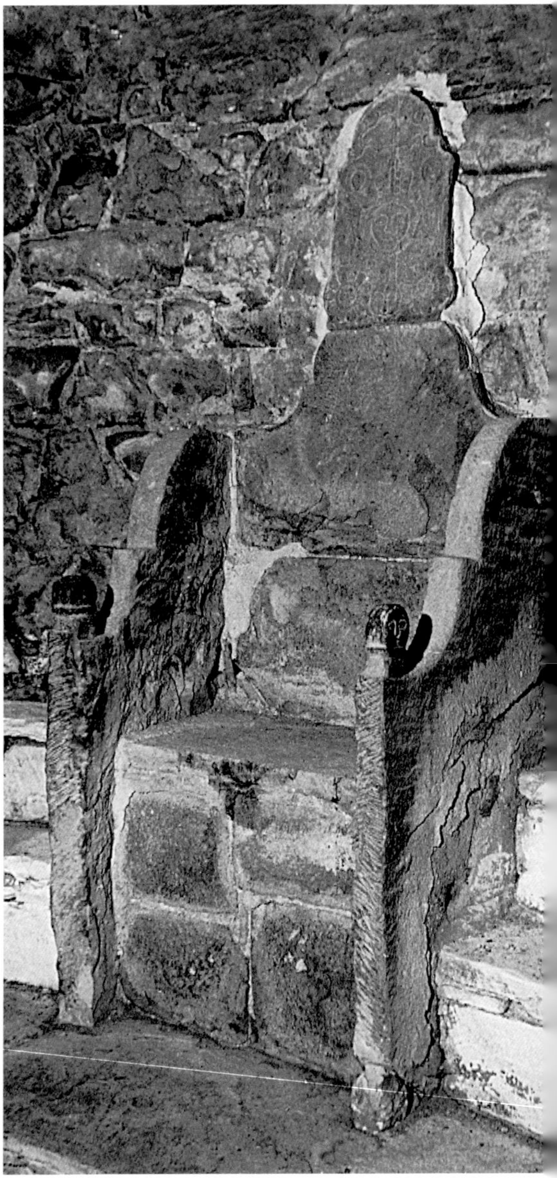

52. ΘΡΟΝΟΣ ΚΤΙΣΤΟΣ ΜΕ ΨΗΛΟ ΕΡΕΙΣΙΝΩΤΟ ΣΤΟ ΙΕΡΟ ΤΟΥ ΝΑΟΥ

53

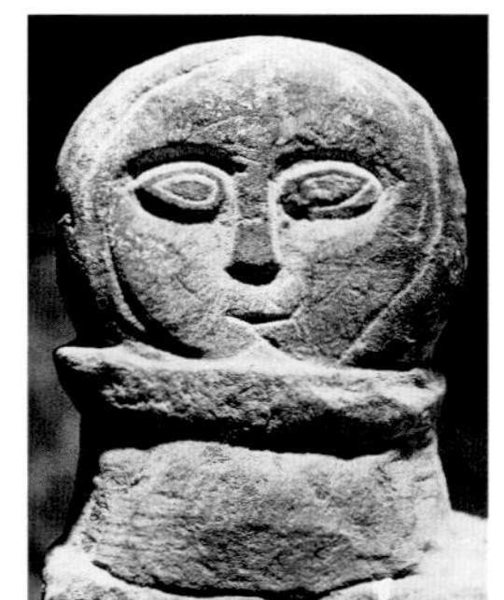

54

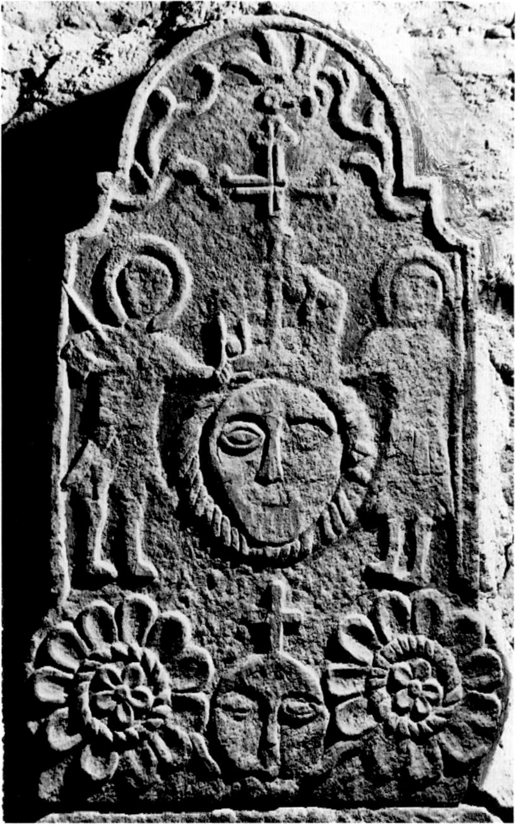

53. ΛΕΠΤΟΜΕΡΕΙΑ ΤΟΥ ΒΡΑΧΙΟΝΑ ΤΟΥ ΘΡΟΝΟΥ

Ανθρώπινη κεφαλή με μεγάλα αμυγδαλωτά μάτια, τοξωτά φρύδια και καλοσχηματισμένη μύτη. Το στόμα αποδίδεται με απλή σχισμή. Το περίγραμμα του προσώπου οριοθετεί άτεχνη χάραξη. Το πίσω μέρος του βραχίονα είναι απλώς στρογγυλεμένο.

54. ΑΝΑΓΛΥΦΗ ΠΛΑΚΑ ΣΤΟ ΕΡΕΙΣΙΝΩΤΟ ΤΟΥ ΘΡΟΝΟΥ
Υλικό: ψαμμίτης
Διαστάσεις: ύψος 0,48 μ., πλάτος 0,30 μ.

Στο κέντρο της αψιδωτής πλάκας μορφή εστεμμένου ανθρωπόμορφου ήλιου – ο ήλιος-βασιλιάς της ελληνικής παράδοσης. Την κεφαλή περιγράφουν κοντές πυκνογραμμένες ακτίνες. Το εντυπωσιακό στέμμα προεκτείνεται σε σταυρό με κεραίες που διαμορφώνουν τρίλοβα. Δύο μορφές στρατιωτών (άγγελοι;) με σπαθί και λόγχη αντίστοιχα αγγίζουν το μεγαλόπρεπο στέμμα. Στη βάση της πλάκας δύο μεγάλοι ρόδακες πλαισιώνουν σχηματική κεφαλή, πάνω στην οποία πατά μικρός ισοσκελής σταυρός.

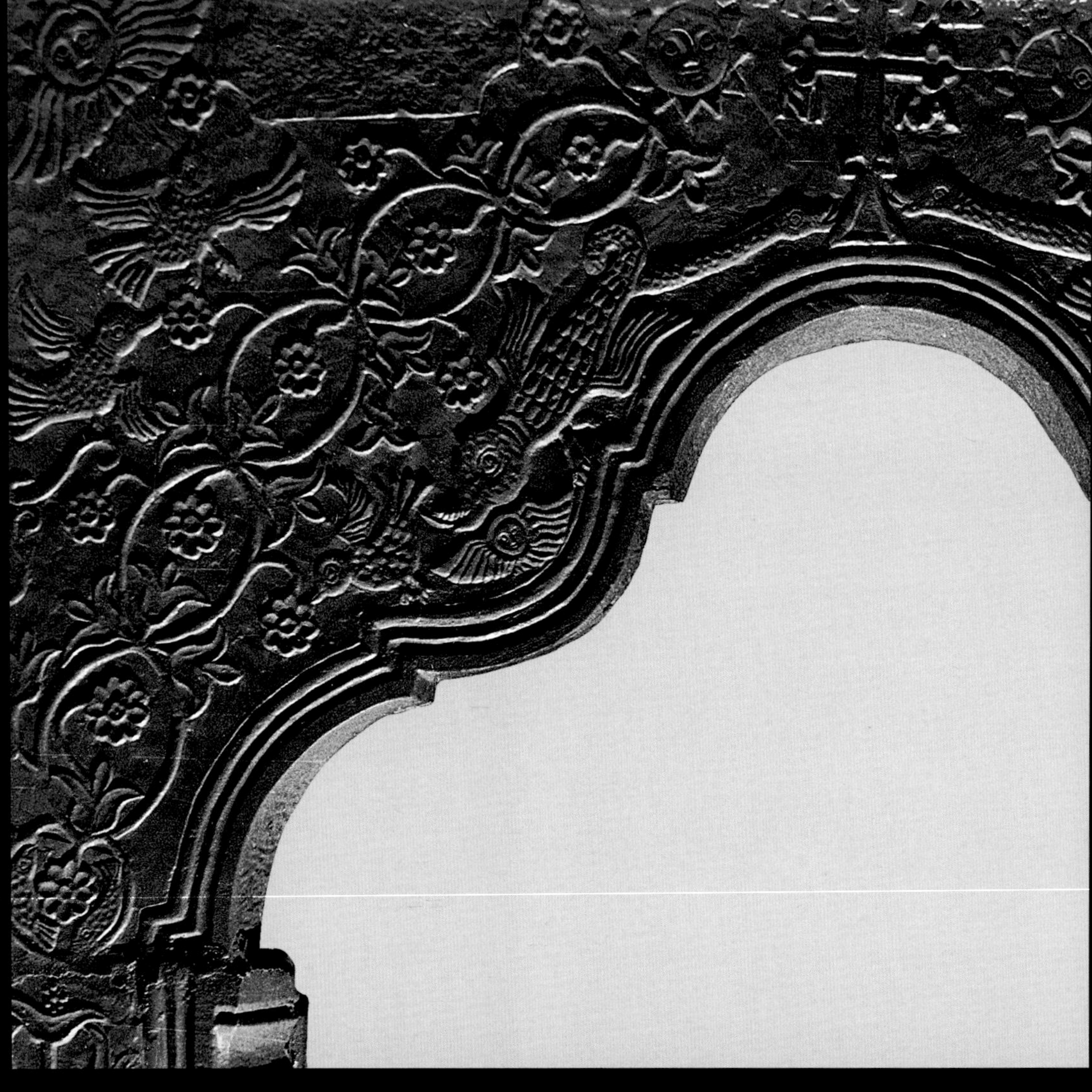

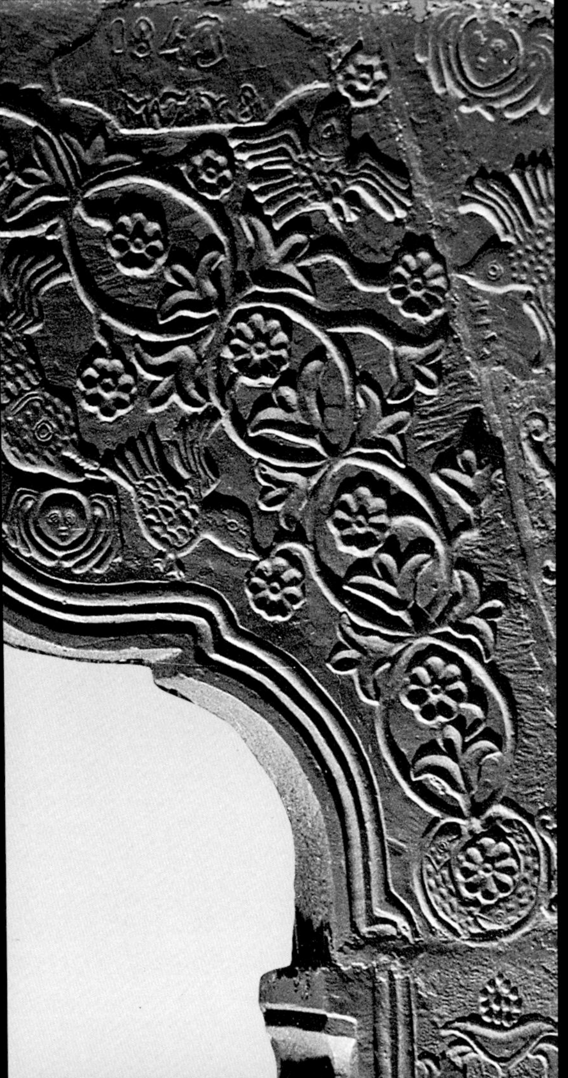

ΑΓΙΑ ΠΑΡΑΣΚΕΥΗ,
Τρίκαλα

55. ΥΠΕΡΘΥΡΟ ΒΟΡΕΙΟΥ ΘΥΡΩΜΑΤΟΣ
Υλικό: ψαμμίτης
Διαστάσεις περιθυρώματος: ύψος 3,03 μ., πλάτος 1,65 μ.

Υπέρθυρο με κοιλόκυρτο αψίδωμα. Το τόξο ακολουθεί και τονίζει αλυσιδωτός πλοχμός απ' όπου εκφύονται ευλύγιστες μαργαρίτες και κρίνα. Χαριτωμένα πουλιά ραμφίζουν με χάρη τα πέταλα των λουλουδιών. Στις «ρίζες» του πλοχμού ιχθείς περιβάλλουν μαργαρίτα. Ο σταυρός στο μέσο του υπερθύρου τονίζει την ελεύθερη συμμετρία της σύνθεσης. Οι κεραίες του απολήγουν σε τρίλοβα και ανάμεσά τους τα αρχικά ΙΣ ΧΣ/ΝΙ ΚΑ. Ο ήλιος και η σελήνη με ανθρωπόμορφα χαρακτηριστικά ενισχύουν το συμβολικό χαρακτήρα του θέματος. Σε θέση φυλάκων, δύο δρακόμορφα φίδια με δύο κεφαλές παρεισφρέουν απειλητικά στο ήρεμο άνθινο περιβάλλον. Μικρά χερουβείμ καλύπτουν τα διάκενα. Στο άνω τμήμα δύο συμμετρικά πλαίσια. Το ένα μένει κενό ενώ στο δεξί αναγράφεται η χρονολογία 1843 / ΜΑΪΟΥ 8. Εξαιρετική εργασία, καμωμένη με ευαισθησία και σιγουριά. Ο «φόβος του κενού» διάχυτος στη διακοσμητική σύνθεση.

56

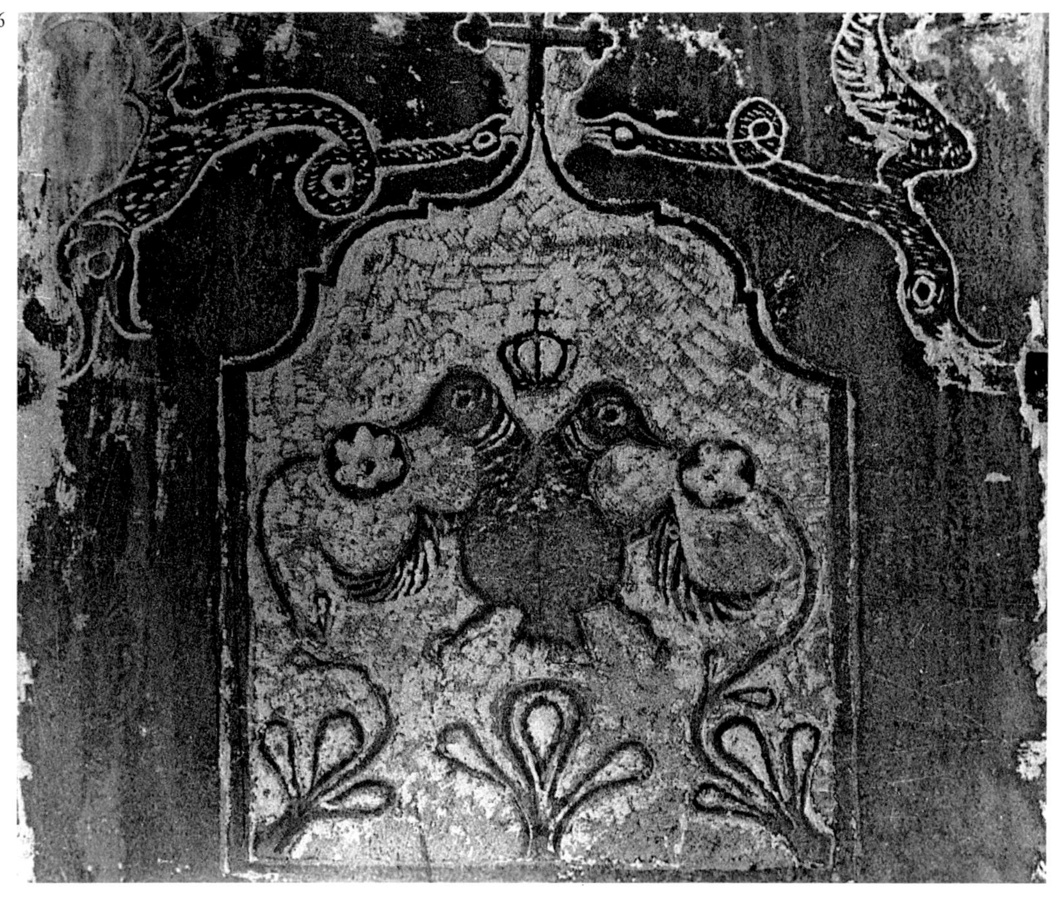

56. ΠΛΑΚΑ ΕΝΤΟΙΧΙΣΜΕΝΗ ΣΤΗΝ ΚΟΓΧΗ ΤΟΥ ΙΕΡΟΥ
Υλικό: μάρμαρο
Διαστάσεις: ύψος 0,55 μ., πλάτος 0,52 μ.

Τοξοειδές οξυκόρυφο πλαίσιο που απολήγει σε σταυρό περικλείει δικέφαλο αετό. Το σταυρό προστατεύουν δύο δικέφαλα φτερωτά φίδια. Το σώμα του αετού είναι στρογγυλεμένο, χωρίς λεπτομέρειες, με μικρά φτερά και δυσανάλογα κοντή ουρά. Τα κεφάλια, φιλικά, ραμφίζουν άνθη πάνω σε ευλύγιστους μακρείς μίσχους. Το ανάγλυφο είναι ιδιαίτερα χαμηλό.

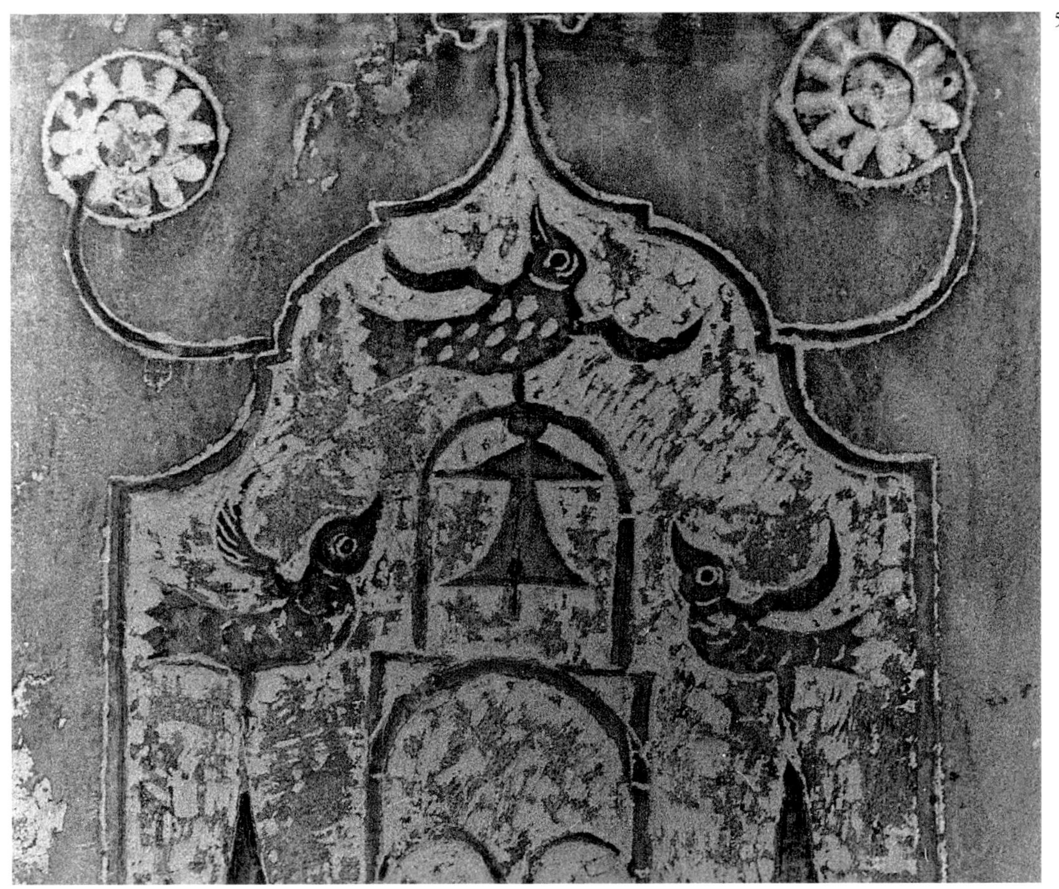
57

57. ΠΛΑΚΑ ΕΝΤΟΙΧΙΣΜΕΝΗ ΣΤΗΝ ΚΟΓΧΗ ΤΟΥ ΙΕΡΟΥ
Υλικό: ψαμμίτης
Διαστάσεις: ύψος 0,55 μ., πλάτος 0,45 μ.

Κεντρικό θέμα, σχηματοποιημένο καμπαναριό εκκλησίας. Δεξιά και αριστερά πλαισιώνεται από κυπαρίσσια, ενώ χαριτωμένα πουλάκια φτερουγίζουν γύρω του. Ένα από αυτά κάθεται στην κορυφή του καμπαναριού με ανοιχτές φτερούγες κοιτώντας προς τα πάνω. Η παράσταση εντάσσεται σε τοξωτό πλαίσιο που κορυφώνεται σε ισοσκελή σταυρό. Από το πλαίσιο εκφύονται σχηματοποιημένες μαργαρίτες*.

**Στην επιφάνεια του αναγλύφου των πλακών διακρίνονταν το 1975 ίχνη χρώματος.*

58

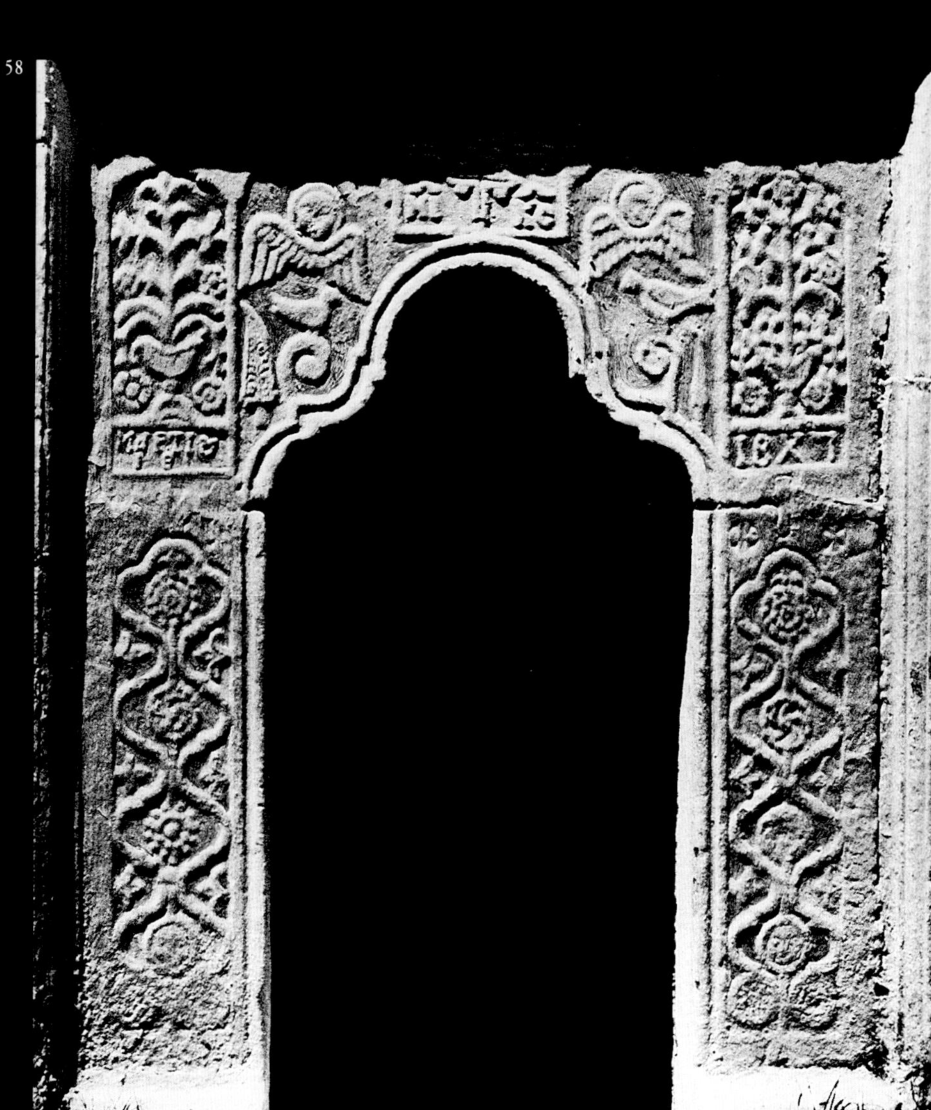

ΑΓΙΟΣ ΔΗΜΗΤΡΙΟΣ,
Λοξάδα

58-59. ΝΟΤΙΟ ΠΕΡΙΘΥΡΩΜΑ
Υλικό: ψαμμίτης*
Διαστάσεις: ύψος 1,60 μ., πλάτος 0,80 μ.

Στο τοξωτό κοιλόκυρτο υπέρθυρο τα μορφικά στοιχεία ακολουθούν τις παραδεδομένες αρχές της αυστηρής συμμετρικής οργάνωσης μέσα σε αψιδώματα. Στο κέντρο της σύνθεσης σταυρός με κεραίες που απολήγουν σε τρίλοβα με τα αρχικά ΙΣ ΧΣ/ΝΙ ΚΑ. Το σταυρό πλαισιώνουν σεραφείμ – το δεξί αρκετά φθαρμένο. Στον ίδιο χώρο ένα πουλί πατά σε έλικα βλέποντας προς το κέντρο. Το κενό διάχωρο καλύπτει ένα κυπαρίσσι. Δεξιά και αριστερά, ενταγμένα σε αψιδώματα, ανθοφόρα δοχεία με τα στοιχεία: ΜΑΡΤΙΟΥ 18-1847.

Οι δύο παραστάδες διακοσμούνται με καμπυλωτά συνεχόμενα πλαίσια μέσα στα οποία εγγράφονται ρόδακες. Τα διάκενα εκτός των πλαισίων διακοσμούνται με κρίνα. Στη βάση των παραστάδων ανθρωπόμορφη κεφαλή. Αρκετά φθαρμένο το κατώτερο τμήμα τους.

59

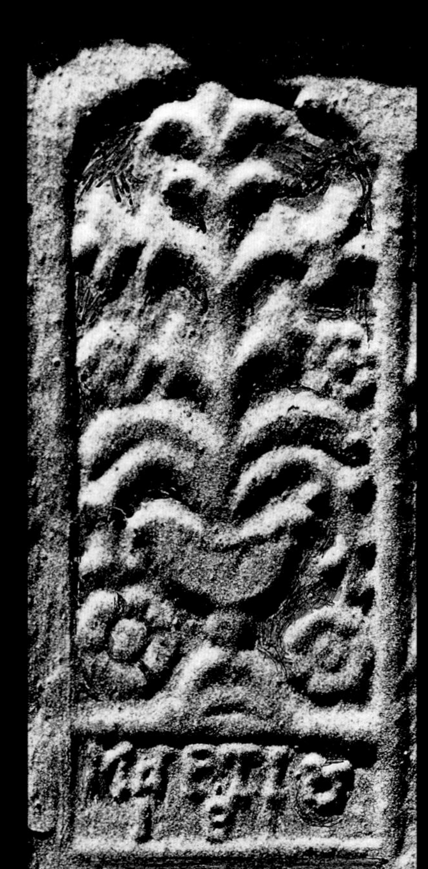

**Έχει επιχριστεί με ασβέστη.*

60

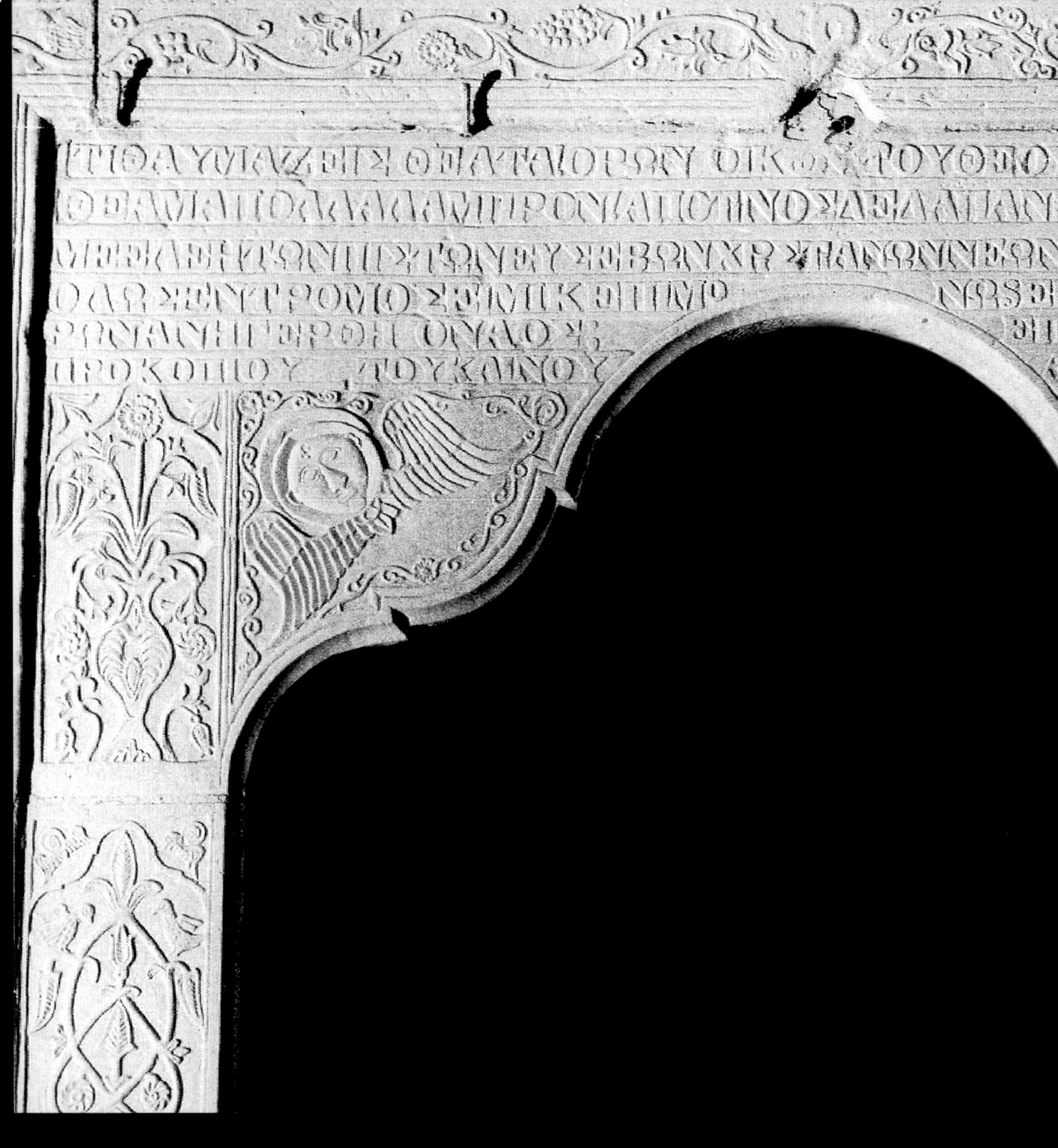

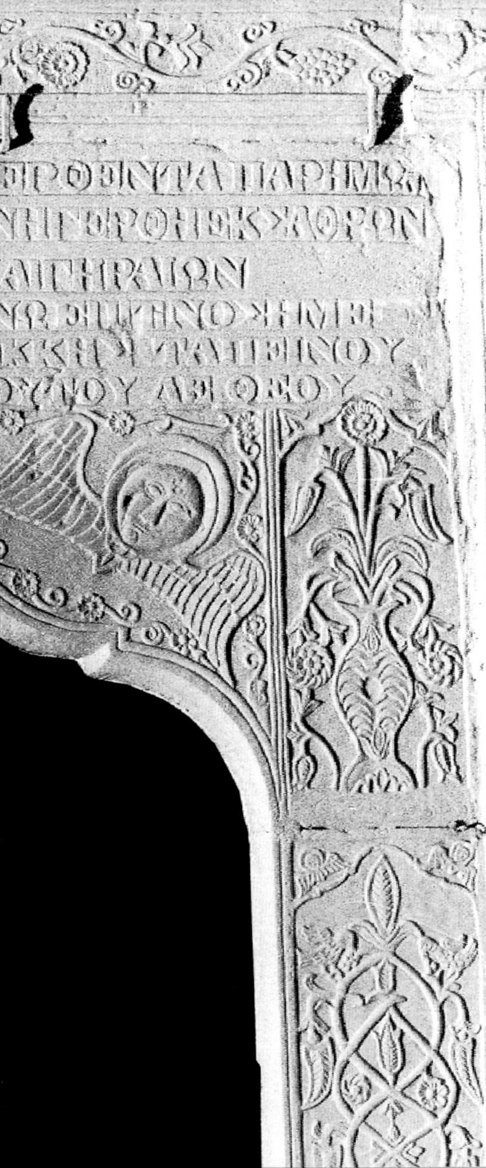

ΠΑΝΑΓΙΑ ΦΑΝΕΡΩΜΕΝΗ, Τρίκαλα

60. ΥΠΕΡΘΥΡΟ ΔΥΤΙΚΟΥ ΠΕΡΙΘΥΡΩΜΑΤΟΣ

Διαστάσεις: ύψος 2,51 μ., πλάτος 2,11 μ.

Στο κοιλόκυρτο αψίδωμα διαβάζουμε την επιγραφή:

ΤΙ ΘΑΥΜΑΖΕΙΣ ΘΕΑΤΑ! ΟΡΩΝ ΟΙΚΟΝ ΤΟΥ ΘΕΟΥ ΕΓΕΡΘΕΝΤΑ ΠΑΡΗΜΩΝ / ΘΕΑΜΑ ΠΟΛΛΑ ΛΑΜΠΡΟΝ! ΑΠΟ ΤΙΝΟΣ ΔΕ ΔΑΠΑΝΗΣ ΑΝΗΓΕΡΘΗ ΕΚ ΣΑΘΡΩΝ / ΜΕ ΕΛΕΗ ΤΩΝ ΠΙΣΤΩΝ ΕΥΣΕΒΩΝ ΧΡΙΣΤΙΑΝΩΝ ΝΕΩΝ ΤΕ ΚΑΙ ΓΗΡΑΙΩΝ / ΟΛΩΣ ΕΝΤΡΟΜΟΣ ΕΙΜΙ ΚΕΠΙΜΟΝΩΣ ΕΡΕΥΝΩ ΕΙΣ ΤΙΝΟΣ ΗΜΕ / ΡΩΝ ΑΝΗΓΕΡΘΗ Ο ΝΑΟΣ: ΕΠ ΤΡΙΚΚΗΣ ΤΑΠΕΙΝΟΥ / ΠΡΟΚΟΠΙΟΥ ΤΟΥ ΚΛΙΝΟΥ
ΑΡΧΙΘΥΤΟΥ ΔΕ ΘΕΟΥ.

Στα τριγωνικά διάκενα μορφές χερουβείμ. Ανθοφόρα δοχεία συνεχίζουν τον άνθινο διάκοσμο των παραστάδων.

61

61. ΤΜΗΜΑ ΠΑΡΑΣΤΑΔΑΣ ΔΥΤΙΚΟΥ ΠΕΡΙΘΥΡΩΜΑΤΟΣ

Στη βάση δύο μεγαλόσχημοι ρόδακες εκατέρωθεν ενός σταυρού. Ενταγμένα σε κοιλόκυρτα πλαίσια εναλλάσσονται σχηματοποιημένο ανθοφόρο δοχείο και δικέφαλος αετός με άνθινη επίστεψη. Στα διάκενα λιτή σύνθεση με ελικωτά φύλλα και ανθέμια. Η σχεδίαση και η συνθετική οργάνωση του θέματος εμπνέονται από πρότυπα ζωγραφικής ή μεταλλοτεχνίας. Έντονα στυλιζαρισμένη επεξεργασία των θεμάτων.

62

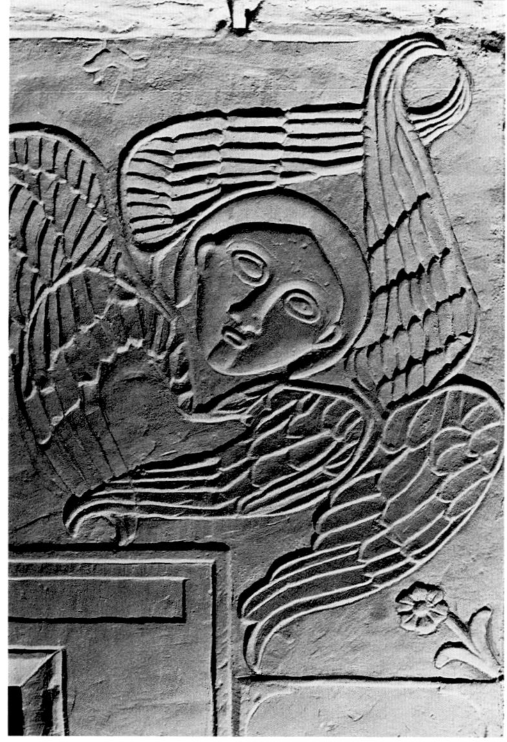

62. ΤΜΗΜΑ ΥΠΕΡΘΥΡΟΥ ΤΟΥ ΒΟΡΕΙΟΥ ΠΕΡΙΘΥΡΩΜΑΤΟΣ

Εξαπτέρυγο. Το πρόσωπό του τριγωνικό, με μεγάλα μάτια, ωραία μύτη και μικρό στόμα καταλήγει σε ένα «πλαστικό» πηγούνι. Στο ύψος των ματιών σκαλίζονται τα αυτιά της μορφής.

63. ΚΕΝΤΡΙΚΟ ΤΜΗΜΑ ΤΟΥ ΥΠΕΡΘΥΡΟΥ ΤΟΥ ΒΟΡΕΙΟΥ ΠΕΡΙΘΥΡΩΜΑΤΟΣ

Η Παναγία Οδηγήτρια με το νεαρό Χριστό στα γόνατά της. Οι δυσανάλογα μεγάλες, ανοιχτές παλάμες της Παναγίας μοιάζουν να «τεντώνουν» το δάφνινο στεφάνι της παράστασης. Ο Χριστός ευλογεί με το δεξί χέρι του, ενώ στο αριστερό κρατά σφαίρα. Το πλάσιμο των δύο μορφών είναι αδρό. Στο πρόσωπο της Παναγίας παρατηρούμε κάποια προσπάθεια απόδοσης πλαστικότητας.

63

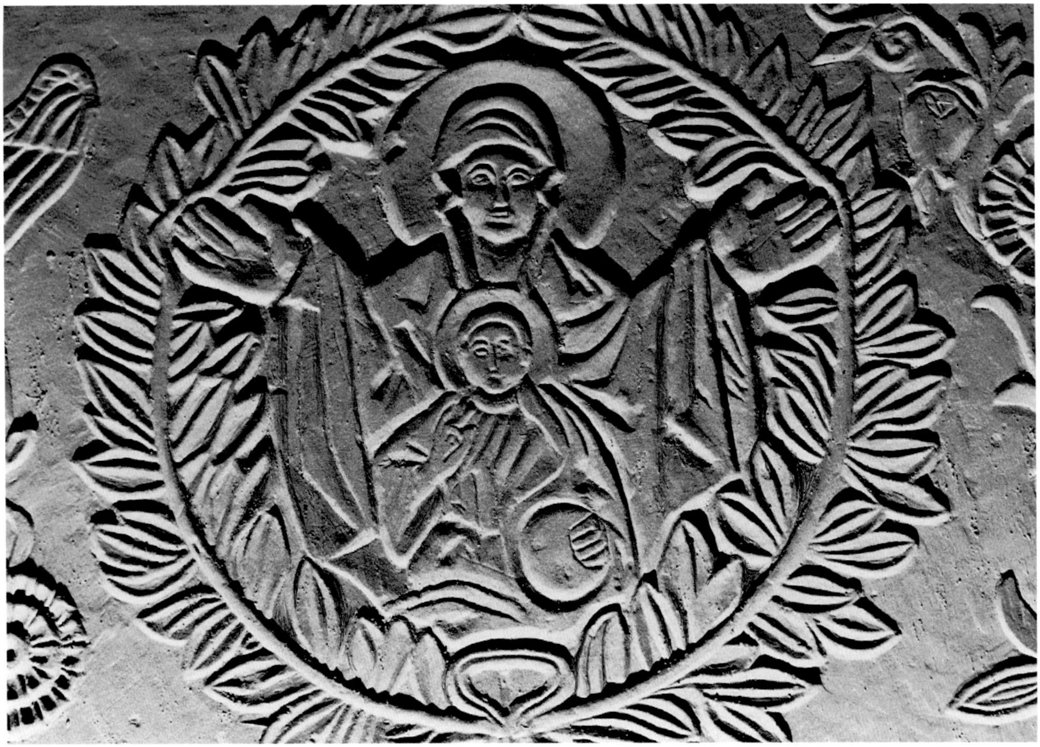

64. ΤΜΗΜΑ ΥΠΕΡΘΥΡΟΥ ΤΟΥ ΒΟΡΕΙΟΥ ΠΕΡΙΘΥΡΩΜΑΤΟΣ

Ανθοφόρο δοχείο. Το σφαιρικό σώμα του κοσμεί μεγάλο άνθος με συστρεφόμενα πέταλα. Από το δοχείο προβάλλουν πολύκλαδοι φυλλωμένοι μίσχοι με παρόμοια άνθη. Το κεντρικό πλαισιώνουν δύο πουλιά με ανοιχτές φτερούγες. Το αριστερό κοιτάζει με βλέμμα εκφραστικό προς τα πίσω, ενώ το δεξί προσπαθεί να ραμφίσει από «άβολη» θέση ένα μπουμπούκι.

64

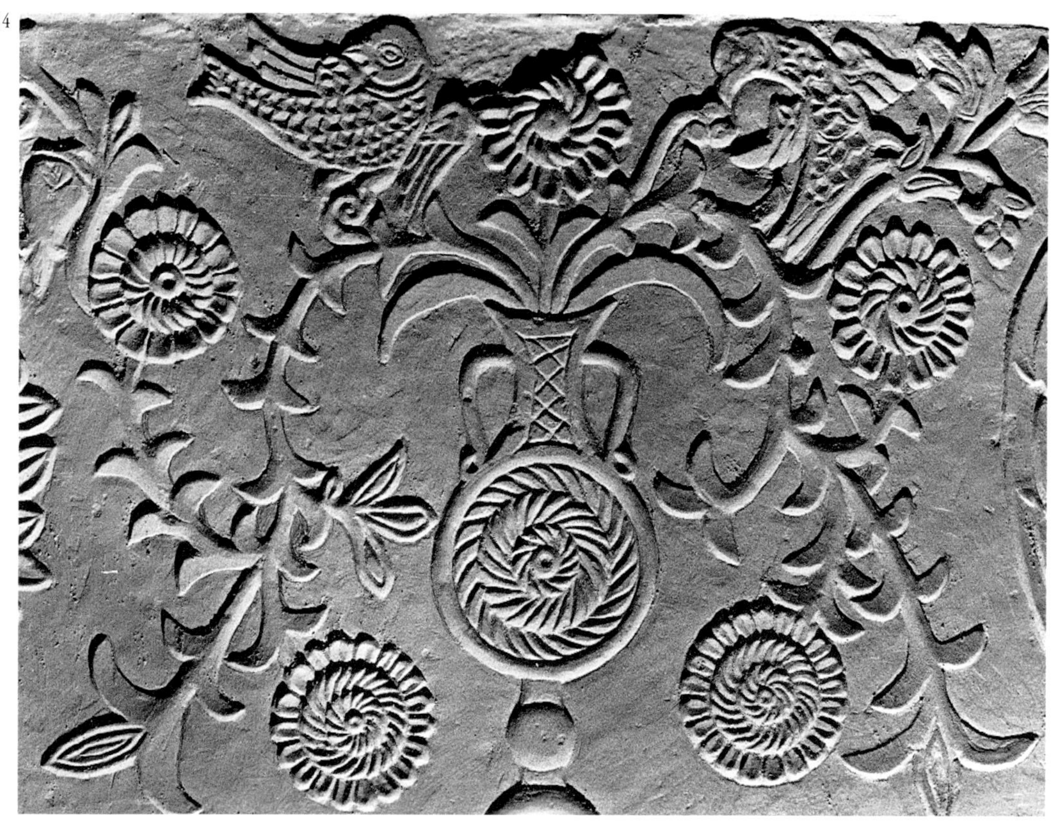

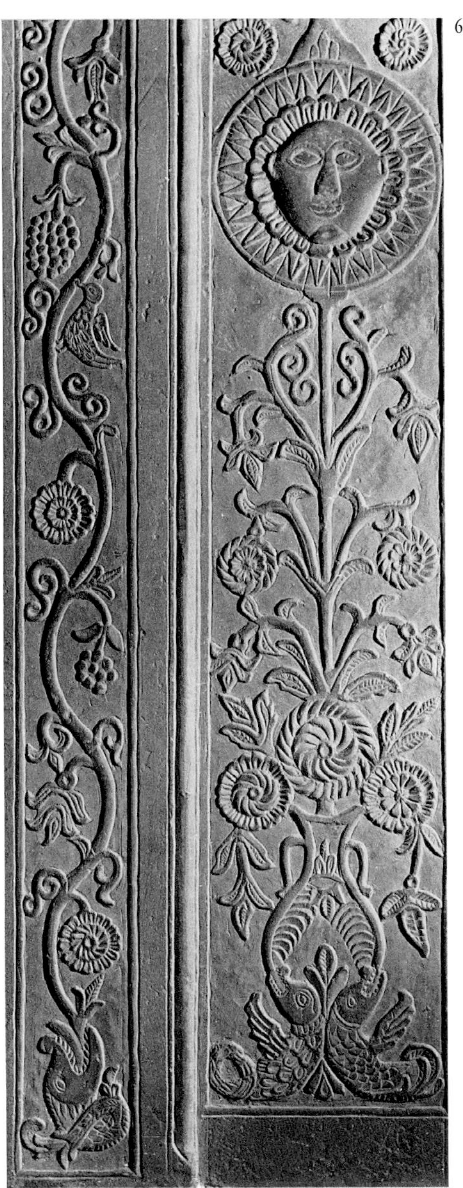

65. ΠΑΡΑΣΤΑΔΑ ΤΟΥ ΒΟΡΕΙΟΥ ΠΕΡΙΘΥΡΩΜΑΤΟΣ

Στη βάση της παραστάδας δύο δρακόμορφα φτερωτά φίδια με φολιδωτά σώματα. Η ουρά του δεξιού φιδιού έχει φυλλόσχημη απόληξη. Από τις κεφαλές των δύο φιδιών αναπτύσσεται ανθοφόρο δοχείο με δύο λαβές, από το οποίο εκφύεται κομψός ανθοφόρος μίσχος. Ο μίσχος απολήγει σε προσωποποιημένο ήλιο με επιμελημένα πέταλα-ακτίνες. Το αριστερό όριο της παραστάδας περιτρέχει διακοσμητική ταινία. Δρακόμορφο φίδι με φολιδωτό σώμα και φυλλόσχημη κουλουριασμένη ουρά ανοίγει το τεράστιο στόμα του αποκαλύπτοντας τα δόντια και τη μακριά γλώσσα του. Από το στόμα του φιδιού εκφύεται συνεχής βλαστός με έλικες και κομψά άνθη (χρυσάνθεμα και τουλίπες).

66 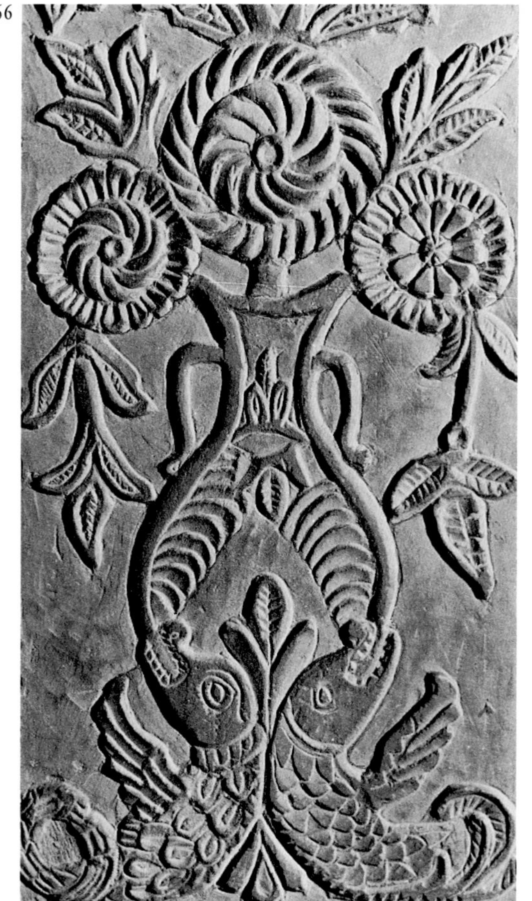

66. ΛΕΠΤΟΜΕΡΕΙΑ ΤΗΣ ΠΑΡΑΣΤΑΔΑΣ ΤΟΥ ΒΟΡΕΙΟΥ ΠΕΡΙΘΥΡΩΜΑΤΟΣ

67. ΕΠΙΓΡΑΦΗ ΧΡΟΝΟΛΟΓΗΣΗΣ ΕΝΤΟΙΧΙΣΜΕΝΗ ΣΤΗΝ ΚΟΓΧΗ ΤΟΥ ΝΑΟΥ
Διαστάσεις: ύψος 0,33 μ., πλάτος 0,55 μ.

Στην ορθογώνια πλάκα λαξεύεται εσωτερικό κοιλόκυρτο τόξο, μέσα στο οποίο εντάσσεται ισοσκελής σταυρός με κεραίες που απολήγουν σε τρίλοβα. Ο σταυρός στηρίζεται σε κομψή βάση απ᾽ όπου εκφύονται καρποφόροι βλαστοί. Στα ελικωτά φύλλα στέκουν δύο πουλιά που ραμφίζουν τους καρπούς – το αριστερό έχει φθαρεί στην κεφαλή. Οι νευρώσεις των φύλλων και των βλαστών αποδίδονται με διαγράμμιση. Πάνω από το σταυρό ένα χερουβείμ. Το βάθος της πλάκας που ορίζεται πάνω από τις τρεις κεραίες εξαίρουν πυκνές αυλακώσεις. Εκτός του τοξωτού πλαισίου: 1849 ΝΟΕ(μβρίου) 9.

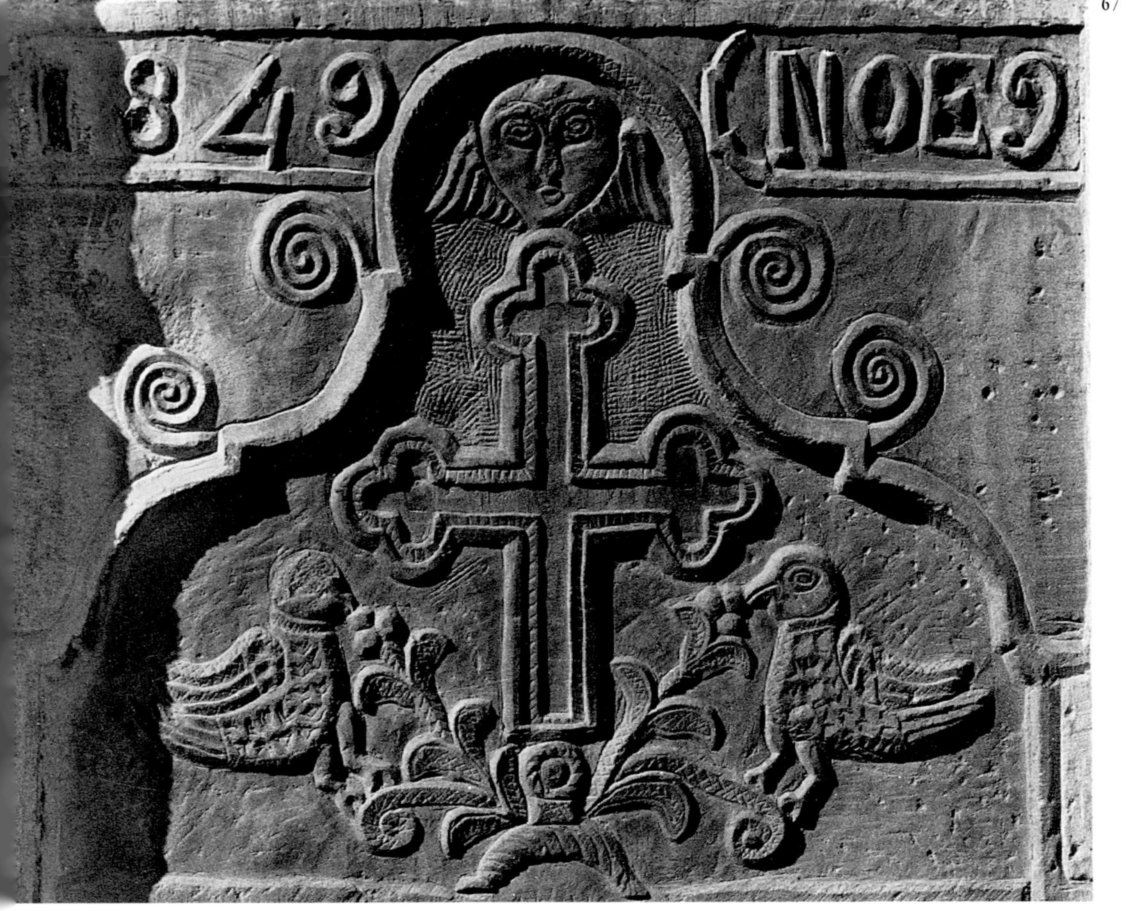

67

ΑΓΙΟΣ ΙΩΑΝΝΗΣ,
Μουρκ, Κανάλια Καρδίτσας

68

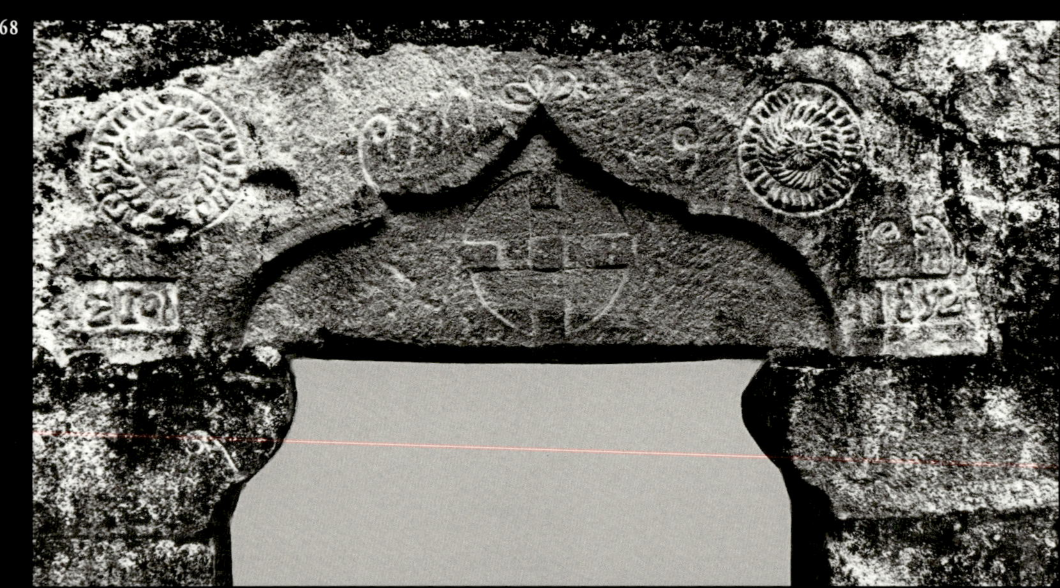

68. ΥΠΕΡΘΥΡΟ ΤΟΥ ΔΥΤΙΚΟΥ ΠΕΡΙΘΥΡΩΜΑΤΟΣ
Υλικό: ψαμμίτης
Διαστάσεις: ύψος 0,35 μ., πλάτος 1,18 μ.

Το υπέρθυρο στηρίζεται σε επίκρανα και σχηματίζει οξυκόρυφο τυφλό τόξο, μέσα στο οποίο εγγράφεται γεωμετρικοποιημένος σταυρός. Στο εξέχον τμήμα, σε συμμετρική διάταξη, σκαλίζονται κυκλικά πλαίσια με προσωποποιημένο ήλιο και πολύφυλλο ρόδακα αντίστοιχα. Το περίγραμμα του τόξου διακοσμεί γραμμικό φυτικό κόσμημα. Αριστερά και δεξιά τα στοιχεία: ΕΤΟΣ 1852. Πάνω από την επιγραφή δυσερμήνευτα στοιχεία.

69

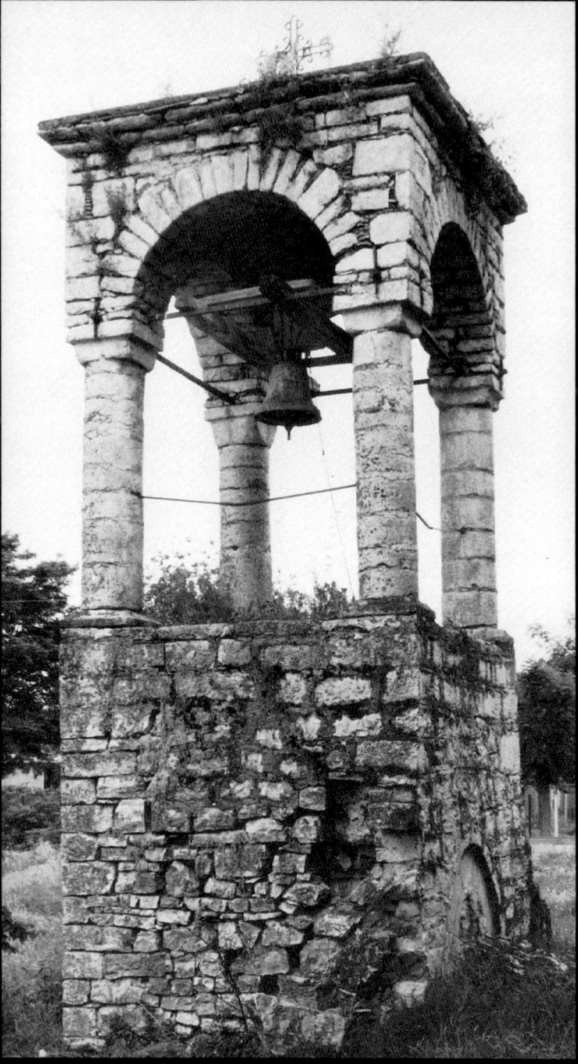

70

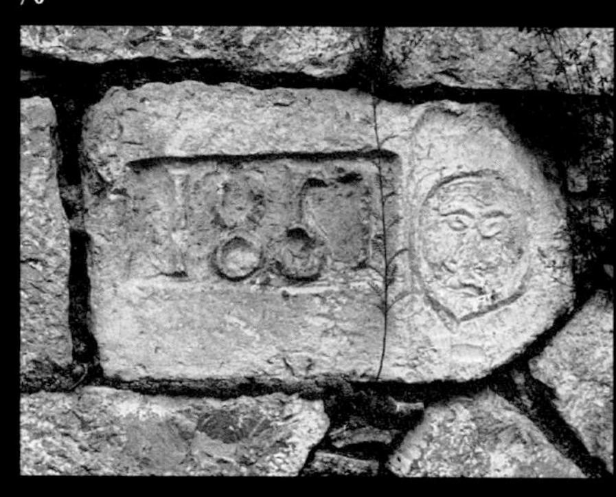

69. ΤΟ ΚΑΜΠΑΝΑΡΙΟ ΤΟΥ ΑΓΙΟΥ ΓΕΩΡΓΙΟΥ ΣΤΟΝ ΠΥΡΓΟ ΚΙΕΡΙΟΥ, 1857

70. ΔΟΜΟΣ ΕΝΤΟΙΧΙΣΜΕΝΟΣ ΣΤΟ ΝΟΤΙΟ ΤΟΞΟ ΣΤΟ ΚΑΜΠΑΝΑΡΙΟ ΤΟΥ ΝΑΟΥ

Υλικό: μάρμαρο

Μέσα σε αβαθές ορθογώνιο πλαίσιο η χρονολογία 1857 με εξώγλυφους χαρακτήρες. Δεξιά, ανδρικό προσωπείο με συνοπτικά χαρακτηριστικά.

71

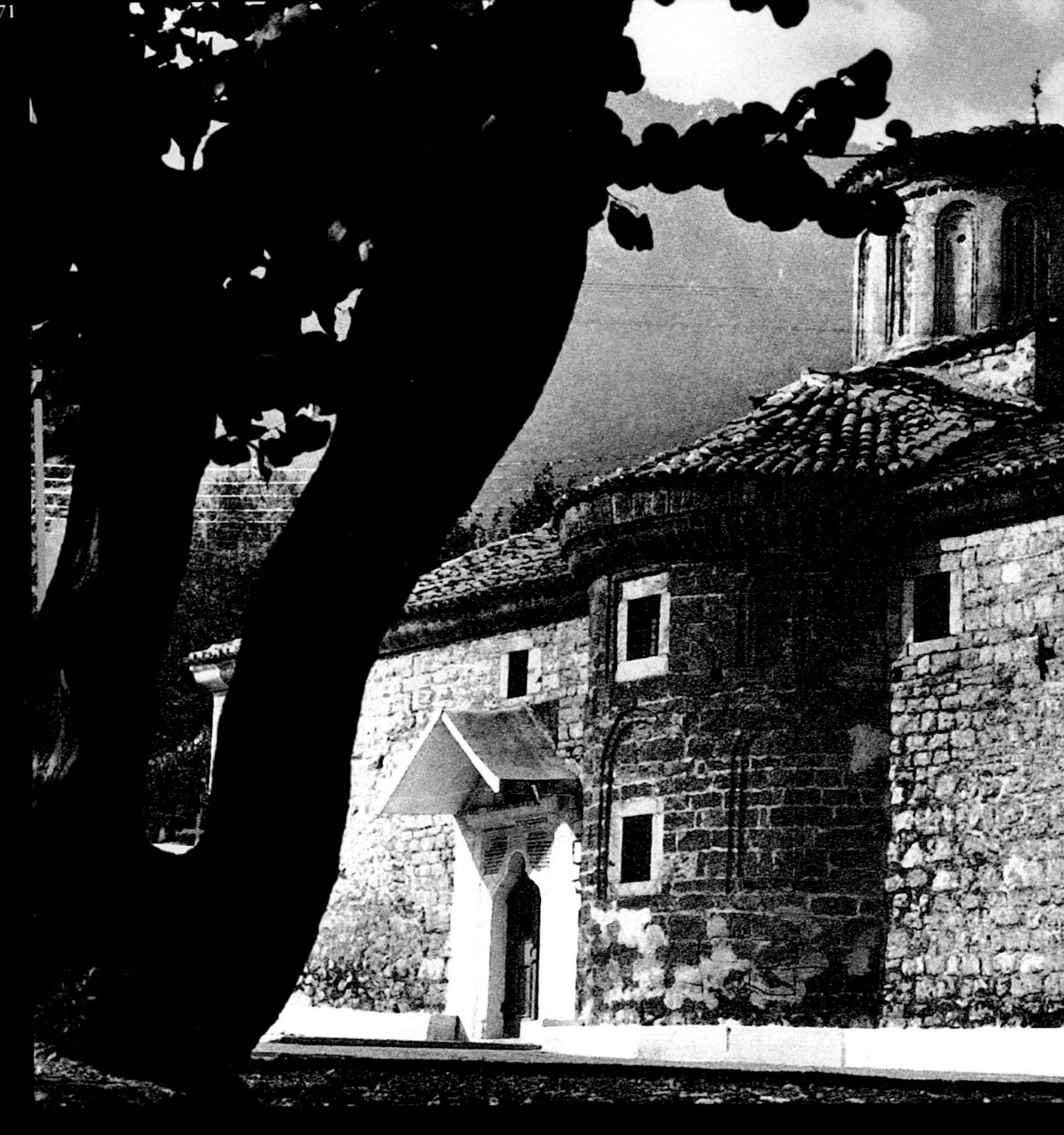

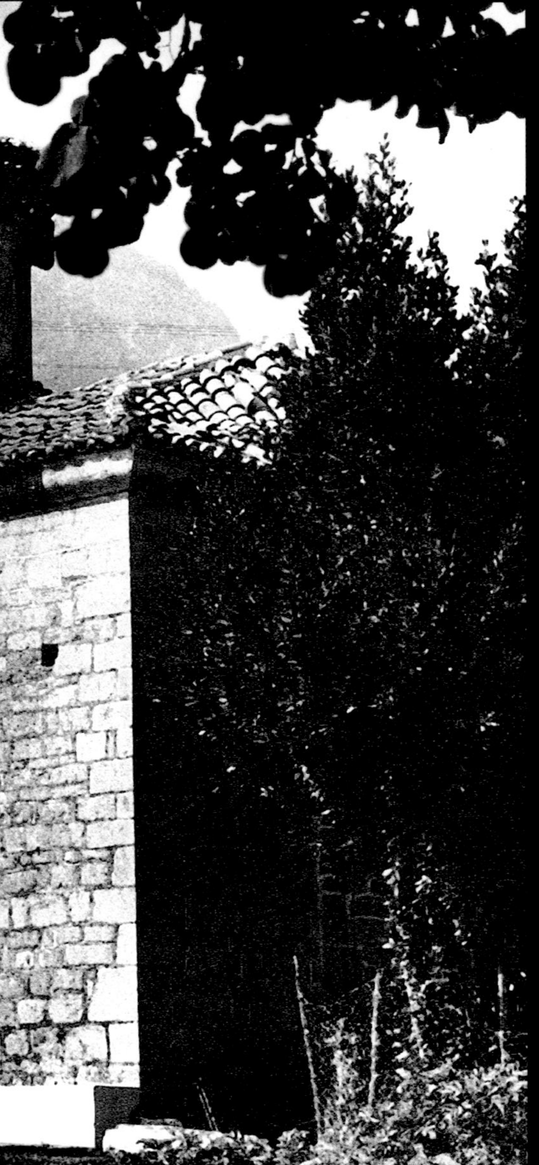

ΓΕΝΕΘΛΙΟΝ ΤΗΣ ΘΕΟΤΟΚΟΥ,

Γοργογύρι Τρικάλων

71. ΓΕΝΕΘΛΙΟΝ ΤΗΣ ΘΕΟΤΟΚΟΥ, ΒΑΣΙΛΙΚΗ, 185

72

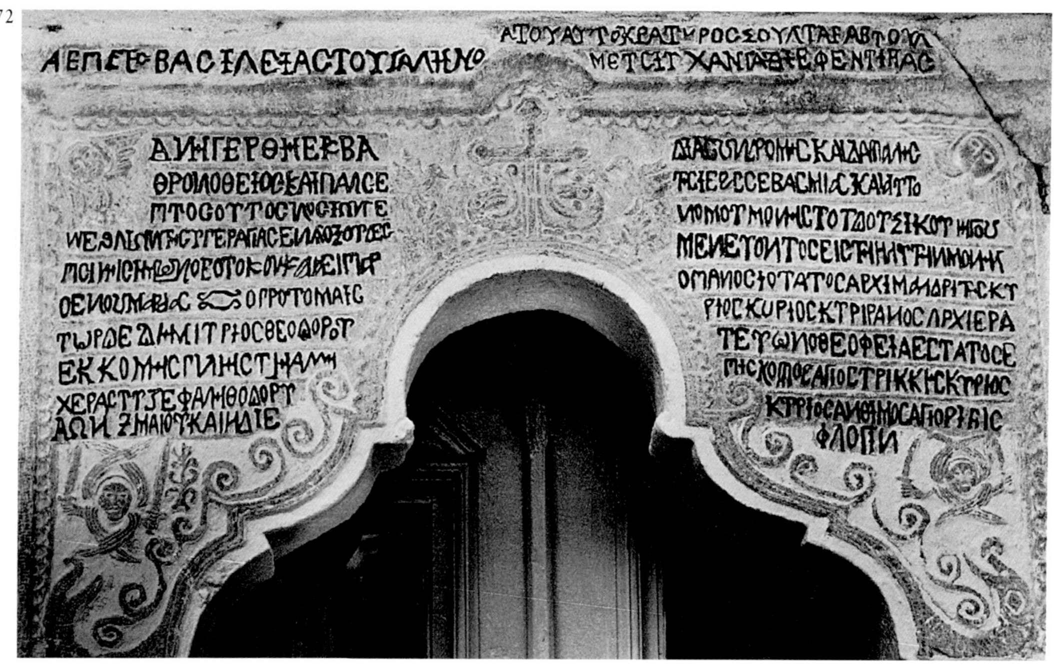

72. ΥΠΕΡΘΥΡΟ ΜΕ ΕΠΙΓΡΑΦΗ ΝΟΤΙΟΥ ΠΕΡΙΘΥΡΩΜΑΤΟΣ
Υλικό: ψαμμίτης*
Διαστάσεις: ύψος 0,80 μ., πλάτος 1,52 μ.

ΕΠΙ ΤΗΣ ΒΑΣΙΛΕΙΑΣ ΤΟΥ ΓΑΛΗΝΟΤΑΤΟΥ ΑΥΤΟΚΡΑΤΟΡΟΣ ΣΟΥΛΤΑΝ ΑΒΤΟΥΛ/ΜΕΤΣΙΤ, ΧΑΝ ΓΑΖΗ ΕΦΕΝΤΙ ΜΑΣ/ΑΝΗΓΕΡΘΗ ΕΚ ΒΑ/ΘΡΟΝ Ο ΘΕΙΟΣ ΚΑΙ ΠΑΝΣΕ/ΠΤΟΣ ΟΥΤΟΣ Ν (ΑΟΣ) ΟΣΙΩΝ ΓΕ/ΝΕΘΛΙΩΝ ΤΗΣ ΥΠΕΡΑΓΙΑΣ ΕΝΔΟΞΟΥ ΔΕΣ/ΠΟΙΝΗΣ ΗΜΩΝ ΘΕΟΤΟΚΟΥ ΚΑΙ ΑΕΙ ΠΑΡ/ΘΕΝΟΥ ΜΑΡΙΑΣ Ο ΠΡΟΤΟΜΑΙΣ/ΤΩΡ ΔΕ ΔΗΜΙΤΡΙΟΣ ΘΕΟΔΟΡΟΥ/ ΕΚ ΚΟΜΗΣ ΠΛΗΣΤΗΑΝΗ (ΔΙΑ)/ΧΕΡΑΣ ΤΟΥ ΣΤΕΦΑΝΗ Θ(Ε)ΟΔΟΡΟΥ ΑΩΝΖ ΜΑΙΟΥ ΚΑ(Ι) ΙΝΔ(ΙΚΤΙΩΝΟΣ) ΙΕ/ΔΙΑ ΣΥΝΔΡΟΜΗΣ ΚΑΙ ΔΑΠΑΝΗΣ/ΤΗΣ ΙΕΡ(Α)Σ ΣΕΒΑΣΜΙΑΣ ΚΑΙ ΑΥΤΟ/ΝΟΜΟΥ ΜΟΝΗΣ ΤΟΥ ΔΟΥΣΙΚΟΥ ΗΓΟΥ/ΜΕΝΕΥΟΝΤΟΣ ΕΙΣ ΤΗΝ ΑΥΤΗΝ ΜΟΝΗΝ/Ο ΠΑΝΟΣΙΟΤΑΤΟΣ ΑΡΧΙΜΑΝΔΡΙΤΗΣ ΚΥ/ΡΙΟΣ ΚΥΡΙΟΣ ΚΥΠΡΙΑΝΟΣ ΑΡΧΙΕΡΑ/ΤΕΥΩΝ Ο ΘΕΟΦΙΛΕΙΣΤΑΤΟΣ Ε/ΠΙΣΚΟΠΟΣ ΑΓΙΟΣ ΤΡΙΚΚΗΣ ΚΥΡΙΟΣ / ΚΥΡΙΟΣ ΑΝΘΙΜΟΣ ΑΓΙΟΡΙΤΗΣ ΦΛΟ(ΓΙΝ;) (δυσανάγνωστη λέξη).

Στο κέντρο του περιθυρώματος σταυρός που φυλάσσεται από δύο φίδια. Την παράσταση πλαισιώνουν δύο πουλιά που πατούν σε μικρά κλαράκια. Στις γωνίες της πλάκας σεραφείμ. Κάτω από τα επιγραφικά μέρη τετραπτέρυγα που κρατούν σπαθιά στα χέρια τους, καινοτομία του πελεκάνου. Το εξωτερικό περίγραμμα του τόξου ακολουθεί ταινία που απολήγει σε μορφή φιδιών με μεγάλο μάτι και ανοιχτό στόμα. Απόδοση σε χαμηλό ανάγλυφο χωρίς λεπτομέρειες.

Έχει επιχριστεί με ασβέστη και τα γράμματα της επιγραφής τονίστηκαν με μαύρο χρώμα.

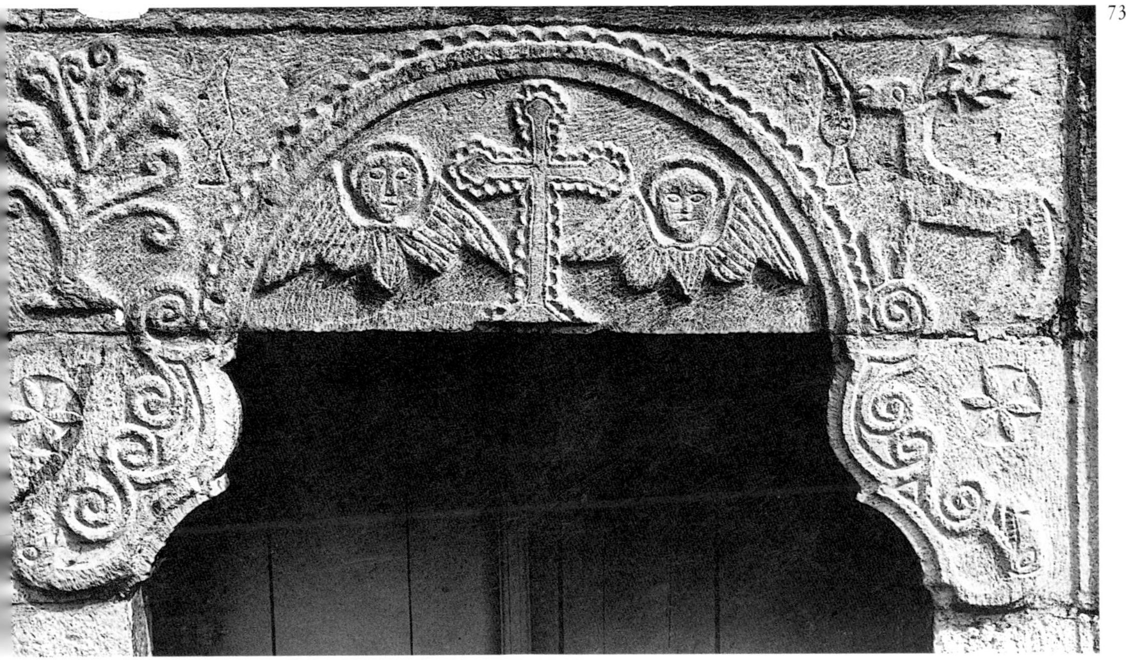

73

73. ΔΥΤΙΚΟ ΠΕΡΙΘΥΡΩΜΑ
Υλικό: ψαμμίτης
Διαστάσεις: ύψος 2,05 μ., πλάτος 1,20 μ.

Το περιθύρωμα έχει αδιακόσμητες παραστάδες που στέφονται με επίκρανα και μονοκόμματο υπέρθυρο που σχηματίζει τυφλό τόξο. Στο κέντρο του τόξου σταυρός με τρίλοβες κεραίες και δαντελωτό περίγραμμα πλαισιώνεται από δύο σεραφείμ. Αριστερά, την επιφάνεια καλύπτει σχηματοποιημένο δέντρο με ελικωτά κλαδιά και ένα σχηματικό, εγχάρακτο, κυπαρισσάκι. Δεξιά, μικρό ελάφι με φυλλόσχημα κέρατα πατά με τα μπροστινά πόδια του σε σπείρα, ενώ ακουμπά το στόμα του σε ένα, επίσης εγχάρακτο, κυπαρισσάκι. Τα επίκρανα των παραστάδων κοσμούν σπειροέλικες και κεφαλή φιδιού. Ρόδακες καλύπτουν τα διάκενα.

74

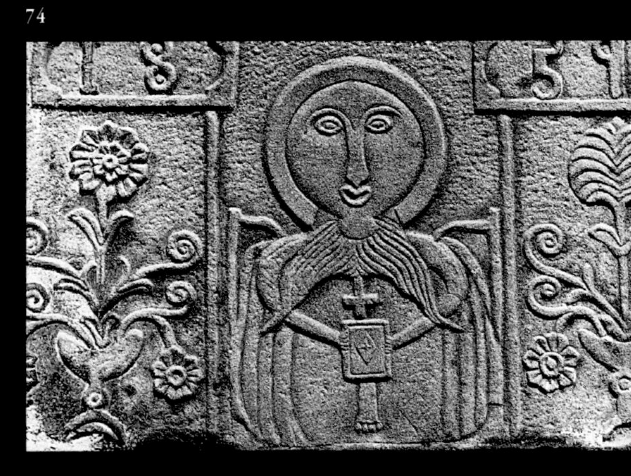

74. ΥΠΕΡΘΥΡΟ ΔΥΤΙΚΟΥ ΠΕΡΙΘΥΡΩΜΑΤΟΣ
Διαστάσεις: ύψος 0,53 μ., πλάτος 0,83 μ.

Παράσταση ένθρονου Παντοκράτορα σε μετωπική, ημίσωμη απόδοση. Το ολοστρόγγυλο πρόσωπό του περιγράφεται με φωτοστέφανο και καταλήγει σε έντονο πηγούνι με πυκνή, κυματιστή γενειάδα. Τα μάτια του, μικρά και αμυγδαλωτά, τονίζονται από λεπτά τοξωτά φρύδια που ενώνονται με μια πλατιά καλογραμμένη μύτη. Το στόμα μικρό, με μισάνοιχτα χείλη, προσθέτει ιδιαίτερη εκφραστικότητα στη μορφή. Ο Παντοκράτορας, με ιερατική ενδυμασία, κρατά κλειστό ευαγγέλιο εμπρός στο στήθος με τα δύο, σχεδόν ατροφικά, χέρια του. Τη μορφή πλαισιώνουν δύο ανθοφόρα δοχεία με ψηλό πόδιο. Από το αριστερό δοχείο βλασταίνουν καλοσχηματισμένες μαργαρίτες και ελικωτά φύλλα. Στο δεξιό η κεντρική μαργαρίτα αντικαθίσταται από μεγάλο φοινικόκλαρο. Μέσα σε πλαίσια, με καλογραμμένα εξώγλυφα στοιχεία, η χρονολογία 1859.
Η σχεδιαστική ακρίβεια του αναγλύφου και η φροντισμένη εκτέλεση πάνω στο καφετί πέτρωμα μαρτυρούν έναν ιδιαίτερα προικισμένο τεχνίτη. Έργο του πελεκάνου Δημήτρη Ραγιά.

75

75. ΕΠΙΓΡΑΦΗ ΕΝΤΟΙΧΙΣΜΕΝΗ ΣΤΗΝ ΑΡΑΒΟΣΙΤΑΠΟΘΗΚΗ ΤΗΣ ΜΟΝΗΣ

Διαστάσεις: ύψος 0,41 μ., πλάτος 0,33 μ.

Το κείμενο της επιγραφής είναι έμμετρο σε 26 στίχους που διακρίνονται σε δύο στήλες. Πάνω από το κείμενο η πλάκα διακρίνεται σε τρία τμήματα με δύο κάθετα χωρίσματα, όπου σκαλίζονται σταυρός και εκατέρωθεν πουλιά με ανασηκωμένα φτερά που ραμφίζουν καρπούς από σχηματοποιημένα δέντρα. Σήμερα φυλάσσεται στο σκευοφυλάκιο της Μονής.

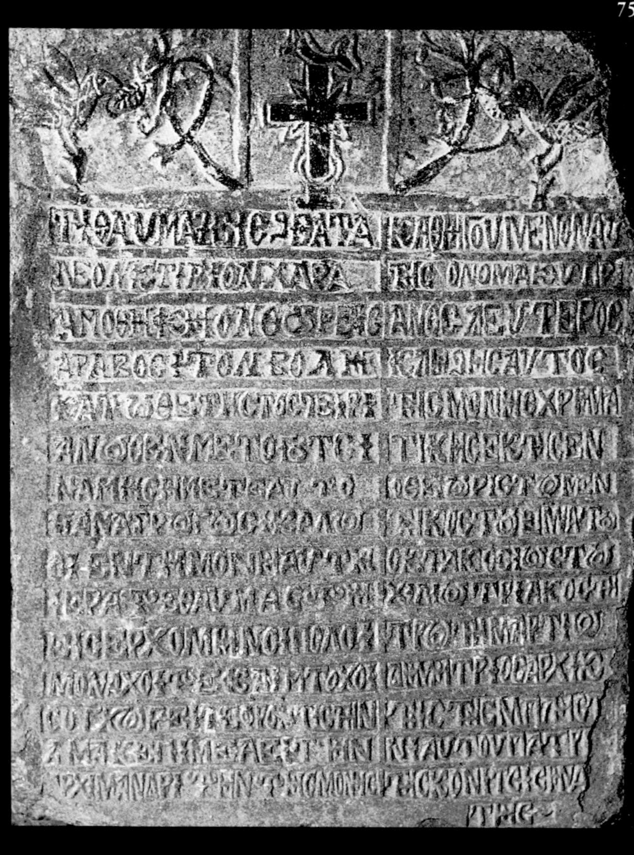

ΤΙ ΘΑΥΜΑΖΕΙΣ ΘΕΑΤΑ/ΝΕΟΝ ΚΤΙΡΙΟΝ ΧΑΡΑ/ΑΠΟΘΗΚΗΝ ΟΝ ΘΩΡΕΙΣ/ΑΡΑΒΟΣΙΤΟΝ ΒΟΛΗ/ΚΑΤΩ ΘΕΤΗΣ ΤΟ ΣΠΕΙΡΙ/ ΑΝΩΘΕΝ ΜΕ ΤΟ ΓΟΥΤΣΙ/ΝΑ ΜΗ ΣΗΠΕΤΕ ΑΥΤΟ/ΓΙΑ ΝΑ ΤΡΩΓΩΣΙ ΚΑΛΩ/ΟΙ ΕΝ ΤΗ ΜΟΝΗ ΑΥΤΗ/ΙΕΡΑ ΤΕ ΘΑΥΜΑΣΤΗ/ ΕΙΣΕΡΧΟΜΕΝΟΙ ΠΟΛΟΙ/ΜΟΝΑΧΟΙ ΤΕ ΚΑΙ ΠΤΟΧΟΙ/ΣΥΓΧΩΡΕΙΤΕ ΦΡΟΝΤΙΣΤΗΝ/ΑΜΑ Κ˙ ΕΠΙΜΕΛΕΙΤΗΝ/ ΑΡΧΙΜΑΝΔΡΙΤΗΝ ΤΗΣ ΜΟΝΗΣ/ ΚΑΘΗΓΟΥΜΕΝΟΝ ΑΥ/ΤΗΣ ΟΝΟΜΑ ΚΥΠΡΙ/ ΑΝΟΣ ΔΕΥΤΕΡΟΣ/ ΚΛΗΘΗΣ ΑΥΤΟΣ/ ΤΗΣ ΜΟΝΗΣ ΧΡΗΜΑ/ΤΙΚΗΣ ΕΚΤΙΣΕΝ/ Ο ΘΕΩΡΙΣ ΤΩ ΠΕΝ/ΤΙΚΟΣΤΩ ΕΝΝΑΤΩ/ ΟΚΤΑΚΟΣΙΩΣΤΩ/ ΧΙΛΙΩ ΤΡΙΑΚΟΣΤΗ/ ΠΡΩΤΗ ΜΑΡΤΙΩ/ ΔΗΜΗΤΡΙΟΣ ΑΡΧΙΚ/ΤΗΣΤΗΣ ΜΠΛΗΣΤΑ/ΝΙ ΑΥΤΟΥ ΠΑΤΡ(ΙΣ)/ΤΗΣ ΚΟΝΙΤΣΙΣ ΗΝ Α(Υ)ΤΗΣ.

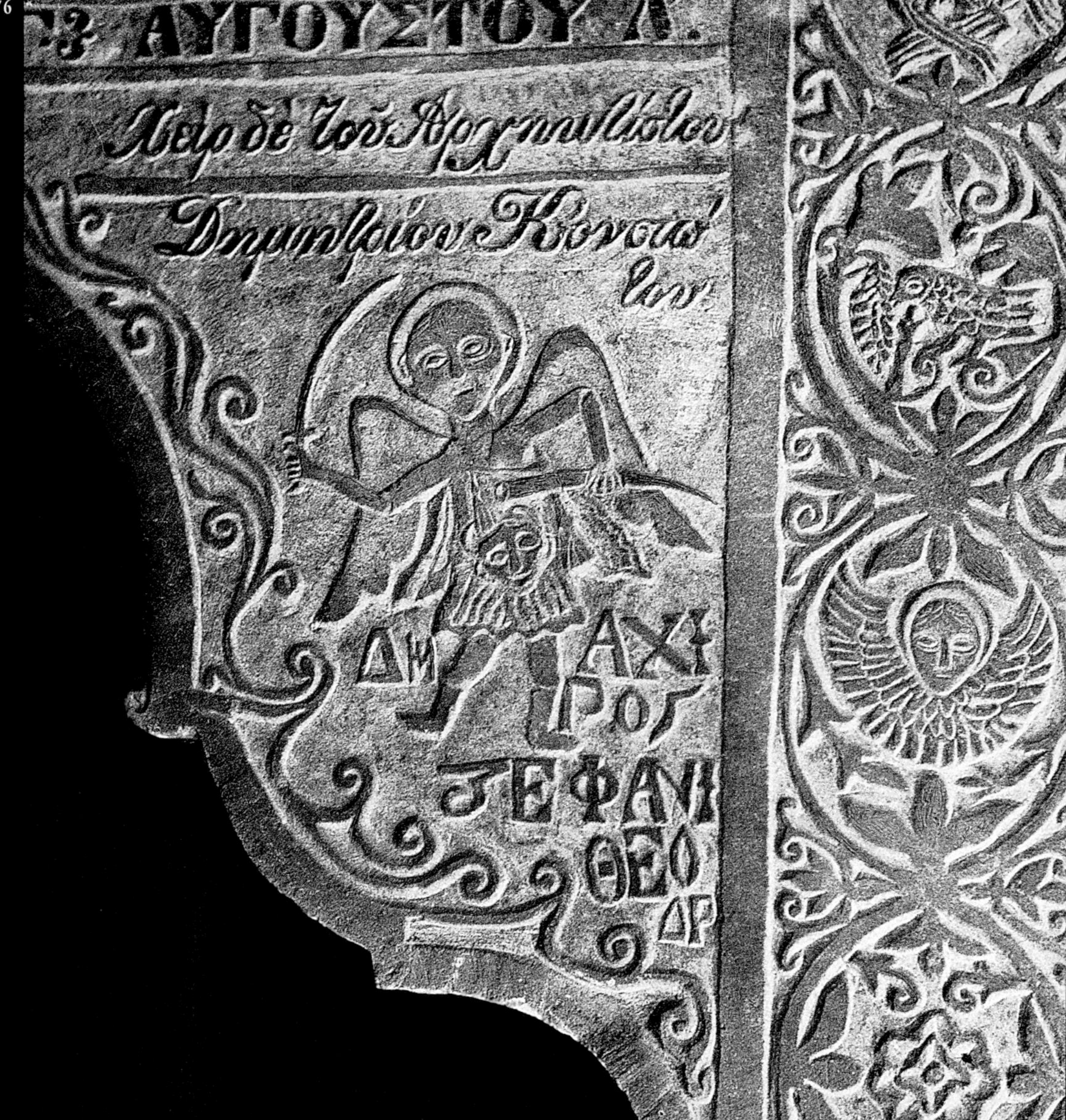
ΑΥΓΟΥΣΤΟΥ Λ.

ΜΕΤΑΜΟΡΦΩΣΗ ΣΩΤΗΡΟΣ,
Περτούλι

76. ΤΜΗΜΑ ΥΠΕΡΘΥΡΟΥ

Ο αρχάγγελος Μιχαήλ σε μετωπική απόδοση. Τα πόδια του σε έντονο διασκελισμό και το σώμα του κλίνει προς τα αριστερά. Το στρογγυλό πρόσωπο της μορφής καταλήγει σε ένα ασύμμετρο τριγωνικό πηγούνι. Κυριαρχούν τα μεγάλα μάτια σε αντίθεση με το μικρό άτεχνο στόμα. Τα αυτιά προβάλλουν μπροστά από το μικρό φωτοστέφανο. Ο αρχάγγελος κραδαίνει απειλητικά το σπαθί που μόλις έχει ελευθερώσει από το θηκάρι του. Εντυπωσιάζει ο τρόπος με τον οποίο ο πελεκάνος προσπαθεί να αποδώσει την κίνηση του χιτώνα και του μανδύα της μορφής με τις απλές κυματιστές λαξεύσεις.
Κάτω από τη μέση αποτροπαϊκή κεφαλή.
Στην άνω πλευρά διαβάζουμε: (Α Ω) Ξ Γ ΑΥΓΟΥΣΤΟΥ
Λ. Χείρ δε του Αρχηκτίστου / Δημητρίου Κονσιώτου.
Ανάμεσα στα πόδια του αγγέλου υπογράφει ανορθόγραφα ο πελεκάνος:
ΔΗΑ Χ(Ε)ΙΡΟΣ ΣΤΕΦΑΝΙ ΘΕΟΔ(Ω)Ρ(ΟΥ).
Το εσωτερικό περίγραμμα του κοιλόκυρτου τοξωτού ανοίγματος ακολουθεί συνεχής ελικωτός βλαστός. Τον άξονα της παραστάδας συνεχίζει ταινία με ωοειδή άνθινα πλαίσια όπου εντάσσονται άνθη, χερουβείμ, εξαπτέρυγα και πουλιά που ραμφίζουν καρπούς*.

**Το περιθύρωμα του ναού δεν σώζεται. Ήδη το 1975 δεν ήταν στη θέση του.*

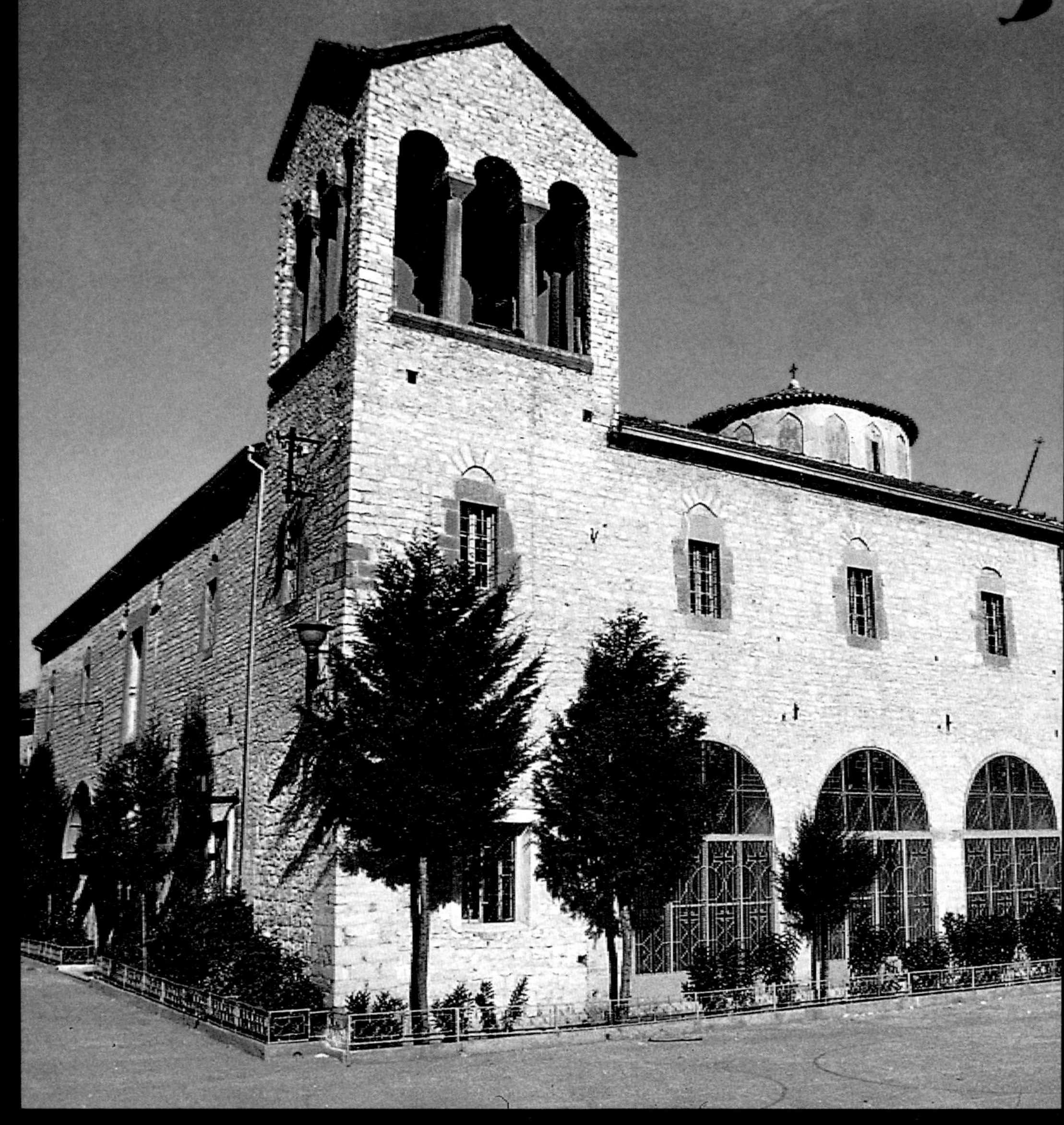

78. ΚΕΝΤΡΙΚΗ ΠΛΑΚΑ ΣΤΗΝ ΚΟΓΧΗ ΤΟΥ ΙΕΡΟΥ
Υλικό: ψαμμίτης
Διαστάσεις: ύψος 0,50 μ., πλάτος 0,90 μ.

Μέσα σε κοιλόκυρτο αψίδωμα εντάσσεται δικέφαλος αετός με μεγάλα εκφραστικά μάτια και φυλλώδες φτέρωμα, που περιβάλλεται από κομψά ανθοφόρα κλαδιά. Από το αριστερό, με το πυκνό πλατύ φύλλωμα, εκφύεται μια μαργαρίτα. Από το δεξί ξεπηδούν τρεις λεπτοί διαπλεκόμενοι μίσχοι με όμοιες μαργαρίτες. Εκατέρωθεν του πλαισίου αναγράφεται με καλοσχηματισμένα στοιχεία το έτος 1865. Κάτω, σε οριζόντια ζώνη: ΙΑΝΝΟΥΑΡΙΟΣ 15. Τα σαφή περιγράμματα με την ακρίβεια και τη χαριτωμένη ευλυγισία τους δίνουν ξέχωρη πνοή στο χαμηλό λιθανάγλυφο.

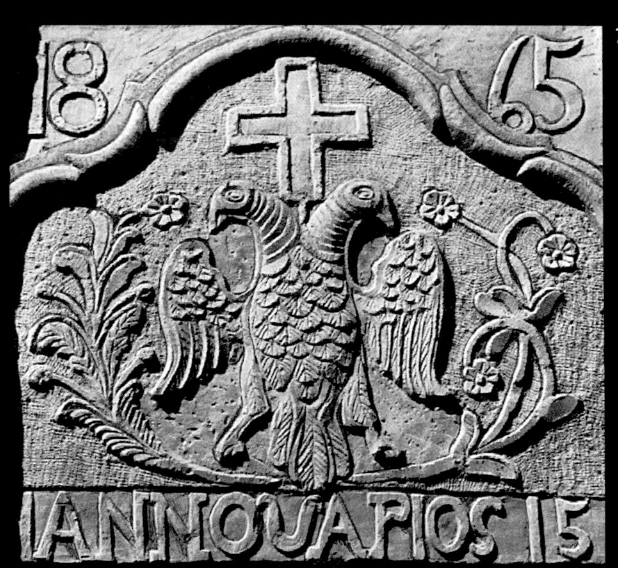

78

77. Ο ΝΑΟΣ ΤΗΣ ΠΑΝΑΓΙΑΣ ΕΠΙΣΚΕΨΗΣ, ΤΡΙΚΛΙΤΗ ΒΑΣΙΛΙΚΗ, 1863-1865

79 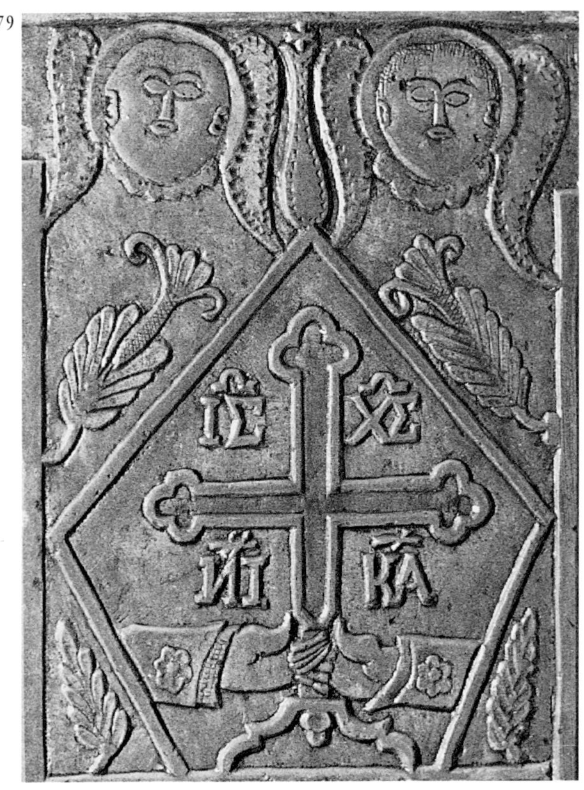

79. ΤΜΗΜΑ ΠΑΡΑΣΤΑΔΑΣ ΔΥΤΙΚΟΥ ΠΕΡΙΘΥΡΩΜΑΤΟΣ
Υλικό: μάρμαρο*
Διαστάσεις περιθυρώματος: ύψος 2,83 μ., πλάτος 2,38 μ. / παραστάδων: ύψος 1,79 μ., πλάτος 0,45 μ.

Μέσα σε ρομβοειδές πλαίσιο δύο χέρια συγκρατούν μεγάλο σταυρό με κεραίες που απολήγουν σε τρίλοβα. Τα μανίκια κοσμούν καλοσχηματισμένοι ρόδακες. Ανάμεσα στις κεραίες τα γράμματα ΙΣ ΧΣ/ΝΙ ΚΑ. Δύο μετωπικές μορφές αγγέλων με στρογγυλές κεφαλές προβάλλουν στο βάθος. Τα διάκενα κοσμούν κλάδοι φοινικιάς και δάφνης. Δεξιά η πλάκα διακοσμείται με συνεχή βλαστό με άνθη (τουλίπες, κρίνα, ρόδακες). Ένα μικρό πουλί ραμφίζει ένα τσαμπί σταφύλι.

**Μεταγενέστερο επίχρισμα σε γκρίζο χρώμα.*

80. ΠΛΑΚΕΣ ΕΝΤΟΙΧΙΣΜΕΝΕΣ ΣΤΗΝ ΚΟΓΧΗ ΤΟΥ ΙΕΡΟΥ
Υλικό: ψαμμίτης
Διαστάσεις: ύψος 0,50 μ., πλάτος 0,90 μ.

Μέσα σε αψιδωτό πλαίσιο ολόσωμη μετωπική μορφή αγγέλου με ιερατικά άμφια σε ανάλαφρο κυματισμό. Τα διάκενα γεμίζουν φυτικά κοσμήματα. Πάνω από τον κιονίσκο της κόγχης φυλλοειδής ταινία από το μέσο της οποίας βλαστaίνουν κλαδιά με πλατύφυλλα και ρόδακες. Από το δεξί τμήμα του φυλλώματος εκφύονται μικρά κυκλικά άνθη. Ακολουθεί παρόμοιο πλαίσιο με μετωπική μορφή του Παντοκράτορα. Φορά ιερατική ενδυμασία και έχει τα χέρια του μπροστά στο στήθος. Από τις γωνίες εκφύονται φυλλοειδή. Στο ημικιονόκρανο σκαλίζονται κεφαλές αγγέλων.

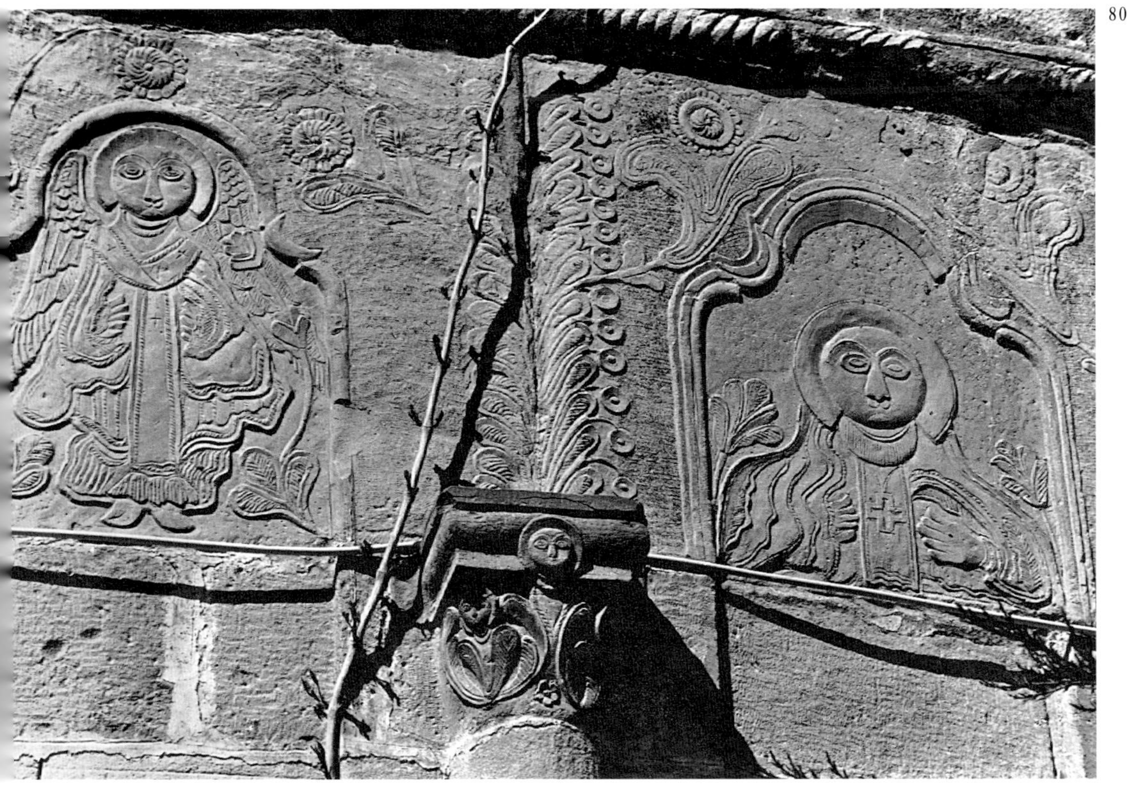
80

81

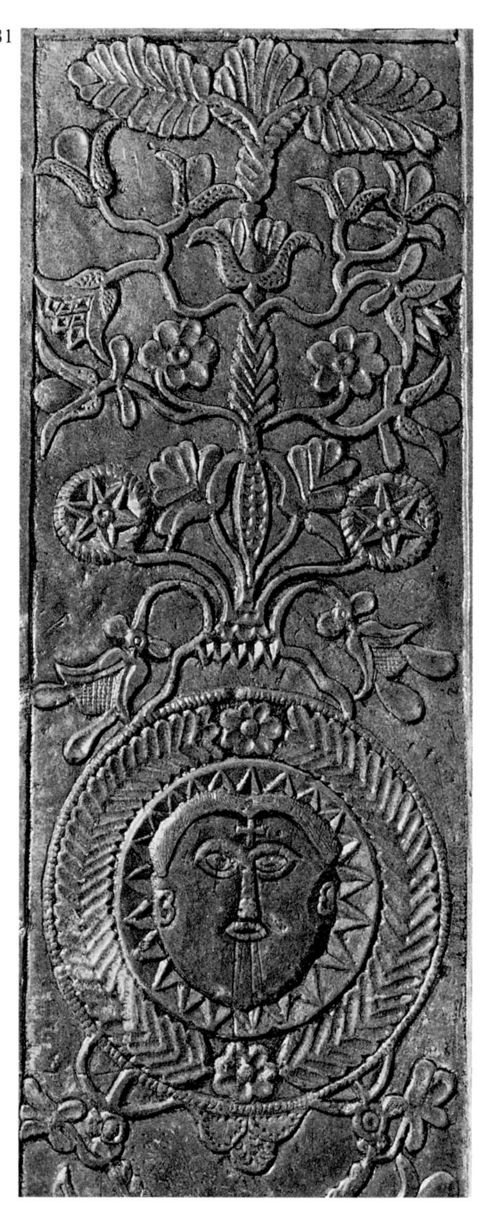

81. ΤΜΗΜΑ ΠΑΡΑΣΤΑΔΑΣ ΔΥΤΙΚΟΥ ΠΕΡΙΘΥΡΩΜΑΤΟΣ
Υλικό: μάρμαρο*
Διαστάσεις περιθυρώματος: ύψος 2,83 μ., πλάτος 2,38 μ. / παραστάδων: ύψος 1,79 μ., πλάτος 0,45 μ.

Σε κυκλικό πλαίσιο εκφραστικός ανθρωπόμορφος ήλιος με το σημείο του σταυρού στο μέτωπο. Τα χαρακτηριστικά του προσώπου αποδίδονται με σαφήνεια και λεπτομέρεια, αφήνοντας να διαγραφούν ευρύτατες παρειές. Στο πλάι σχηματίζονται τα αυτιά. Ολόγυρα περιγράφεται από φυλλώδες στεφάνι που διακόπτουν δύο ρόδακες. Πάνω του στηρίζεται περίτεχνος ανθοφόρος βλαστός απ' όπου εκφύονται με άνεση και ελευθερία μαργαρίτες, κρίνα, τουλίπες και φοινικόφυλλα.

**Μεταγενέστερο επίχρισμα σε γκρίζο χρώμα.*

82. ΤΜΗΜΑ ΗΜΙΚΙΟΝΙΣΚΟΥ ΣΤΗΝ ΚΟΓΧΗ ΤΟΥ ΙΕΡΟΥ
Υλικό: ψαμμίτης
Διαστάσεις: ύψος 0,24 μ., πλάτος 0,42 μ.

Αετός με φωτοστέφανο και ανοιχτές φτερούγες που απλώνονται στις παράπλευρες επιφάνειες. Το κεφάλι του είναι κομψά στραμμένο προς τα πίσω, ενώ η όλη κίνησή του εκφράζει άνεση και ελαφράδα. Φυλλοειδές φτέρωμα καλύπτει κορμό και φτερούγες. Η μακριά πλουμιστή ουρά προσθέτει ξεχωριστή χάρη στη μορφή.

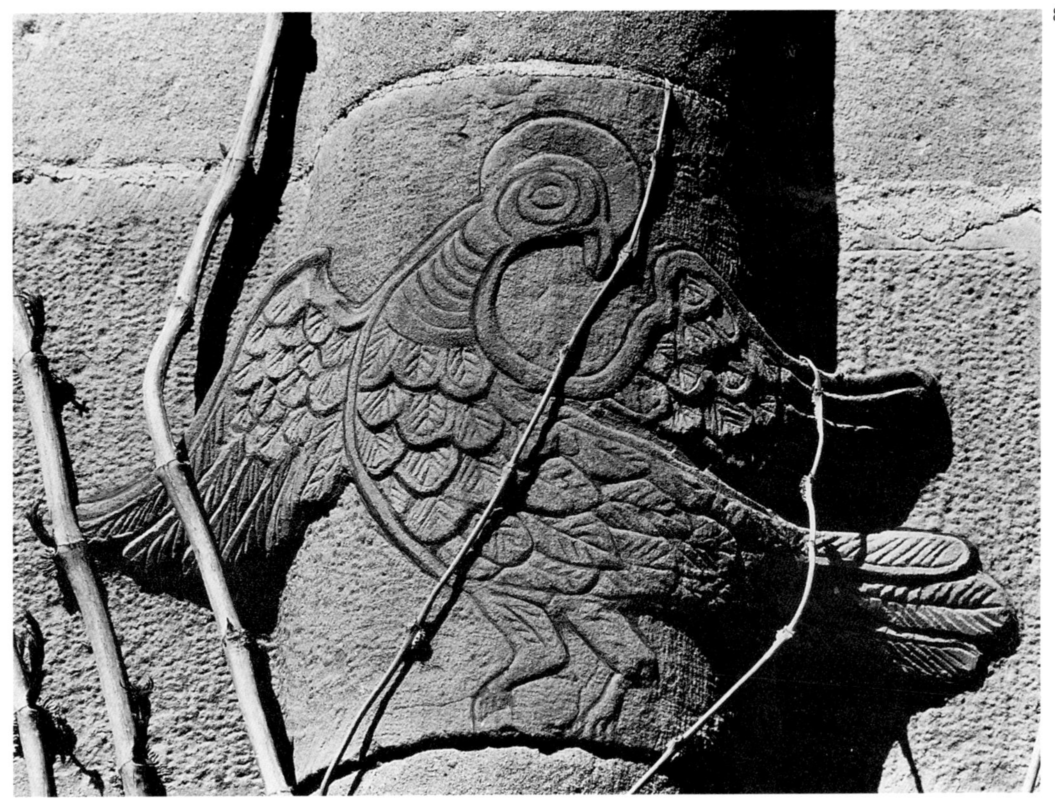
82

83

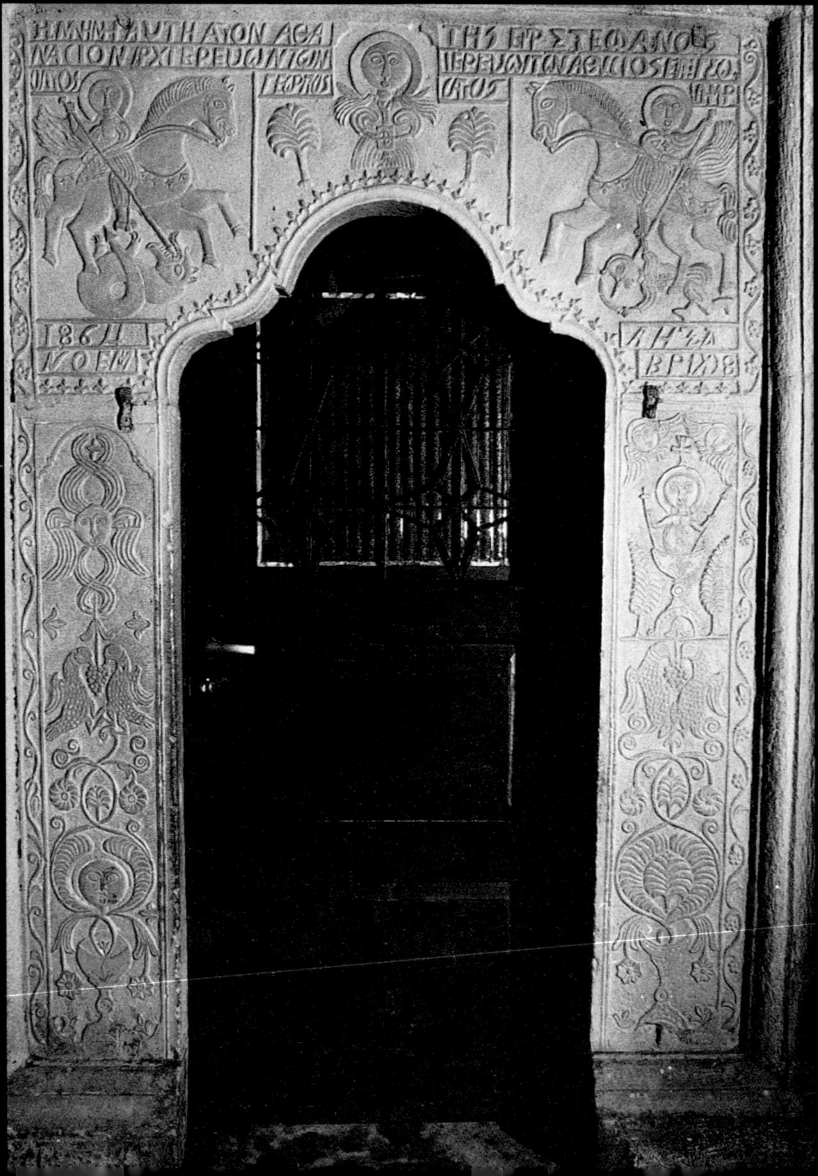

ΑΓΙΟΣ ΑΘΑΝΑΣΙΟΣ,
Μικρό Βουνό

83. ΝΟΤΙΟ ΠΕΡΙΘΥΡΩΜΑ

Υλικό: ασβεστόπετρα
Διαστάσεις: ύψος 2,12 μ., πλάτος 1,57 μ.

Περιθύρωμα με κοιλόκυρτο αψίδωμα. Στο κέντρο του υπερθύρου ο Παντοκράτορας σε μετωπική απόδοση. Στα ασύμμετρα μικρά χέρια του κρατά κλειστό ευαγγέλιο. Η μορφή πλαισιώνεται από δύο καλοσχηματισμένα φοινικόφυλλα. Αριστερά, παράσταση του αγίου Γεωργίου και δεξιά, παράσταση του αγίου Δημητρίου. Πάνω διαβάζουμε την επιγραφή, που διακόπτεται από τη μορφή του Παντοκράτορα: Η ΜΝΗΜΗ ΑΥΤΗ ΑΓΙΟΝ ΑΘΑ/ΝΑΣΙΟΝ ΑΡΧΙΕΡΕΥΩΝΤΩΝ/ΤΗΣ ΕΠ(;) ΣΤΕΦΑΝΟΣ/ΙΕΡΕΥΩΝΤΩΝ ΑΘ (ΑΝΑ)ΣΙΟΣ ΕΠ: ΓΕΩ/ (ΡΓΙΟΣ). Στη βάση του υπερθύρου: 1864 ΑΗΞΔ ΝΟΕΜΒΡΙΟΥ 18[1]. Οι παραστάδες διακοσμούνται με διαπλεκόμενους μίσχους που εκφύονται από περίτεχνα δοχεία και εμπλουτίζονται από χερουβείμ, πουλιά που ραμφίζουν σταφύλια και την παράσταση του Ιησού στο Άγιο Ποτήριο[2].

84

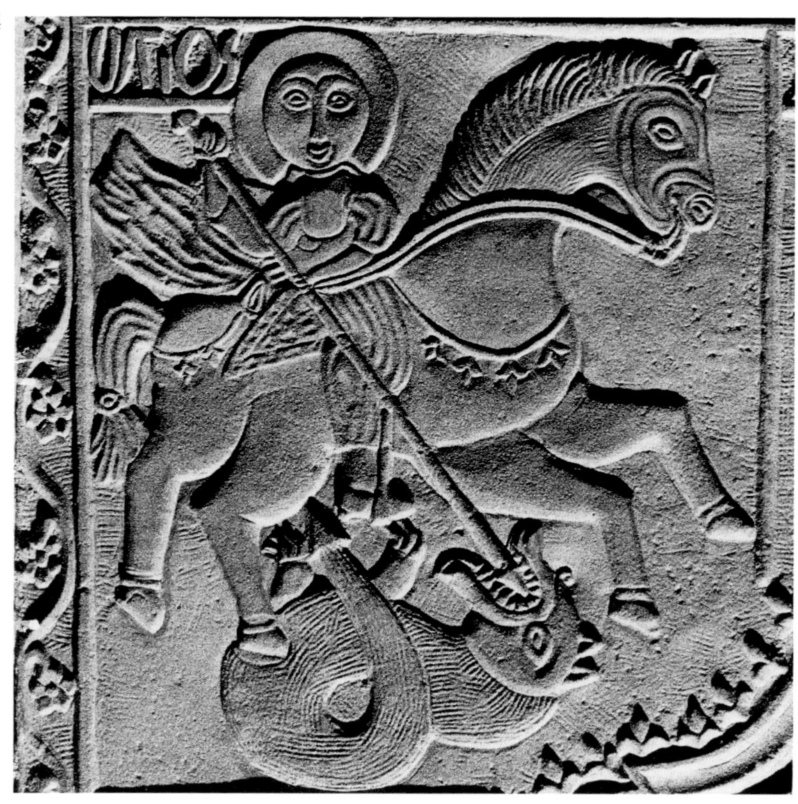

84. ΤΜΗΜΑ ΝΟΤΙΟΥ ΠΕΡΙΘΥΡΩΜΑΤΟΣ

Ο άγιος Γεώργιος έφιππος καλπάζει προς τα δεξιά λογχίζοντας τον κουλουριασμένο δράκοντα, που βρίσκεται πεσμένος κάτω από τα πόδια του αλόγου του. Το στρογγυλό πρόσωπο του αγίου φωτίζει πλατύ φωτοστέφανο. Τα χαρακτηριστικά του είναι σαφή και εκφραστικά: αμυγδαλωτά μάτια, τοξωτά φρύδια, μακριά μύτη, μικρό γελαστό στόμα. Φορά στρατιωτική ενδυμασία και το αναπετάρι του ανεμίζει πολύπτυχο στο πλάι. Το άλογο καλπάζει σχεδόν πετώντας – ο πίσω κορμός με τα πόδια είναι δυσανάλογα κοντός σε σχέση με το υπόλοιπο σώμα και την κίνησή του. Το πίσω πόδι πατά την κοιλιά του δράκοντα. Η χαίτη του προσεγμένη και η ουρά του δεμένη κόμπο. Τα χάμουρα διακοσμούνται με κρινάκια.

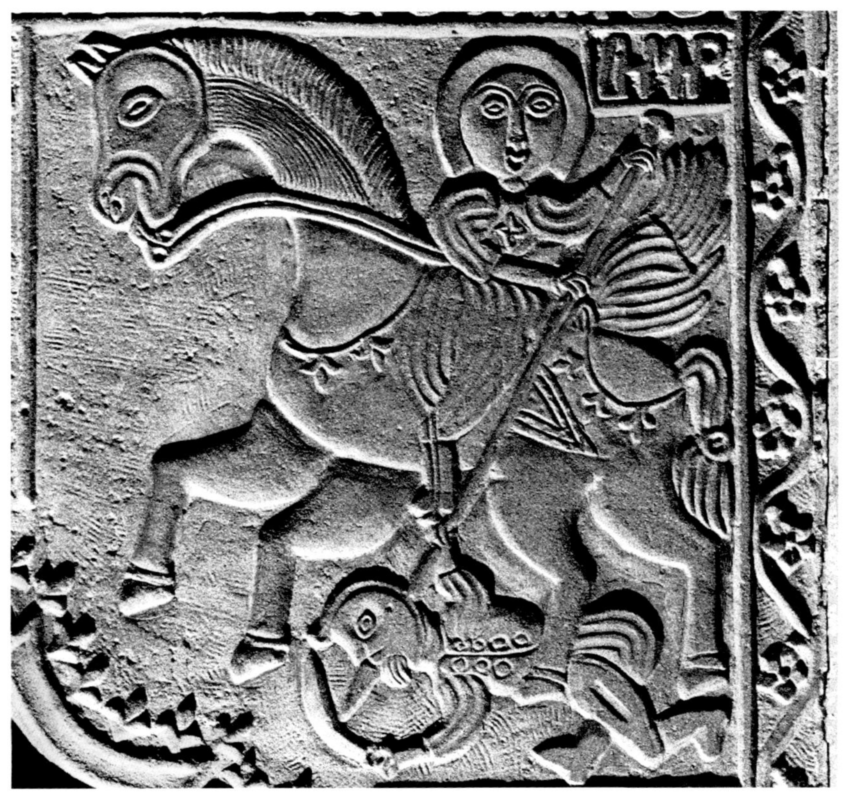

85

85.ΤΜΗΜΑ ΝΟΤΙΟΥ ΠΕΡΙΘΥΡΩΜΑΤΟΣ

Ο άγιος Δημήτριος έφιππος καλπάζει προς τα αριστερά, διαπερνώντας με τη λόγχη του το στρατιώτη που βρίσκεται πεσμένος κρατώντας το σπαθί του κάτω από τα πόδια του αλόγου. Η παράσταση παρουσιάζει αρκετά κοινά στοιχεία με τη σκηνή του αγίου Γεωργίου. Το πρόσωπο του αγίου φωτίζει πλατύ φωτοστέφανο. Τα χαρακτηριστικά του προσώπου και η κίνηση των μορφών πανομοιότυπες. Το άλογο καλπάζει δυναμικά και το πίσω πόδι πατά το σώμα του πεσμένου άνδρα που θυμίζει έντονα φιγούρα του θεάτρου σκιών. Η χαίτη του καλοχτενισμένη και η ουρά του ομοίως δεμένη κόμπο. Τα χάμουρα διακοσμούνται με κρινάκια.

1. *Η χρονολογία 1864 έχει μεταγραφεί λάθος κατά το βυζαντινό τρόπο. Ο πελεκάνος σκάλισε ΑΗΞΔ αντί ΑΩΞΔ, τοποθετώντας το 8 των μονάδων αντί για το 8 των εκατοντάδων.*
2. *Τα λιθόγλυπτα περιθυρώματα του ναού επιχρίστηκαν με ώχρα σε μεταγενέστερη φάση.*

86

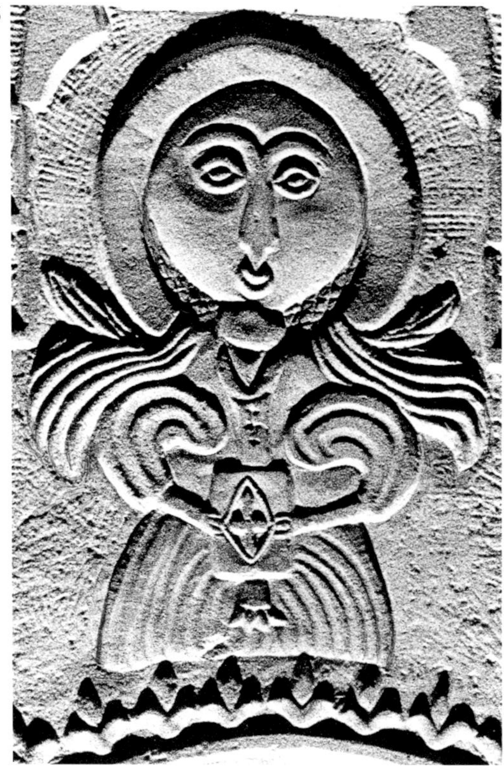

86. ΤΜΗΜΑ ΥΠΕΡΘΥΡΟΥ ΝΟΤΙΟΥ ΠΕΡΙΘΥΡΩΜΑΤΟΣ

Μορφή του Παντοκράτορα σε μετωπική απόδοση. Το στρογγυλό πρόσωπο με τα καλογραμμένα χαρακτηριστικά περιγράφεται από πλατύ φωτοστέφανο. Η μακριά γενειάδα του διακρίνεται σε δύο μέρη. Στα ασύμμετρα μικρά χέρια του κρατά κλειστό ευαγγέλιο.

87

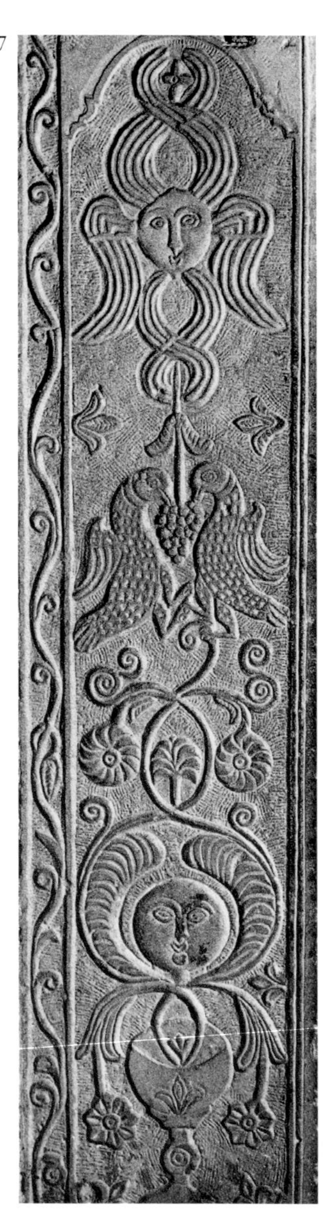

88

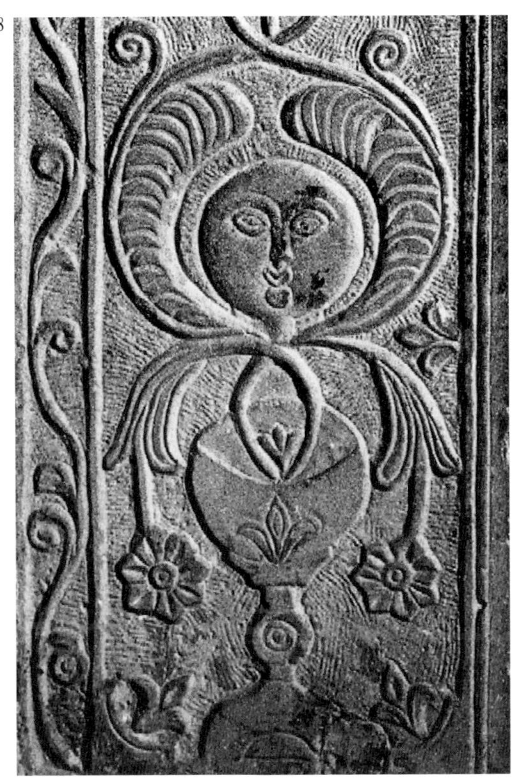

89

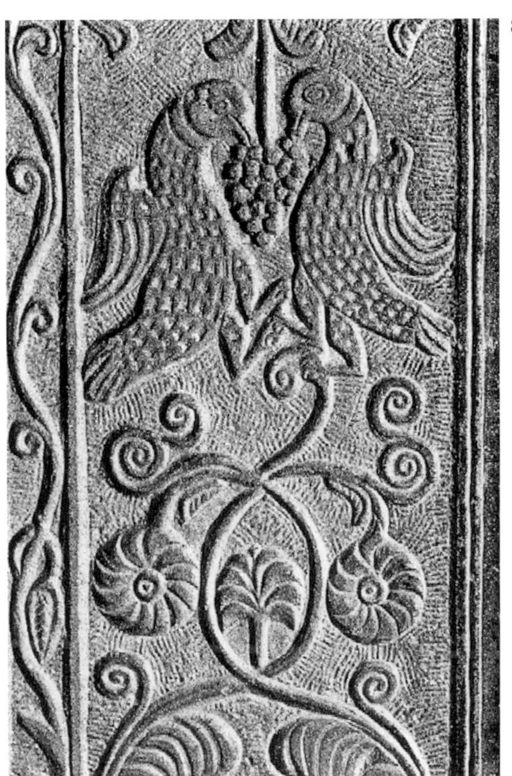

87-89. ΑΡΙΣΤΕΡΗ ΠΑΡΑΣΤΑΔΑ ΝΟΤΙΟΥ ΠΕΡΙΘΥΡΩΜΑΤΟΣ

Στη βάση της παραστάδας ποτήριο με μεγάλη βάση και ψηλό πόδιο διακοσμημένο εξωτερικά με ένα κρίνο. Από το ποτήριο εκφύονται διαπλεκόμενοι μίσχοι σχηματίζοντας άνθινο πλαίσιο που εγκλείει χερουβείμ με ολοστρόγγυλο καλοσχηματισμένο πρόσωπο. Ο πελεκάνος προσπαθεί να δώσει όγκο στη μορφή λαξεύοντας κάτω από το μικρό στόμα ένα κυκλικό πηγούνι. Τα φυλλόσχημα φτερά ταιριάζουν με το φυτικό χαρακτήρα της σύνθεσης. Άνθη σε ευλύγιστους μίσχους πέφτουν με συμμετρία στο πλάι. Δύο αντικριστά πουλιά – το ένα ακροπατά στους έλικες του πλοχμού – με επιμελημένο φτέρωμα ραμφίζουν ένα τσαμπί με σταφύλια που συγκρατεί στις φτερούγες του το εξαπτέρυγο στην κορυφή της σύνθεσης. Τα διάκενα κοσμούν κρίνοι. Συνεχής βλαστός με έλικες πλαισιώνει το αριστερό όριο της παραστάδας. Στο άνω όριο αψιδωτή διαμόρφωση. Η επιφάνεια της πλάκας διαμορφώνεται με οδοντωτό εργαλείο (χτένι).

90

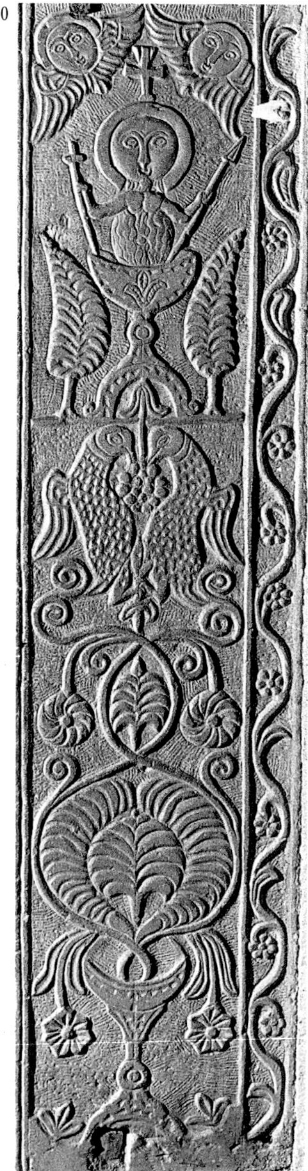

90-93. ΔΕΞΙΑ ΠΑΡΑΣΤΑΔΑ ΝΟΤΙΟΥ ΠΕΡΙΘΥΡΩΜΑΤΟΣ

Τα μορφικά στοιχεία της σύνθεσης αναπτύσσονται κατά τον κάθετο άξονα. Στη βάση της παραστάδας περίτεχνο ποτήριο με μεγάλη βάση και ψηλό πόδιο απ' όπου εκφύονται διαπλεκόμενοι μίσχοι σχηματίζοντας άνθινα πλαίσια. Μέσα σε αυτά εγκλείονται μικρά και μεγάλα φοινικόφυλλα. Άνθη με συστρεφόμενα πέταλα και

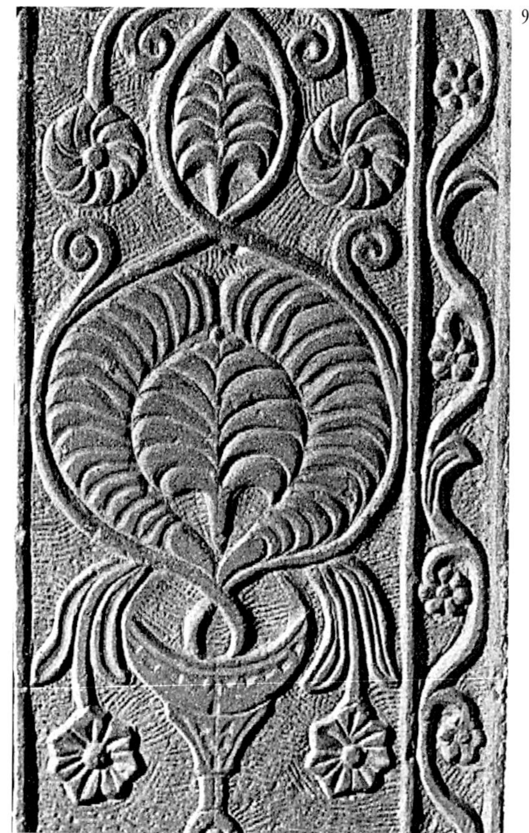

91

μαργαρίτες κρέμονται στο πλάι. Δύο αντικριστά πουλιά με επιμελημένο φτέρωμα ραμφίζουν ένα τσαμπί με σταφύλια. Πάνω από τα πουλιά, πλαισιωμένη από δύο κυπαρίσσια, η παράσταση του Ιησού στο Άγιο Ποτήριο. Στα χέρια του κρατά σκήπτρο με σταυρό και λόγχη. Πάνω από την κεφαλή του Ιησού σταυρός και στις γωνίες δύο χερουβείμ. Συνεχής βλαστός με μαργαρίτες κοσμεί το δεξιό όριο της παραστάδας.

92

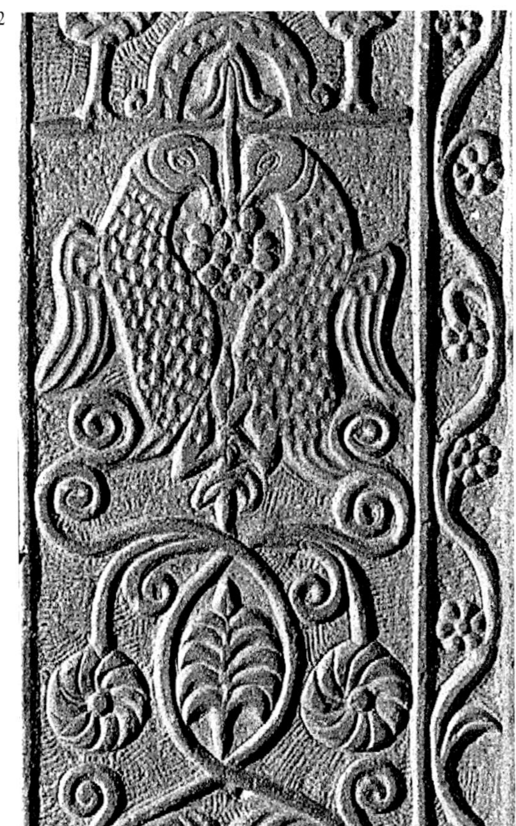

93

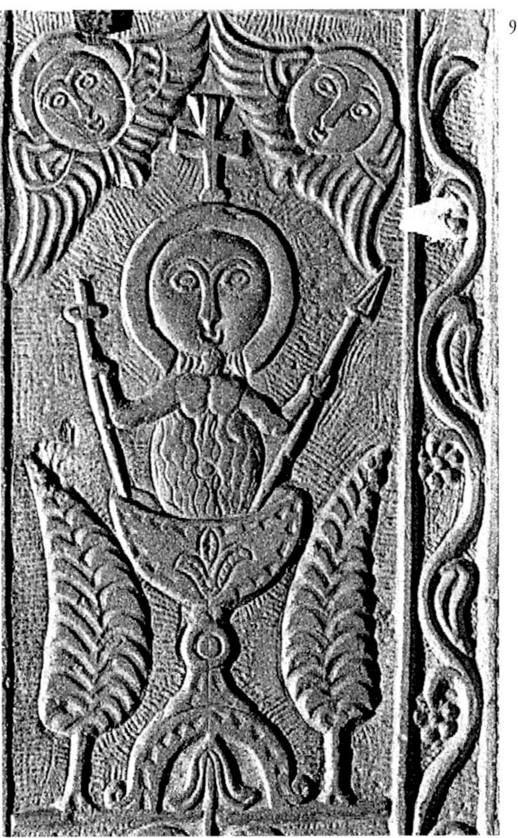

94. ΥΠΕΡΘΥΡΟ ΔΥΤΙΚΟΥ ΠΕΡΙΘΥΡΩΜΑΤΟΣ

Στο κέντρο του υπερθύρου ισοσκελής σταυρός με κεραίες που απολήγουν σε τρίλοβα. Από τη βάση του αναπτύσσονται φυλλοειδή. Μικρότερα φυλλοειδή ακολουθούν το περίγραμμα του τόξου. Δύο χερουβείμ προστατεύουν εκατέρωθεν το σταυρό. Το κεντρικό θέμα πλαισιώνουν ενταγμένα σε ορθογώνια πλαίσια ανθοφόρα δοχεία. Αριστερά, από ψηλό ποτήριο εκφύονται μικρές και μεγάλες μαργαρίτες με ευλύγιστους μίσχους και ελικωτά φύλλα. Δεξιά, από ομορφοδουλεμένο δοχείο με δύο λαβές εκφύονται φοινικόφυλλο και μαργαρίτες με ευλύγιστους μακρείς μίσχους και ελικωτά φύλλα. Συνεχής βλαστός με μαργαρίτες καθορίζει τα εξωτερικά όρια του θυρώματος.

95. ΔΥΤΙΚΟ ΠΕΡΙΘΥΡΩΜΑ
Υλικό: ασβεστόπετρα
Διαστάσεις: ύψος 1,96 μ., πλάτος 1,14 μ.

Υπέρθυρο με κοιλόκυρτο τόξο. Στο κέντρο ισοσκελής σταυρός προστατεύεται από δύο χερουβείμ και πλαισιώνεται από ανθοφόρα δοχεία ενταγμένα σε ορθογώνια πλαίσια. Πάνω από το σταυρό, στο γείσωμα του υπερθύρου, κεφαλήπροσωπείο. Οι παραστάδες διακοσμούνται με διαπλεκόμενους μίσχους που εκφύονται από τα στόματα δρακόντων και περικλείουν τουλίπες, μαργαρίτες, φοινικόφυλλα, πουλιά, σταυρούς και δικέφαλο αετό. Συνεχής βλαστός με μαργαρίτες καθορίζει τα εξωτερικά όρια του θυρώματος.

94
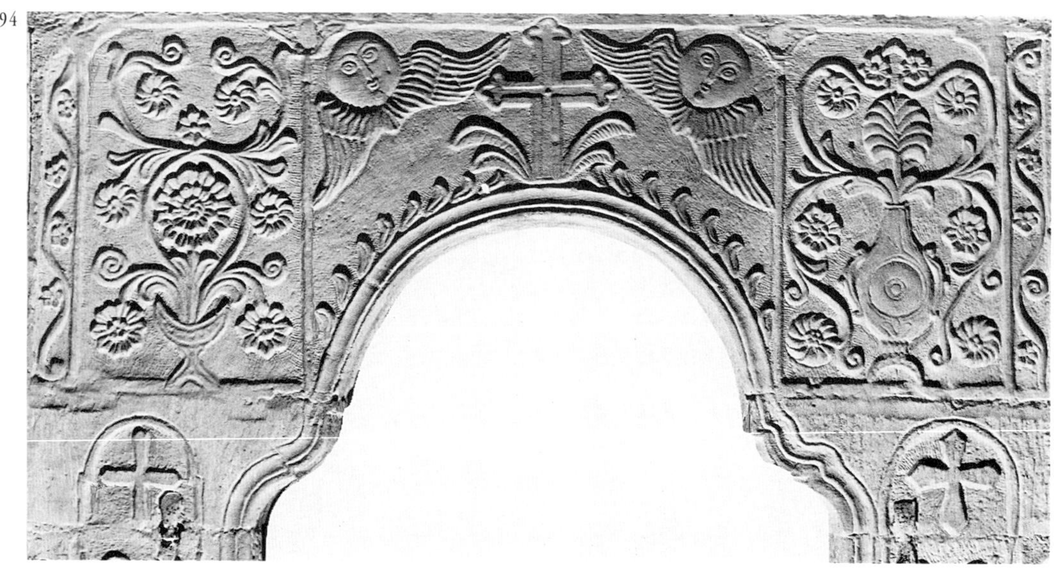

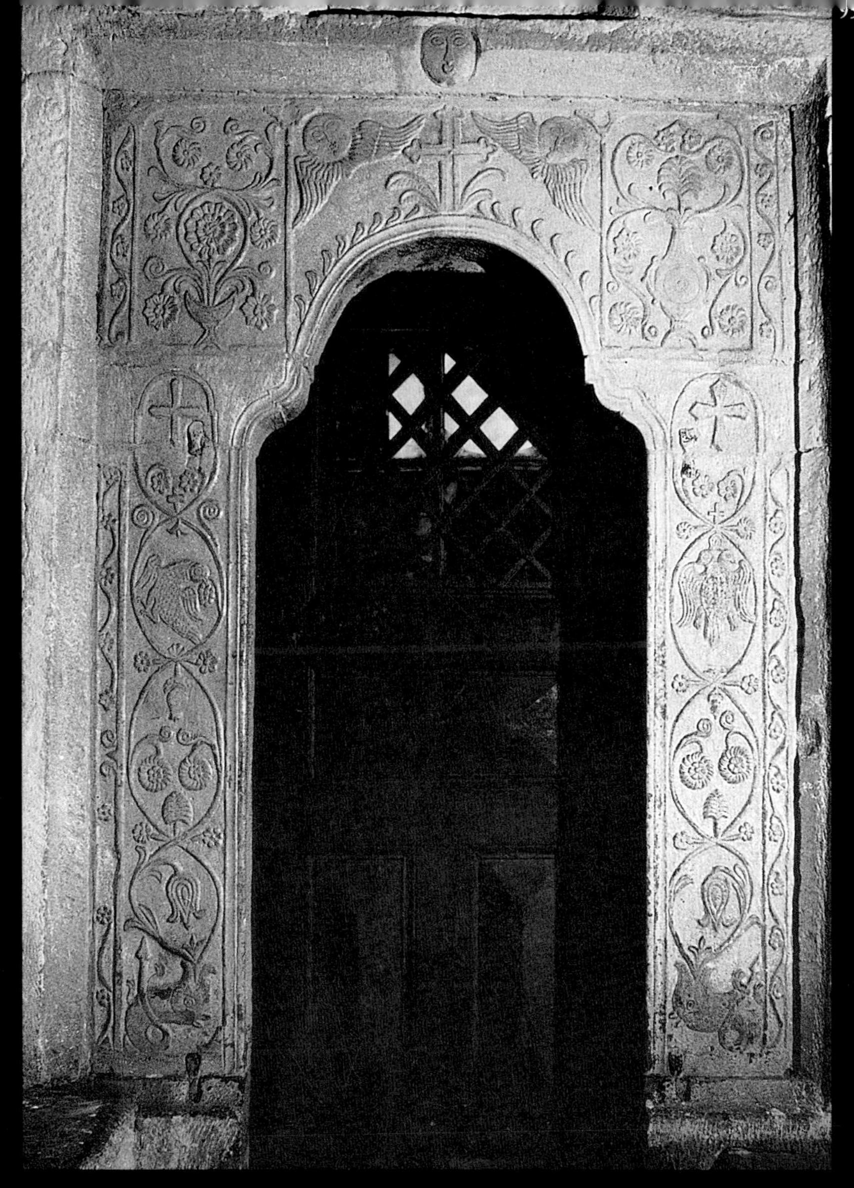

96 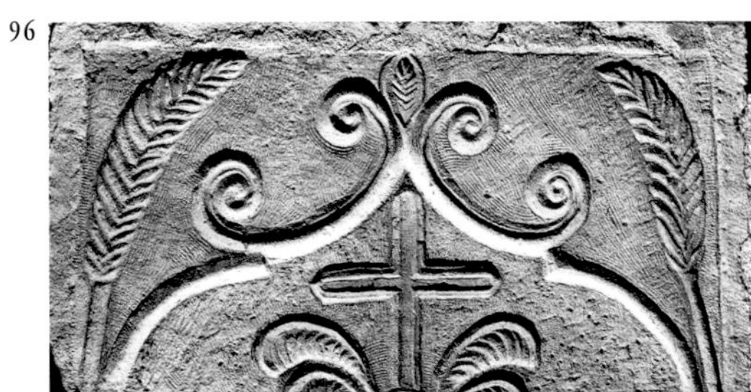

97 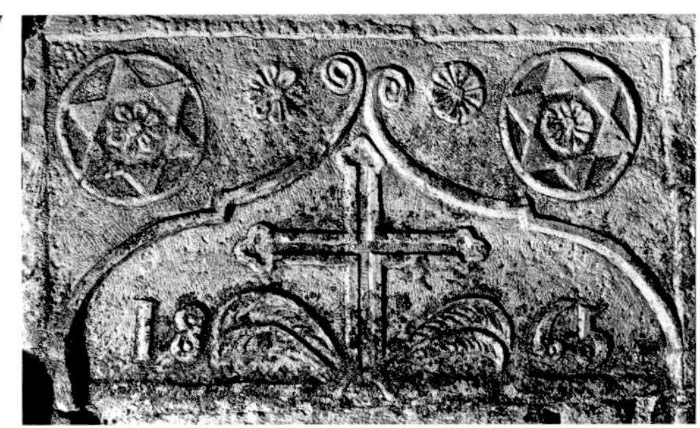

96. ΠΛΑΚΑ ΕΝΤΟΙΧΙΣΜΕΝΗ ΣΤΗΝ ΚΟΓΧΗ ΤΟΥ ΙΕΡΟΥ
Υλικό: ασβεστόπετρα
Διαστάσεις: ύψος 0,38 μ., πλάτος 0,65 μ.

Μέσα σε τοξωτό πλαίσιο από ελικωτά φύλλα εντάσσεται ισοσκελής σταυρός που στηρίζεται σε βάση από πλατιά φυλλοειδή. Οι νευρώσεις των φύλλων σχηματίζονται με καμπυλωτές αυλακώσεις. Την ένωση των ελίκων που σχηματίζουν το τόξο κοσμεί φύλλο. Τις γωνίες στα διάκενα της ορθογώνιας πλάκας στολίζουν μεγάλα γερτά κυπαρίσσια. Το βάθος της πλάκας, εκτός πλαισίου, διαμορφώνεται με οδοντωτό εργαλείο (χτένι).

97. ΠΛΑΚΑ ΕΝΤΟΙΧΙΣΜΕΝΗ ΣΤΗΝ ΚΟΓΧΗ ΤΟΥ ΙΕΡΟΥ
Υλικό: ασβεστόπετρα
Διαστάσεις: ύψος 0,38 μ., πλάτος 0,68 μ.

Σε τοξωτό πλαίσιο με ελικωτή απόληξη εντάσσεται ισοσκελής σταυρός με τρίλοβες κεραίες που στηρίζεται σε βάση από φυλλοειδή. Εκατέρωθεν του σταυρού η χρονολογία 1865. Τα διάκενα της ορθογώνιας πλάκας εκτός του πλαισίου κοσμούν αστερόσχημοι ρόδακες σε κύκλους και μικρότεροι απλοί ρόδακες.

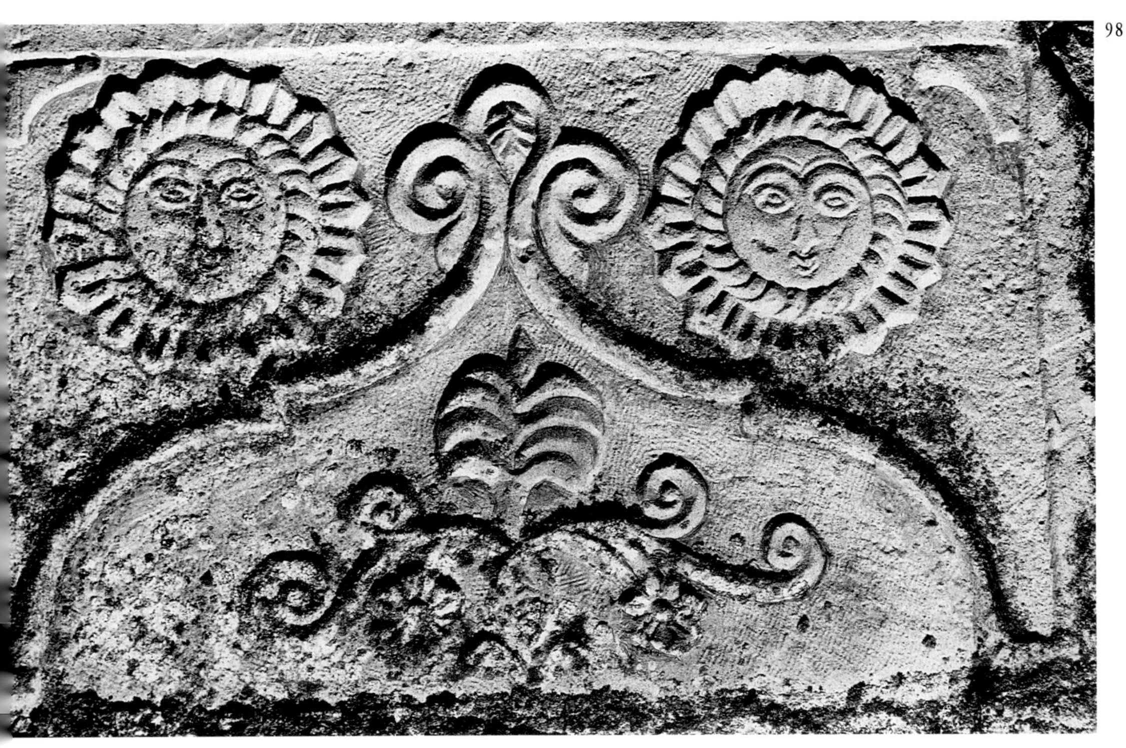

98

98. ΠΛΑΚΑ ΕΝΤΟΙΧΙΣΜΕΝΗ ΣΤΗΝ ΚΟΓΧΗ ΤΟΥ ΙΕΡΟΥ
Υλικό: ασβεστόπετρα
Διαστάσεις: ύψος 0,38 μ., πλάτος 0,70 μ.

Σε τοξωτό πλαίσιο εντάσσεται άνθινη σύνθεση με μαργαρίτες και ελικωτούς βλαστούς απ' όπου εκφύεται μεγάλο φοινικόφυλλο. Εκτός του πλαισίου δύο προσωποποιημένοι ηλιακοί δίσκοι. Καλοσχηματισμένα μάτια με έντονα τοξωτά φρύδια, κομψή μύτη και μικρό ημικυκλικό στόμα συνθέτουν πρόσωπα γεμάτα συμπάθεια. Οι ακτίνες του δίσκου θυμίζουν ανθοπέταλα.

99

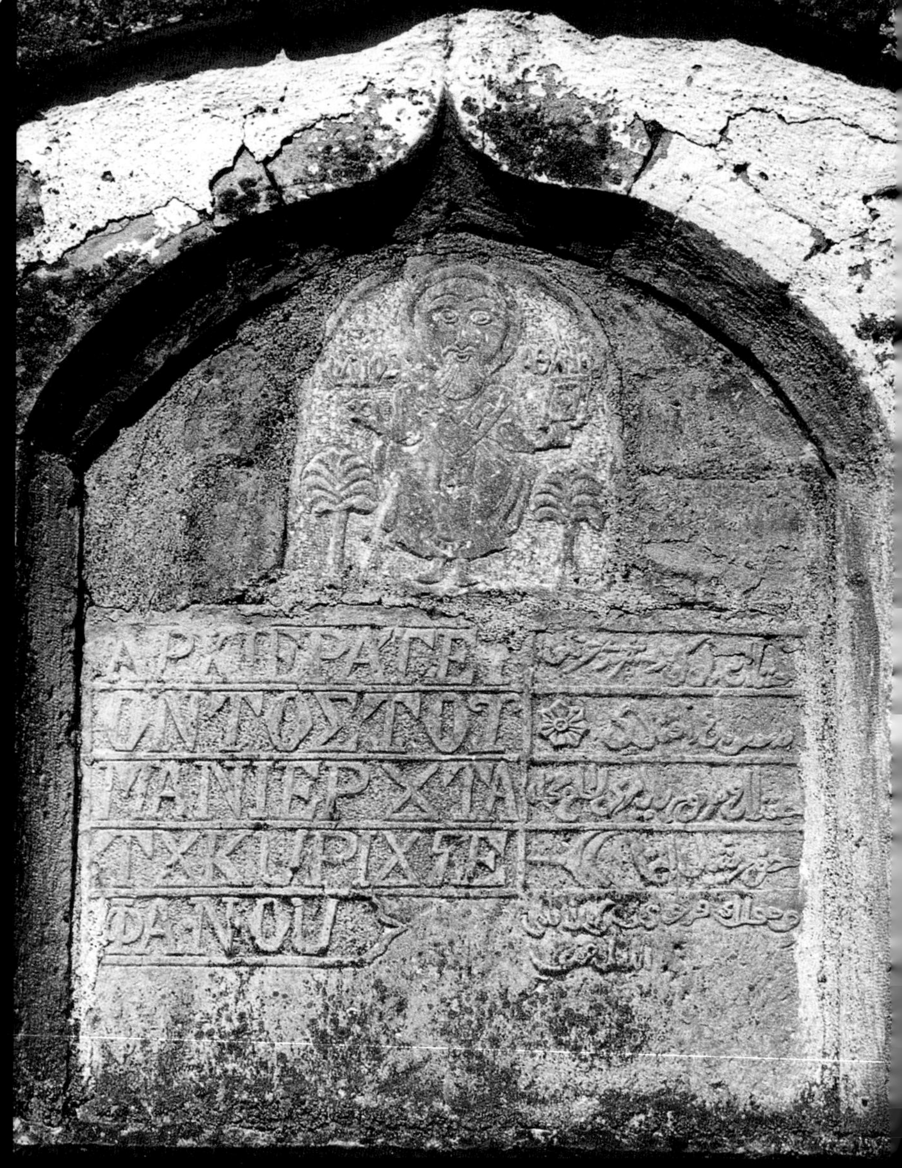

ΑΓΙΟΣ ΑΘΑΝΑΣΙΟΣ,
Ψυχικό Λάρισας

99. ΠΛΑΚΑ ΚΑΙ ΕΠΙΓΡΑΦΗ ΕΝΤΟΙΧΙΣΜΕΝΕΣ ΠΑΝΩ ΑΠΟ ΤΟ ΑΝΑΤΟΛΙΚΟ ΠΕΡΙΘΥΡΩΜΑ ΣΤΟ ΚΑΜΠΑΝΑΡΙΟ ΤΟΥ ΝΑΟΥ
Υλικό: μάρμαρο (πλάκα), ψαμμίτης (επιγραφή)
Διαστάσεις πλάκας: ύψος 0,38 μ., πλάτος 0,28 μ. / επιγραφής: ύψος 0,98 μ., πλάτος 0,82 μ.

Πλάκα με παράσταση του αγίου Αθανασίου, ενταγμένη σε τυφλό οξυκόρυφο τόξο. Ο άγιος αποδίδεται ολόσωμος σε στάση μετωπική ευλογώντας με το ένα χέρι ενώ στο άλλο κρατά ευαγγέλιο. Η μορφή πλαισιώνεται από δύο φοινικόφυλλα. Εκατέρωθεν της κεφαλής: Ο ΑΓΙΟΣ ΑΘΑΝ(ΑΣΙΟΣ). Κάτω από το ανάγλυφο θέμα, σε απλό πλαίσιο η επιγραφή: ΑΡΧΙΕΡΑΤΕΥΟΝΤΟΣ ΤΟΥ ΠΑΝΙΕΡΟΥΤΑΤΟΥ ΚΥΡΙΟΥ ΣΤΕΦΑΝΟΥ. Στο δεξιό τμήμα παλαιοτουρκική επιγραφή που μεταφράζεται ως εξής: «Εδώ βρίσκεται ο τάφος του Χουρσίτ Αγά που στη ζωή του ωφέλησε πολύ τους φτωχούς και υπηρέτησε την ισλαμική θρησκεία. Ο θεός ας αναπαύσει την ψυχή του.»

100

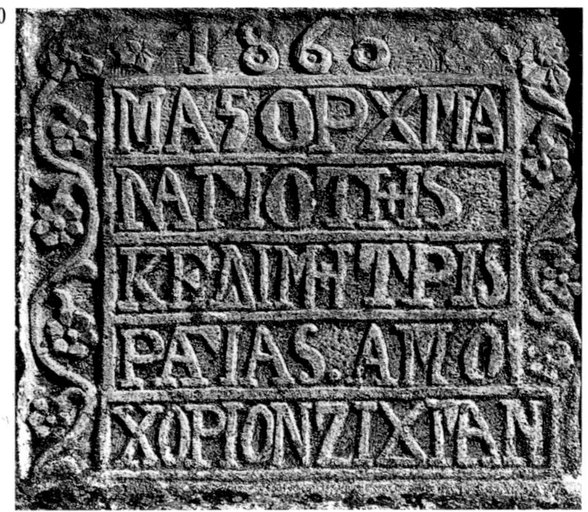

100. ΕΠΙΓΡΑΦΗ ΕΝΤΟΙΧΙΣΜΕΝΗ ΣΤΟ ΚΑΜΠΑΝΑΡΙΟ ΤΟΥ ΝΑΟΥ
Υλικό: ψαμμίτης

Στο μέσο της ορθογώνιας πλάκας αναγράφεται το έτος 1865 και ακολουθεί σε πλαίσιο οριοθετημένο με σειρές η επιγραφή με τα ονόματα των αρχικτιστάδων: ΜΑΣΤΟΡΟΥ ΠΑ/ΝΑΓΙΟΤΗΣ/ΚΕ ΔΙΜΗΤΡΙΣ/ΡΑΓΙΑΣ. ΑΠΟ/ΧΟΡΙΟΝ ΖΙΟΥΠΑΝ(Ι). Τα επιγραφικά στοιχεία είναι γραμμένα με καλοκαμωμένα εξώγλυφα γράμματα απ' όπου δεν απουσιάζουν τα ορθογραφικά λάθη. Στις δύο κάθετες πλευρές συνεχής βλαστός με μαργαρίτες.

101. ΚΕΝΤΡΙΚΟ ΤΜΗΜΑ ΥΠΕΡΘΥΡΟΥ ΑΝΑΤΟΛΙΚΟΥ ΠΕΡΙΘΥΡΩΜΑΤΟΣ ΣΤΟ ΚΑΜΠΑΝΑΡΙΟ ΤΟΥ ΝΑΟΥ
Υλικό: ψαμμίτης
Διαστάσεις περιθυρώματος: ύψος 2,10 μ., πλάτος 1,37 μ.

Ο Ιησούς, σε στάση μετωπική, με μακρύ πτυχωτό χιτώνα προβάλλει μέσα από το Άγιο Ποτήριο. Το στρογγυλό πρόσωπό του επιμηκύνεται για να σχηματίσει το πηγούνι. Το φωτοστέφανο φαρδύ αγκαλιάζει το πρόσωπο με τα εκφραστικά, παρόλες τις φθορές, χαρακτηριστικά: μεγάλα αμυγδαλωτά μάτια, φρύδια τοξωτά, έντονα που ενώνονται με την ίσια μύτη, μικρό χαμογελαστό στόμα. Ο Ιησούς ευλογεί αγγίζοντας τις κεφαλές των δύο αγγελικών μορφών – η μορφή αριστερά δεν έχει φτερά – που τον πλαισιώνουν κρατώντας ευλαβικά το Άγιο Ποτήριο. Τα μικρά στρογγυλά κεφάλια τους περιγράφονται με φωτοστέφανα και στηρίζονται σε έναν άτεχνο χοντρό λαιμό. Η στάση των μορφών, με την ελαφρά στροφή του σώματος, δυσκολεύει τον πελεκάνο με αποτέλεσμα τα δυσανάλογα και «άβολα» χέρια. Από τη μέση και κάτω οι χιτώνες σχηματίζουν πυκνές κινημένες πτυχώσεις. Πάνω, δύο σεραφείμ συμπληρώνουν την παράσταση. Χαμηλό λιθανάγλυφο.
Ο πελεκάνος εμπνέεται από την εκκλησιαστική εικονογραφία, όμως επεξεργάζεται το θέμα με την απλοϊκότητα και αφέλεια της παραδοσιακής λιθογλυπτικής.

101

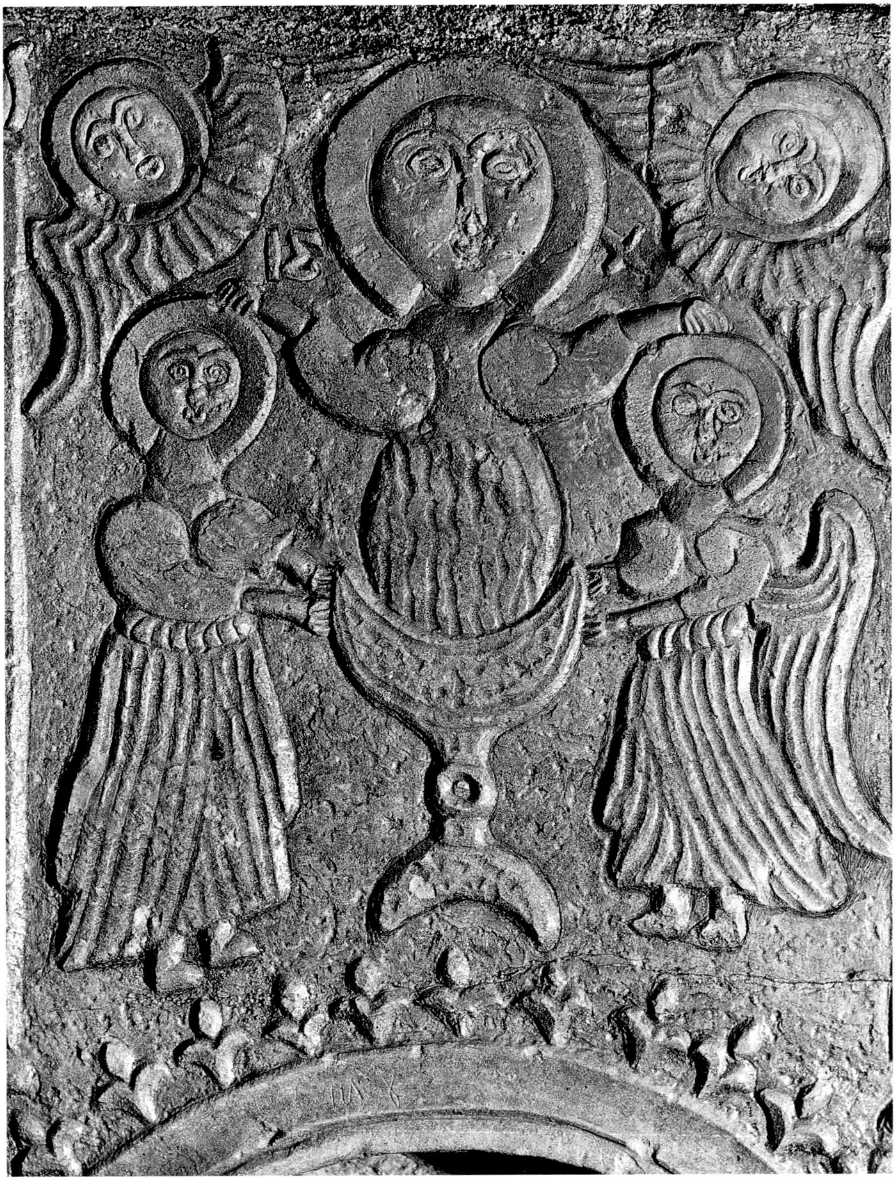

102

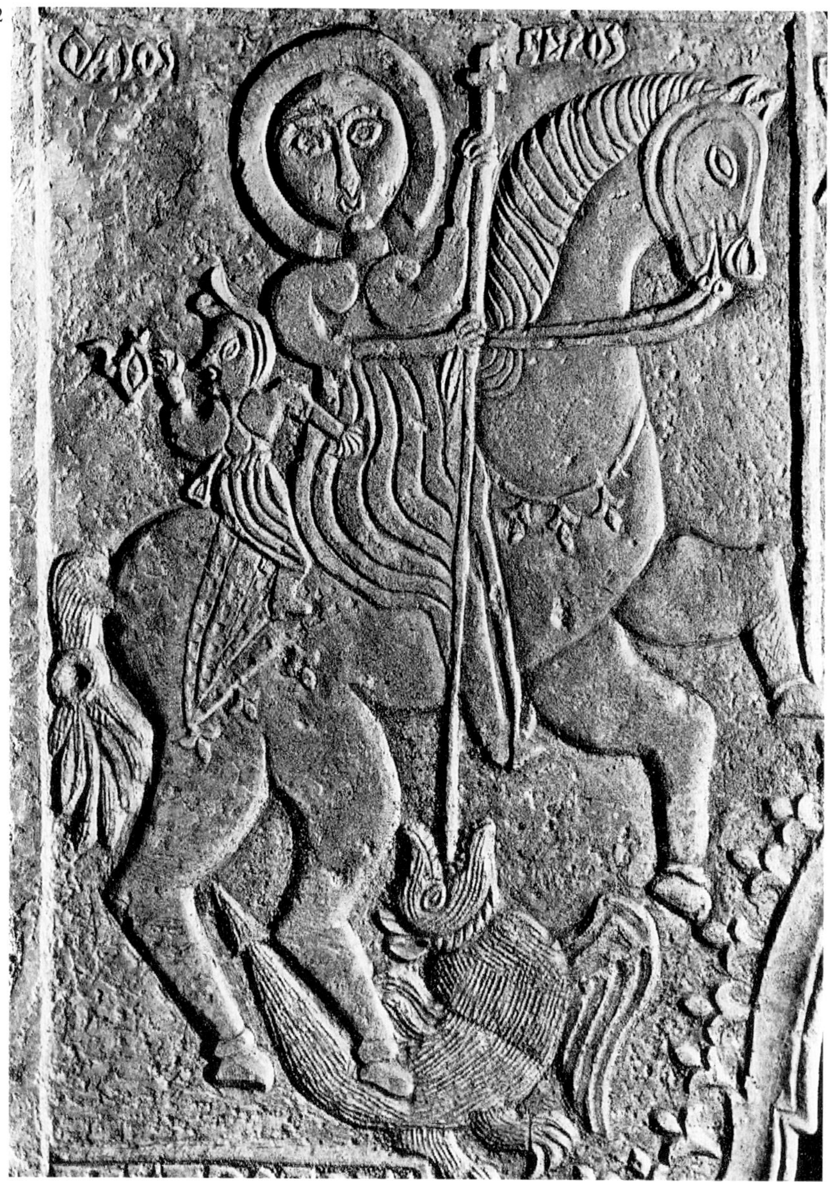

103
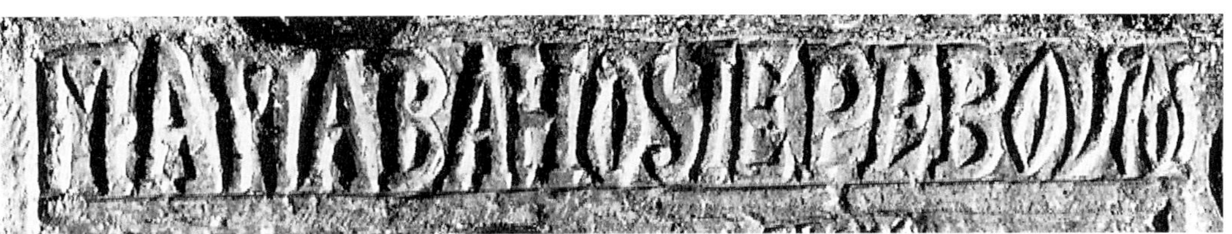

104
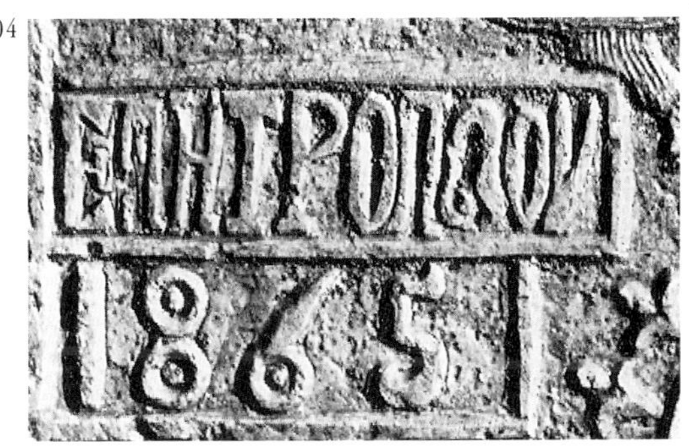

102-104. ΤΜΗΜΑ (ΑΡΙΣΤΕΡΟ) ΥΠΕΡΘΥΡΟΥ ΑΝΑΤΟΛΙΚΟΥ ΠΕΡΙΘΥΡΩΜΑΤΟΣ ΣΤΟ ΚΑΜΠΑΝΑΡΙΟ ΤΟΥ ΝΑΟΥ
Υλικό: ψαμμίτης
Διαστάσεις περιθυρώματος: ύψος 2,10 μ., πλάτος 1,37 μ.

Παράσταση του αγίου Γεωργίου. Επιγράφεται με συντμημένη γραφή: Ο ΑΓΙΟΣ ΓΕ(Ω)Ρ(ΓΙ)ΟΣ. Ο άγιος με στρογγυλό καλογραμμένο πρόσωπο που περιγράφεται από φωτοστέφανο ιππεύει προς τα δεξιά. Τα μάτια του, αμυγδαλωτά, κοιτάζουν το θεατή. Τα μικρά τοξωτά φρύδια προεκτείνονται σε μια κομψή και μακριά μύτη. Το στόμα μικρό και ημικυκλικό. Με το δεξί χέρι κρατά τα χαλινάρια του αλόγου, ενώ με το αριστερό λογχίζει το δράκοντα. Το ένδυμά του σχηματίζει απλές πτυχώσεις καταλήγοντας στο ύψος του γονάτου. Εντυπωσιακή η μορφή του αλόγου κερδίζει αμέσως το ενδιαφέρον του θεατή με το γεροδεμένο κορμό, τα στιβαρά πόδια και την περήφανη κεφαλή με την καλοσχηματισμένη χαίτη. Η θυσανωτή ουρά είναι δεμένη κόμπο και τα χάμουρα διακοσμούνται με κρίνα που επαναλαμβάνονται και στο τελείωμα του στρωσιδιού όπου κάθεται νεαρό αγόρι. Η μορφή φορά φαρδιά βράκα και ένα περίεργο κάλυμμα κεφαλής με λοφίο. Το αριστερό χέρι της ακουμπά στο σώμα του αγίου, ενώ στο άλλο κρατά δοχείο με μακριά προχοή. Το πίσω πόδι του αλόγου πατά την ουρά του δράκοντα που δέχεται το θανάσιμο χτύπημα του αγίου. Το σώμα του φτερωτού δράκοντα αποδίδεται με πολλαπλές πυκνές χαράξεις. Διαβάζουμε τμήμα επιγραφής στην άνω πλευρά του υπερθύρου: ΠΑΠΑΒΑΗΟΣ ΙΕΡΕΒΟΝΤΟΣ. Κάτω από τα πίσω πόδια του αλόγου μέσα σε πλαίσιο: ΕΠΗΤΡΟΠ(Α;)ΟΥ 1865.

105

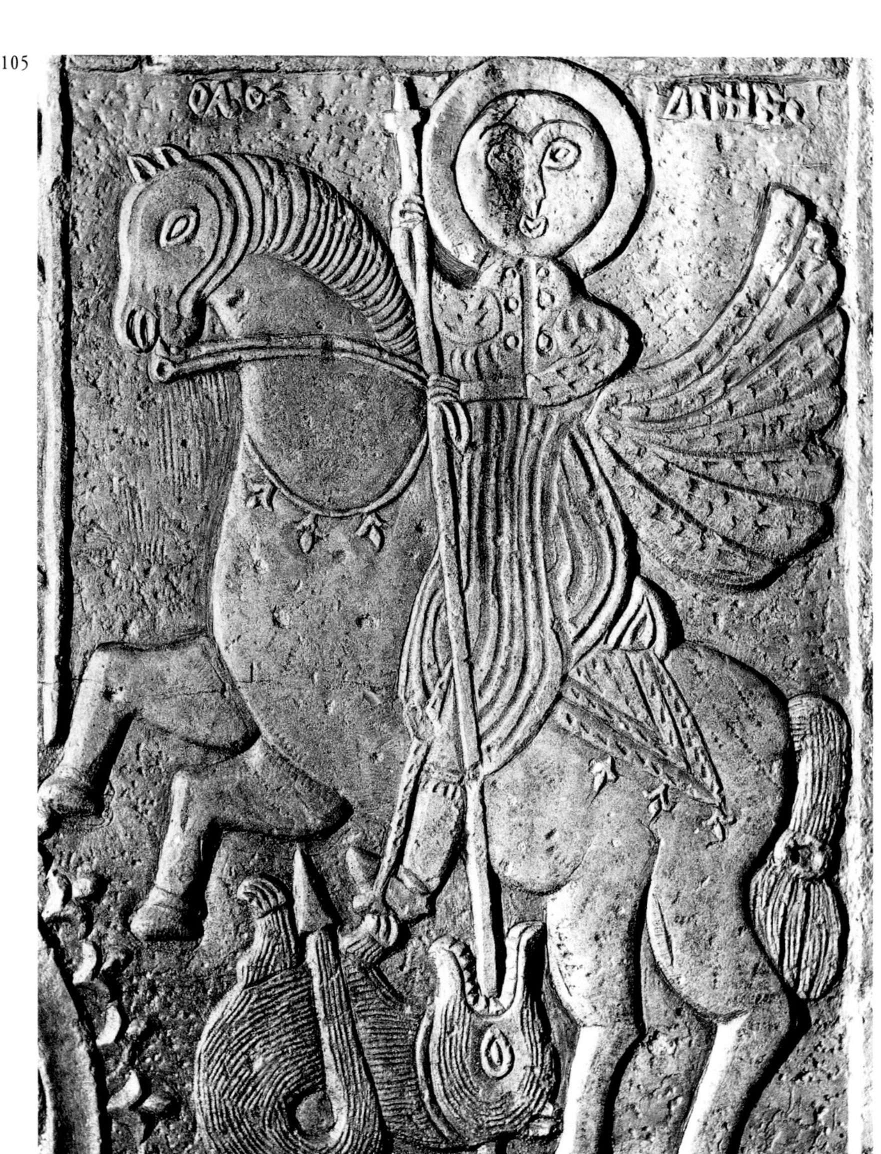

106

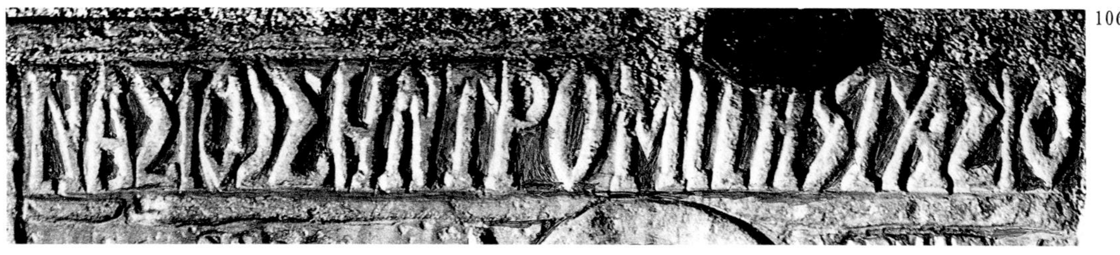

107

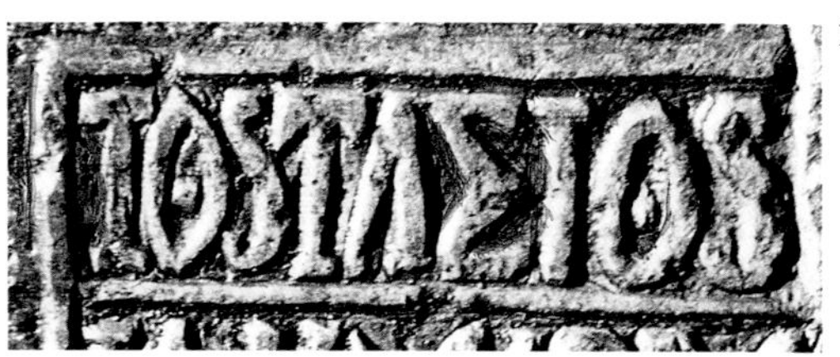

105-107. ΤΜΗΜΑ (ΔΕΞΙΟ) ΥΠΕΡΘΥΡΟΥ ΤΟΥ ΑΝΑΤΟΛΙΚΟΥ ΠΕΡΙΘΥΡΩΜΑΤΟΣ ΣΤΟ ΚΑΜΠΑΝΑΡΙΟ ΤΟΥ ΝΑΟΥ
Υλικό: ψαμμίτης
Διαστάσεις περιθυρώματος: ύψος 2,10 μ., πλάτος 1,37 μ.

Παράσταση του αγίου Δημητρίου με κατεύθυνση προς τα αριστερά. Επιγράφεται με συντμημένη γραφή: Ο ΑΓ(Ι)ΟΣ ΔΙΜΗΤ(ΡΙΟΣ). Οι μορφές των δύο αγίων που κοσμούν το υπέρθυρο παρουσιάζουν κοινά μορφικά χαρακτηριστικά με μικρές διαφοροποιήσεις. Εδώ, το κεφάλι του αγίου είναι ολοστρόγγυλο, τα φρύδια μεγάλα και λεπτά. Φορά ιδιόμορφο ένδυμα σαν βράκα, κοσμημένο πουκάμισο και ένα αναπετάρι που ανεμίζει ελεύθερο στο ύψος της μέσης. Με τα δυο του χέρια λογχίζει ένα κουλουριασμένο δρακόμορφο φίδι, σαφής επίδραση από τον εικονογραφικό τύπο του αγίου Γεωργίου, με λογχοειδή ουρά και τεράστια κεφαλή. Το άλογό του ανασηκωμένο στα πίσω πόδια επαναλαμβάνει τον τύπο στο αριστερό τμήμα του υπερθύρου, ίσως με πιο έντονη σωματικότητα. Διαβάζουμε τη συνέχεια της επιγραφής στην άνω πλευρά του υπερθύρου: ΝΑΣΙΟΣ ΣΗΝΤΡΟΜΙΤΗΣ ΤΑΣΙΟ.
Κάτω από τα πίσω πόδια του αλόγου μέσα σε πλαίσιο:(Υ)ΙΟΣ ΤΑΣΙΟΣ / ΙΑΝΟΥΑΡΙΟΥ.

08

09

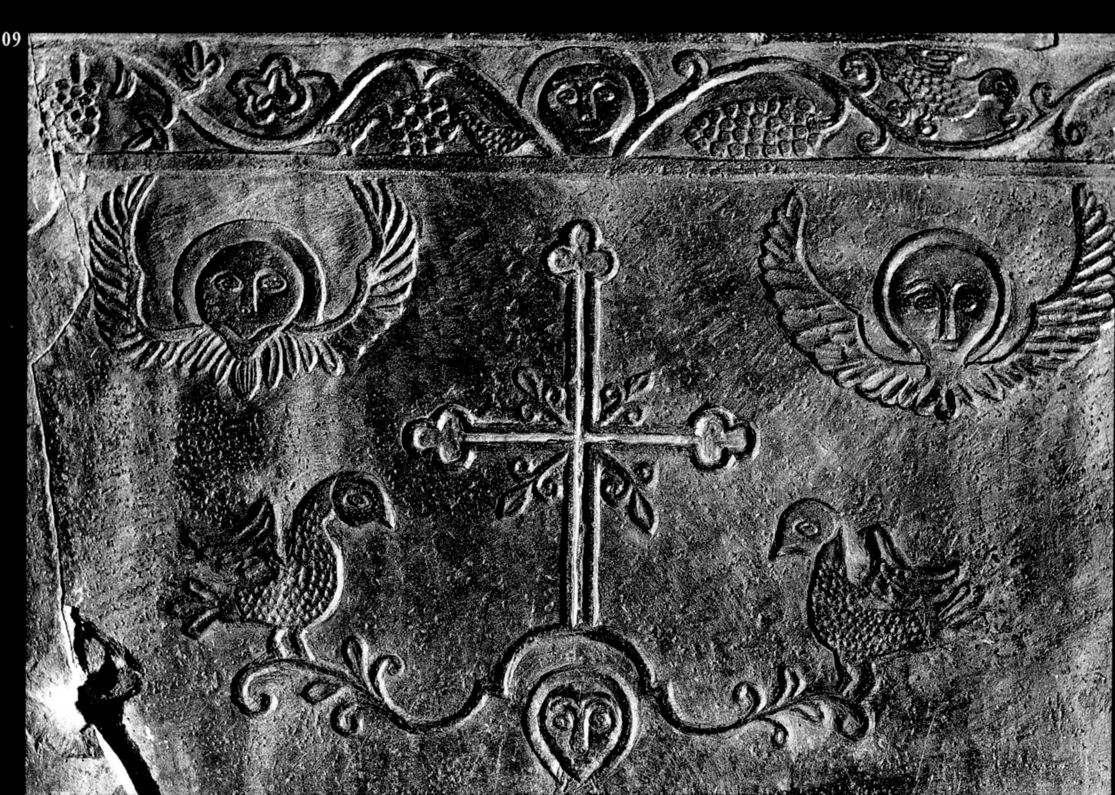

ΑΓΙΟΣ ΑΘΑΝΑΣΙΟΣ,
Μεγαλοχώρι Τρικάλων

108. ΕΠΙΓΡΑΦΗ ΣΤΟ ΥΠΕΡΘΥΡΟ ΤΟΥ ΝΟΤΙΟΥ ΠΕΡΙΘΥΡΩΜΑΤΟΣ
Υλικό: ψαμμίτης
Διαστάσεις περιθυρώματος: ύψος 1,80 μ., πλάτος 1,52 μ.

Η επιγραφή αναπτύσσεται σε τρεις σειρές – η τελευταία ατελής – γραμμένη ανορθόγραφα στην τοπική διάλεκτο: ΑΡΧΙΕΡΑΤΕΒΟΝ ΚΟΣΤΑΝΤΙΟΥ ΤΡΗΚΗΣ/ Η ΙΚΟΝΟΜΟΣ ΠΠΑΓΙΑΝΙ ΠΠΑΔΙΜΙΤΡΙ ΚΙ ΟΛΙ ΧΟ/ΡΙΑΝΙ ΣΙ(Ν)ΤΡΟΜΙΤ(Ε).
Στο άνω όριο της πλάκας, εκατέρωθεν ενός κεντρικού ρόδακα, δύο μικρά χερουβείμ. Από το ρομβοειδές πλαίσιο του ρόδακα αναπτύσσεται συνεχής βλαστός απ' όπου εκφύονται μαργαρίτες, μπουμπούκια και τσαμπιά, ενώ πουλιά ραμφίζουν τα άνθη.

109. ΤΜΗΜΑ ΥΠΕΡΘΥΡΟΥ ΤΟΥ ΔΥΤΙΚΟΥ ΠΕΡΙΘΥΡΩΜΑΤΟΣ
Υλικό: ψαμμίτης
Διαστάσεις περιθυρώματος: ύψος 1,74 μ., πλάτος 1,30 μ.

Στο κέντρο της παράστασης ισοσκελής σταυρός με κεραίες που απολήγουν σε τρίλοβα. Ανάμεσα στις κεραίες εκφύονται ακτινωτά σχηματοποιημένα κρίνα. Ο σταυρός πατά σε ελικωτό μίσχο, στις άκρες του οποίου στηρίζονται δύο αντικριστά πουλιά. Στη βάση του σταυρού, ωοειδής κεφαλή με τριγωνικό πηγούνι σε σχηματική απόδοση. Το σταυρό πλαισιώνουν δύο σεραφείμ. Η αριστερή μορφή με το εκφραστικό πρόσωπο και τα καλοσχηματισμένα κινημένα φτερά διαθέτει μεγαλύτερη πλαστικότητα. Η άλλη, πιο συμπυκνωμένη και αυστηρή ακολουθεί την παραδοσιακή τυποποίηση του θέματος. Κληματίδα περιτρέχει το άνω όριο της παράστασης με μία αγγελική κεφαλή στο μέσον της.

110

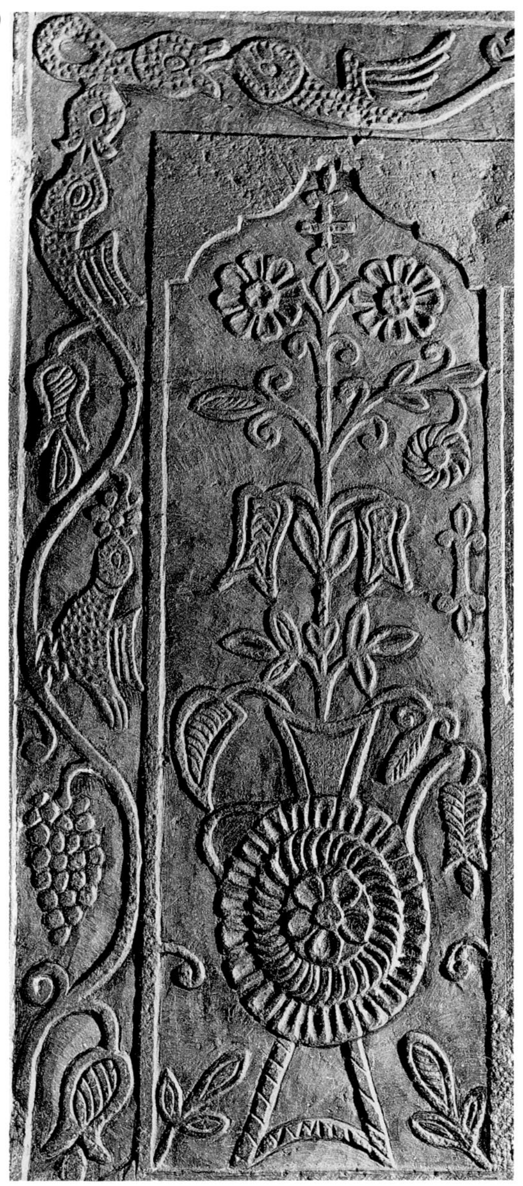

110. ΤΜΗΜΑ ΥΠΕΡΘΥΡΟΥ ΔΥΤΙΚΟΥ ΠΕΡΙΘΥΡΩΜΑΤΟΣ
Υλικό: ψαμμίτης
Διαστάσεις περιθυρώματος: ύψος 1,74 μ., πλάτος 1,30 μ.

Μέσα σε τοξωτό πλαίσιο εγγράφεται μεγαλόσχημο δοχείο απ' όπου εκφύεται ανθοφόρος μίσχος με καλοσχηματισμένα άνθη (μαργαρίτες, τουλίπες, «χρυσάνθεμα»).Το σφαιρικό σώμα του δοχείου έχει τη μορφή πολύφυλλου ρόδακα, ενώ από την προχοή του εκφύεται τουλίπα. Τις γωνίες, στη βάση, κοσμούν φυλλοειδή. Ο μάστορας προσθέτει στην επιφάνεια της πλάκας ένα σχηματικό διπλό κρίνο, ίσως σχηματική απόδοση δομικού συνδέσμου, («τσινέτι»). Την πλάκα περιτρέχει διακοσμητική ταινία. Στη γωνία φίδι με δύο κεφαλές που το ανοιχτό στόμα τους δέχεται το ράμφος δύο πτηνών. Τα σώματά τους μετατρέπονται σε συνεχή βλαστό με τουλίπες και τσαμπιά σταφύλι. Ένα μικρόσωμο πουλί ραμφίζει μία μαργαρίτα.

111-112. ΤΜΗΜΑΤΑ ΥΠΕΡΘΥΡΟΥ ΝΟΤΙΟΥ ΠΕΡΙΘΥΡΩΜΑΤΟΣ
Υλικό: ψαμμίτης
Διαστάσεις περιθυρώματος: ύψος 1,80 μ., πλάτος 1,52 μ.

Από ελικωτό βλαστό αναπτύσσονται γερτές τουλίπες απ' όπου εκφύονται χρυσάνθεμα και ακολουθεί εξαπτέρυγο με καλοσχηματισμένα φλογωτά φτερά. Το αριστερό όριο διατρέχει συνεχής κληματίδα με άνθη και πουλιά.

Παρόμοια παράσταση, πιο σχηματική, επαναλαμβάνεται στο αριστερό τμήμα του υπερθύρου Στη βάση διαβάζουμε την επιγραφή: 1869 ΤΗΣ 25 Ι(ΑΝ)Ο(Υ)ΝΑΡΙΟΥ.

111

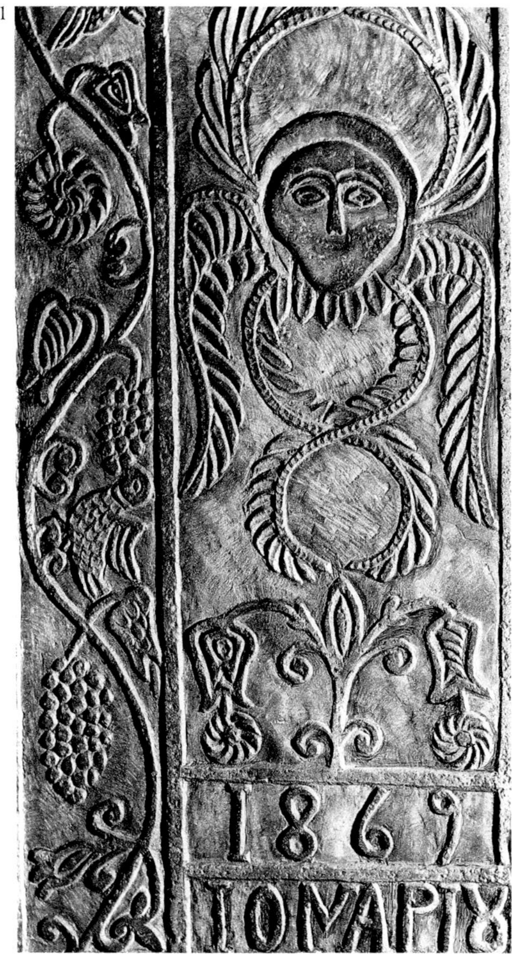

112

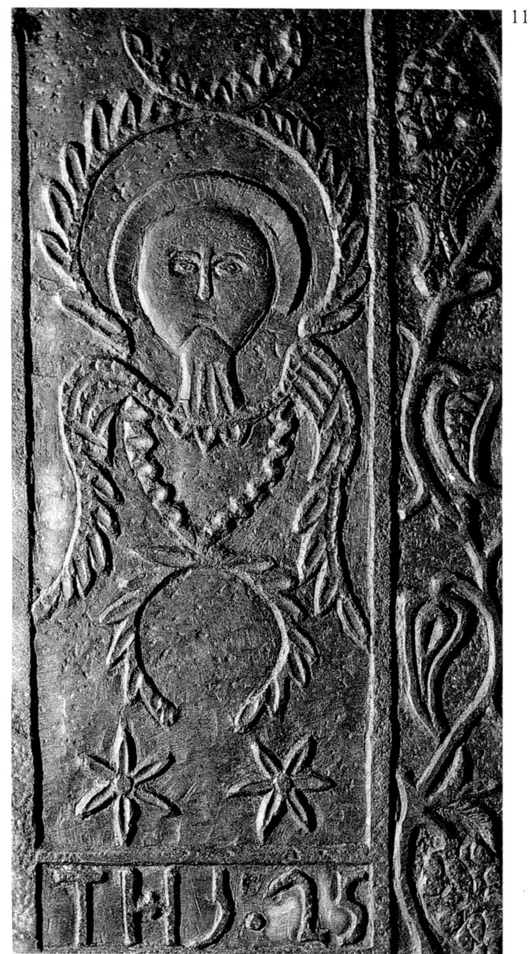

113

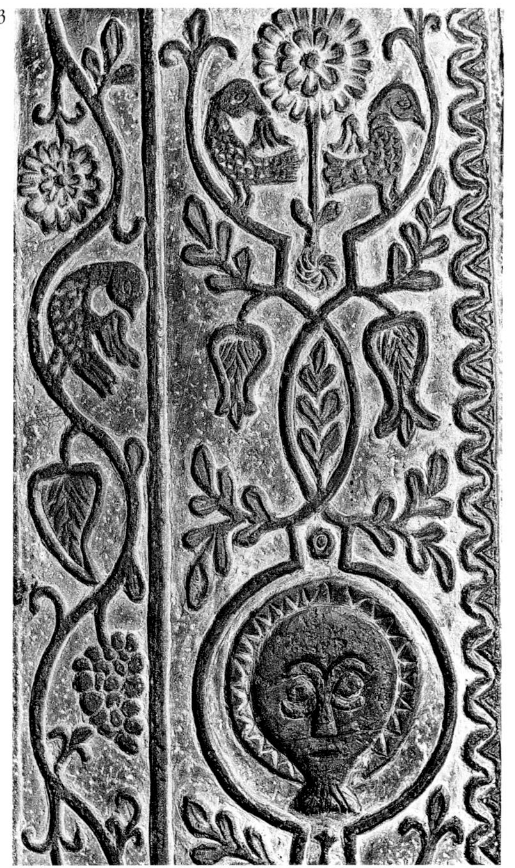

113. ΤΜΗΜΑ ΠΑΡΑΣΤΑΔΑΣ
ΝΟΤΙΟΥ ΠΕΡΙΘΥΡΩΜΑΤΟΣ
Υλικό: ψαμμίτης
Διαστάσεις περιθυρώματος: ύψος 1,80 μ., πλάτος 1,52 μ.

Ανθοφόροι κλώνοι σχηματίζουν τα οργανωτικά πλαίσια της σύνθεσης. Σε ένα από αυτά εντάσσεται κεφαλή με ακτινωτό φωτοστέφανο. Οι ανθοφόροι κλώνοι έχουν λυρόσχημη απόληξη και πάνω τους κάθονται δύο πουλάκια που κοιτούν προς τα δεξιά. Το αριστερό όριο της παραστάδας διατρέχει κληματίδα με άνθη και πουλιά. Στο δεξί όριο κυμάτιο.

114

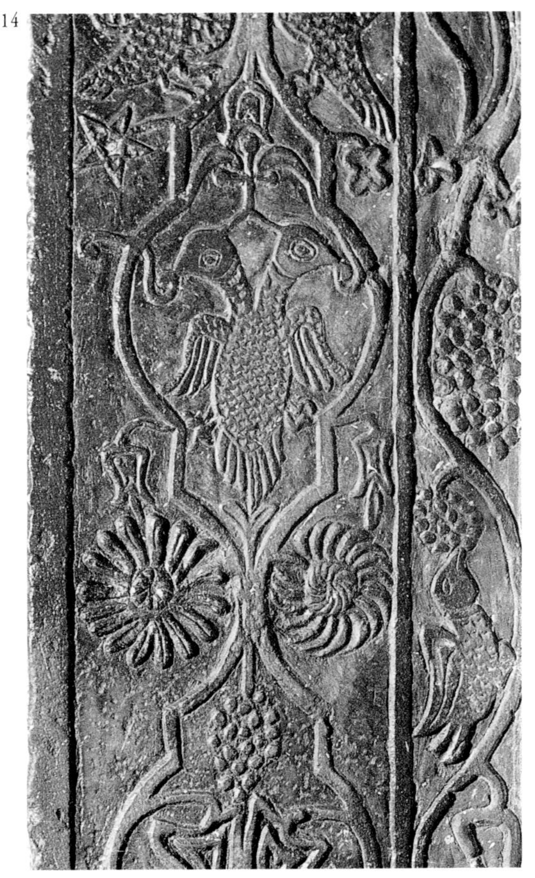

114. ΤΜΗΜΑ ΔΕΞΙΑΣ ΠΑΡΑΣΤΑΔΑΣ ΔΥΤΙΚΟΥ ΠΕΡΙΘΥΡΩΜΑΤΟΣ
Υλικό: ψαμμίτης

Μέσα σε στυλιζαρισμένα καμπυλωτά πλαίσια εγκλείονται δικέφαλος αετός και κληματίδες. Τα διάκενα κοσμούνται με ρόδακες, μικρά άνθη και πουλιά. Στο δεξί όριο κληματίδα και πουλί που ραμφίζει σταφύλι.

115

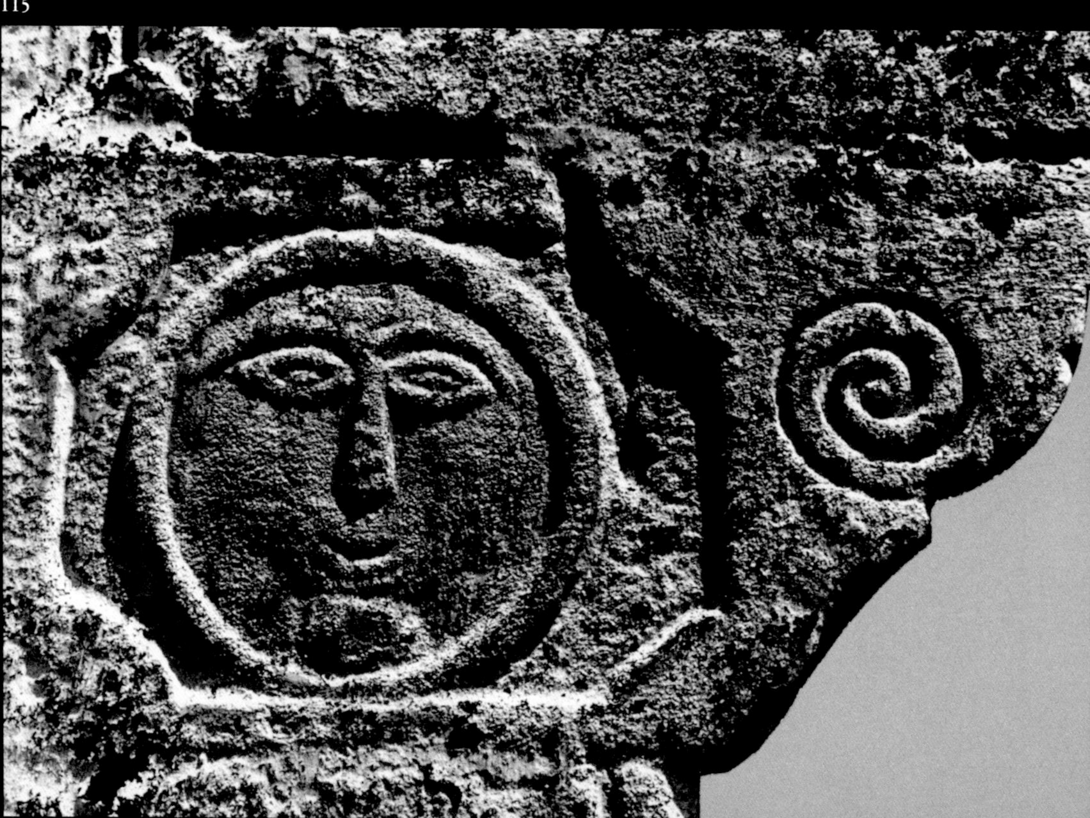

ΑΓΙΟΣ ΙΩΑΝΝΗΣ,
Φανάρι Καρδίτσας

115. ΕΠΙΚΡΑΝΟ ΠΑΡΑΣΤΑΔΑΣ ΤΟΥ ΔΥΤΙΚΟΥ ΘΥΡΩΜΑΤΟΣ
Υλικό: ψαμμίτης
Διαστάσεις περιθυρώματος: ύψος 2,17 μ., πλάτος 1,56 μ.

Ενταγμένη σε πολυγωνικό κοιλόκυρτο πλαίσιο ολοστρόγγυλη κεφαλή ηλίου. Τα αμυγδαλωτά μάτια τονίζονται από μεγάλα τοξωτά φρύδια που ενώνονται με τη μύτη. Το στόμα μικρό σχηματίζει ένα αχνό καλοσυνάτο χαμόγελο. Αν και χωρίς ακτίνες το πρόσωπο φωτίζεται με καθαρότητα και σαφήνεια πάνω στον γκριζωπό ψαμμίτη. Σπείρα συνεχίζει το κυρτό περίγραμμα του επικράνου (1873).

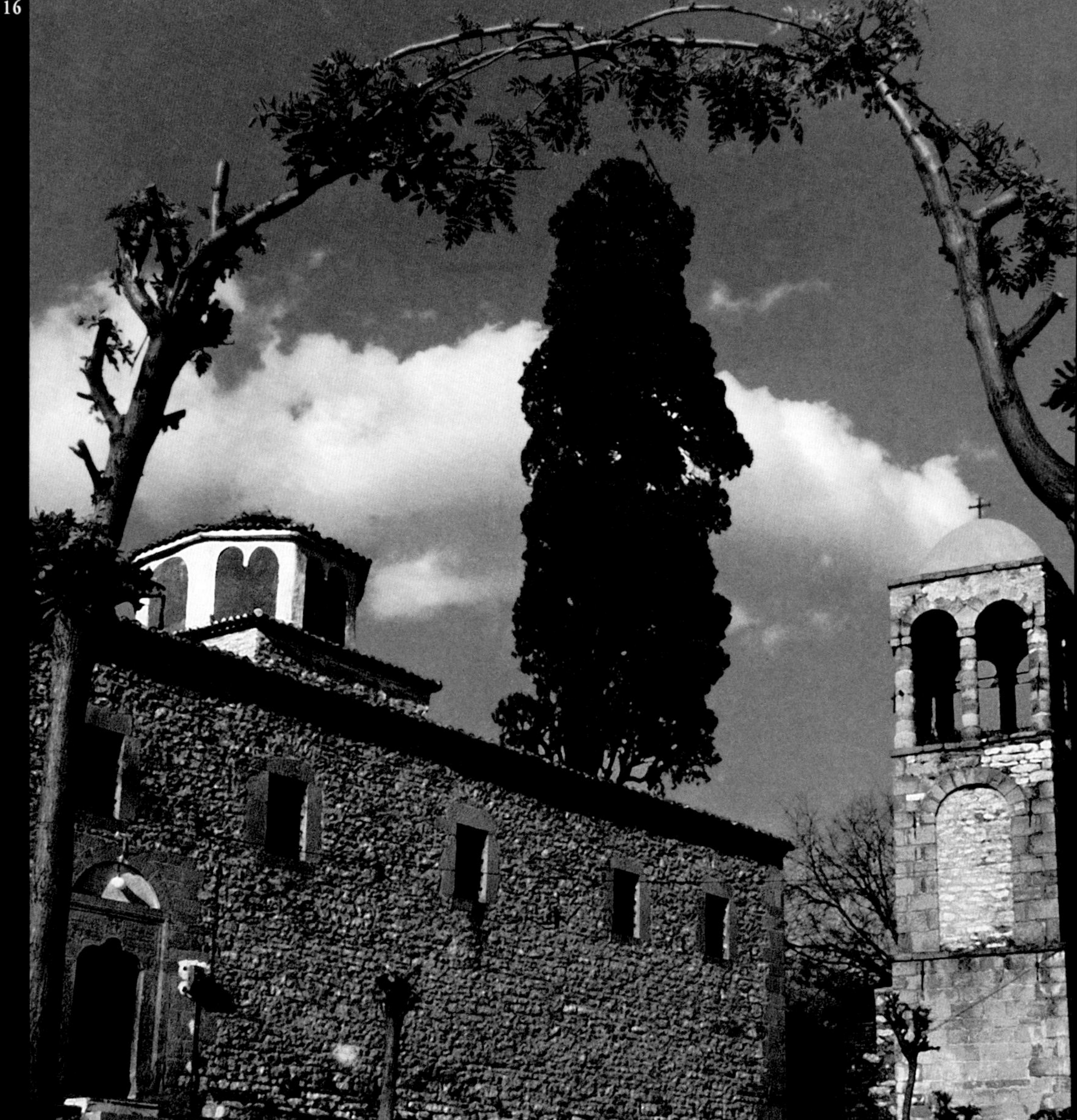

ΑΓΙΟΣ ΑΘΑΝΑΣΙΟΣ,
Θεόπετρα Καλαμπάκας

116. Ο ΜΟΝΟΧΩΡΟΣ ΝΑΟΣ ΤΟΥ ΑΓΙΟΥ ΑΘΑΝΑΣΙΟΥ ΜΕ ΤΟ ΚΑΜΠΑΝΑΡΙΟ, 1876

117. ΛΕΠΤΟΜΕΡΕΙΑ ΑΠΟ ΤΟ ΥΠΕΡΘΥΡΟ ΤΟΥ ΝΟΤΙΟΥ ΠΕΡΙΘΥΡΩΜΑΤΟΣ

117

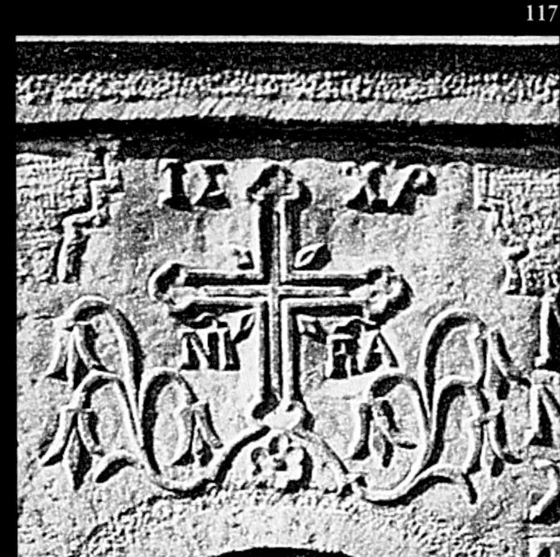

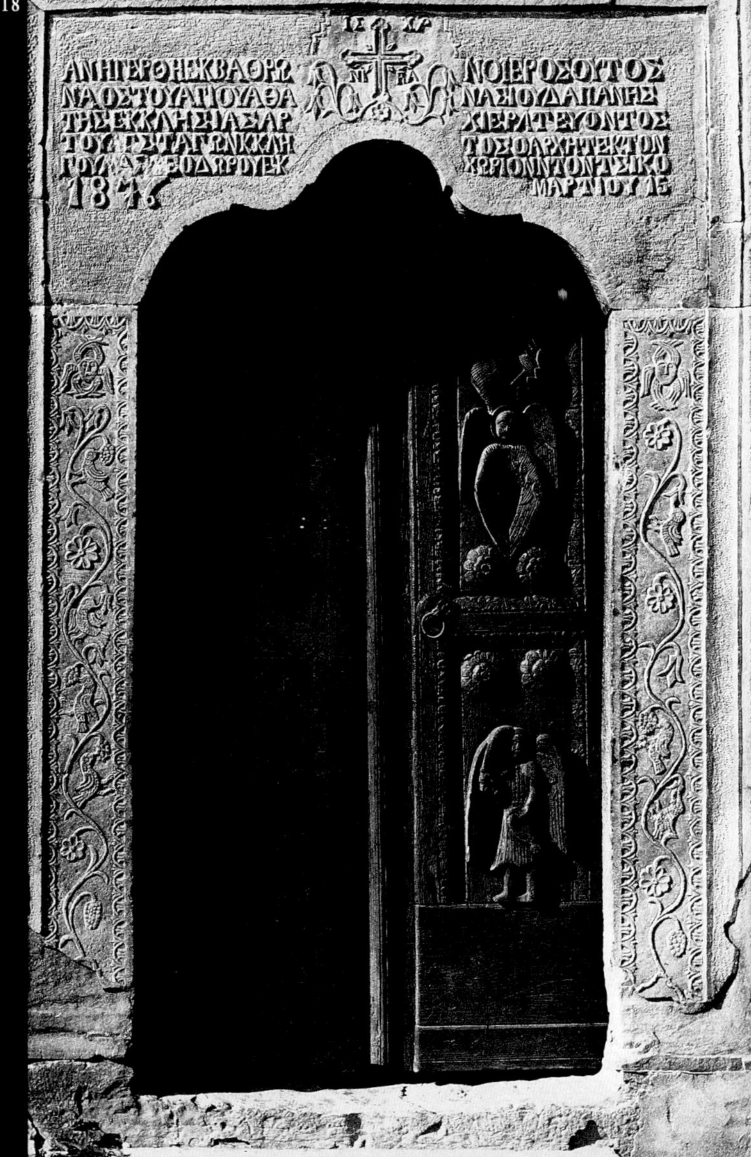
ΙΣ ΧΡ
ΝΙ ΚΑ
ΑΝΗΓΕΡΘΗ ΕΚ ΒΑΘΡΩ
ΝΑΟΣ ΤΟΥ ΑΓΙΟΥ ΑΘΑ
ΤΗΣ ΕΚΚΛΗΣΙΑΣ ΑΡ
1846
ΝΟ ΙΕΡΟΣ ΟΥΤΟΣ
ΝΑΣΙΟΥ ΔΑΠΑΝΗΣ
ΧΙΕΡΑΤΕΥΟΝΤΟΣ
ΤΟΣ Ο ΑΡΧΗΤΕΚΤΟΝ
ΧΩΡΙΟΝ ΝΤΟΝΤΣΙΚΟ
ΜΑΡΤΙΟΥ 15

118-119. ΝΟΤΙΟ ΠΕΡΙΘΥΡΩΜΑ
Υλικό: ψαμμίτης*
Διαστάσεις περιθυρώματος: ύψος 2,33 μ., πλάτος 1,84 μ.

Στο κέντρο του τοξωτού κοιλόκυρτου υπερθύρου ισοσκελής σταυρός με κεραίες που απολήγουν σε τρίλοβα στηρίζεται σε συνεχή μίσχο με κρίνα. Ανάμεσα στις κεραίες τα αρχικά ΙΣ ΧΣ/ΝΙ ΚΑ. Ο σταυρός διακρίνει την καλογραμμένη με εξώγλυφα γράμματα επιγραφή του ναού σε δύο τμήματα: ΑΝΗΓΕΡΘΗ ΕΚ ΒΑΘΡΩΝ Ο ΙΕΡΟΣ ΟΥΤΟΣ/ΝΑΟΣ ΤΟΥ ΑΓΙΟΥ ΑΘΑΝΑΣΙΟΥ ΔΑΠΑΝΗΣ/ΤΗΣ ΕΚΚΛΗΣΙΑΣ ΑΡΧΙΕΡΑΤΕΥΟΝΤΟΣ/ΤΟΥ ΑΓ(ΙΟΥ) ΣΤΑΓΩΝ ΚΚΛΗΤΟΣ Ο ΑΡΧΗΤΕΚΤΟΝ/ ΓΟΥΛΑΣ ΘΕΟΔΩΡΟΥ ΕΚ ΧΩΡΙΟΝ ΝΤΟΝΤΣΙΚΟ/1876 ΜΑΡΤΙΟΥ 15.

Το βάθος του υπερθύρου είναι γραμμικό, δουλεμένο με οδοντωτό εργαλείο (χτένι). Οι δύο παραστάδες του θυρώματος διακοσμούνται με παρόμοια στοιχεία. Συνεχής βλαστός με σταφύλια, καλοσχηματισμένες μαργαρίτες και κρίνους αναπτύσσεται κυματιστά κατά το ύψος της παραστάδας. Χαριτωμένα πουλιά έρχονται να γευτούν τους καρπούς και τις ευωδιές των λουλουδιών. Τα φτέρωμά τους αποδίδεται με λεπτομέρειες από τον άξιο πελεκάνο. Ένα εξαπτέρυγο στην κορυφή καθαγιάζει το σκηνικό. Στη δεξιά παραστάδα επαναλαμβάνεται η ίδια σύνθεση με περισσότερη άνεση χώρου.

**Ο ψαμμίτης επιχρισμένος σε μεταγενέστερη φάση με ώχρα.*

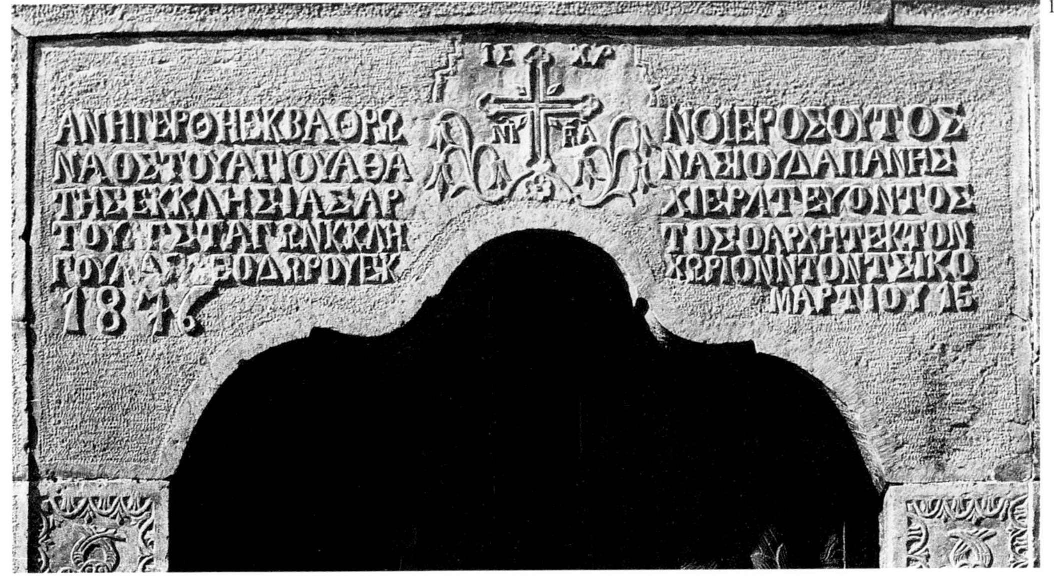

119

120

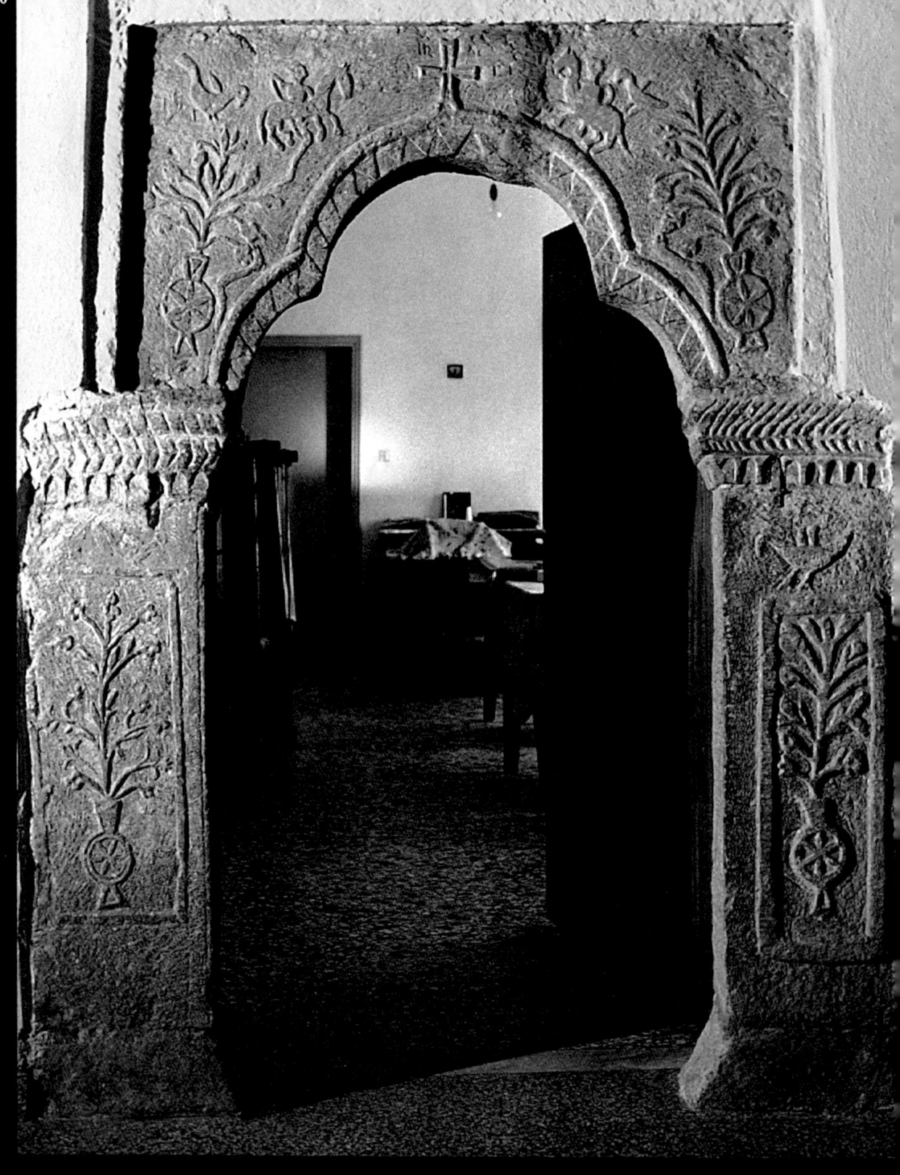

ΜΟΝΗ ΚΟΙΜΗΣΗΣ ΤΗΣ ΘΕΟΤΟΚΟΥ,
Σταγιάδες

121

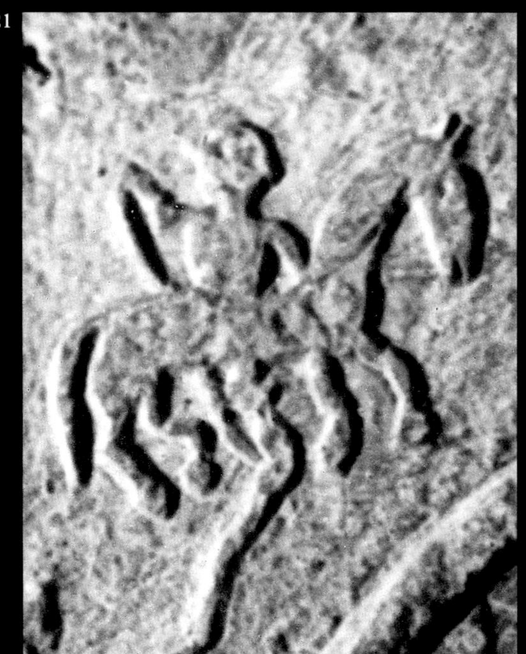

120-121. ΠΕΡΙΘΥΡΩΜΑ ΣΤΟ ΑΡΧΟΝΤΑΡΙΚΙ ΤΗΣ ΜΟΝΗΣ
Υλικό: ψαμμίτης
Διαστάσεις: ύψος 1,56 μ., πλάτος 1,22 μ.

Τρίκογχο αψίδωμα που στηρίζεται σε «βαριές» παραστάδες. Στο κέντρο, ισοσκελής μικρός σταυρός, που φυλάσσεται από δύο μικρόσχημους καβαλάρηδες. Από τη βάση του υπερθύρου αναπτύσσονται δύο γερτά ανθοφόρα δοχεία, ενώ μικρά φίδια «ανεβαίνουν» να γευτούν τα άνθη τους. Δύο πουλιά συμπληρώνουν τη σύνθεση – το δεξί μοιάζει να ακροπατά στο άλογο του καβαλάρη. Οι παραστάδες κοσμούνται με όμοια ανθοφόρα δοχεία ενταγμένα σε ορθογώνια πλαίσια. Δεξιά, εκτός πλαισίου, ένα πουλί σε σχηματική απόδοση. Τα θέματα στο αριστερό τμήμα του θυρώματος σκαλίζονται σε πιο επιμελημένο ανάγλυφο.

122-123. ΠΕΡΙΘΥΡΩΜΑ ΣΤΟ ΑΡΧΟΝΤΑΡΙΚΙ ΤΗΣ ΜΟΝΗΣ
Υλικό: ψαμμίτης
Διαστάσεις: ύψος 1,55 μ., πλάτος 1,40 μ.

Τρίκογχο αψίδωμα που στηρίζεται σε «βαριές» παραστάδες. Το υπέρθυρο οργανώνεται με κάθετα χωρίσματα. Στο κέντρο, μικρός σταυρός πλαισιώνεται από δύο ανθρώπινες μορφές σε συνοπτική απόδοση. Αριστερά, ένας καλόγερος με το κομποσκοίνι του, δεξιά, μια άλλη φιγούρα. Δεντράκια και ελεύθερα κλωνιά ενταγμένα συμμετρικά σε πλαίσια συμπληρώνουν το κεντρικό θέμα. Οι παραστάδες κοσμούνται με ανθοφόρα δοχεία που απολήγουν σε ροζέτες*.

**Δεν είναι γνωστή η αρχική θέση των περιθυρωμάτων.*

122

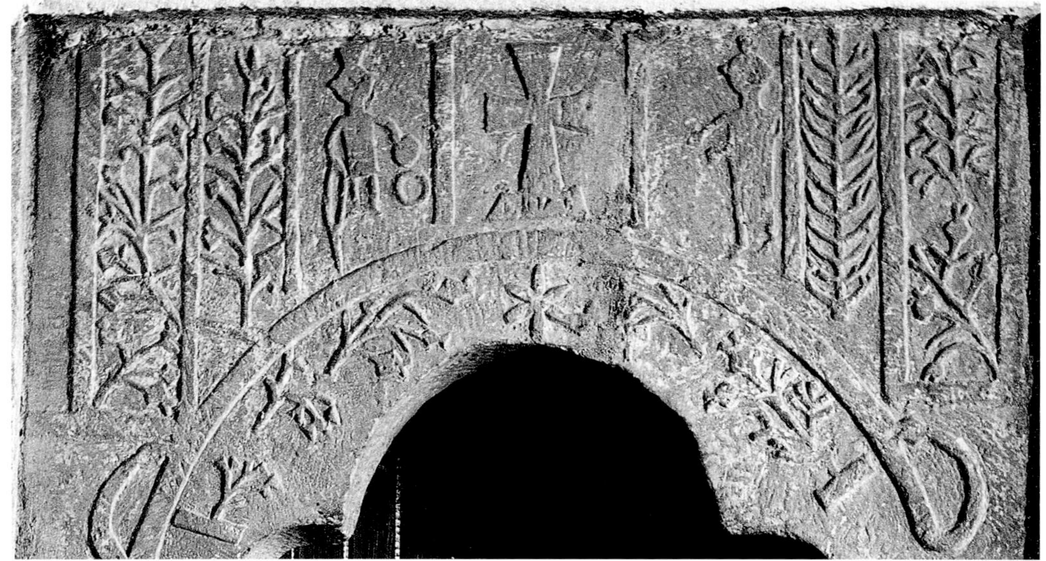

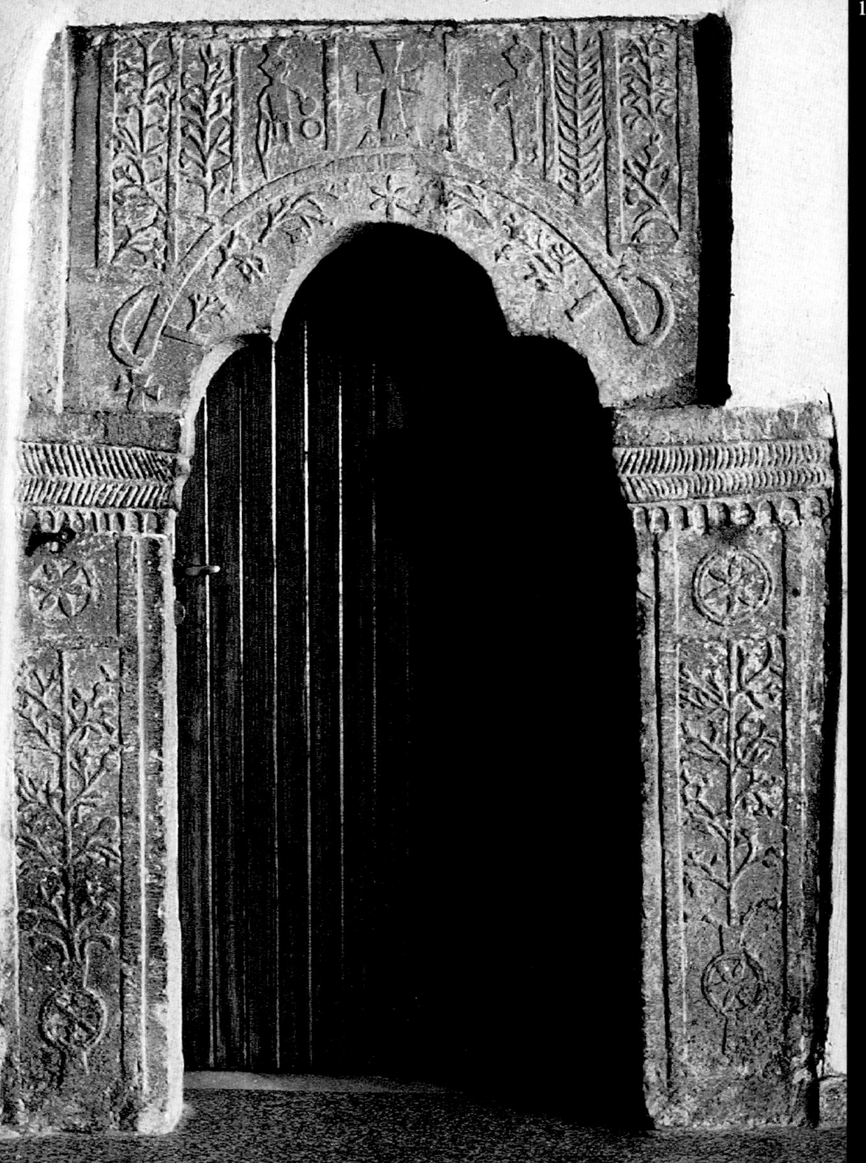

ΕΙΣΟΔΙΑ ΤΗΣ ΘΕΟΤΟΚΟΥ,
Σταγιάδες

124

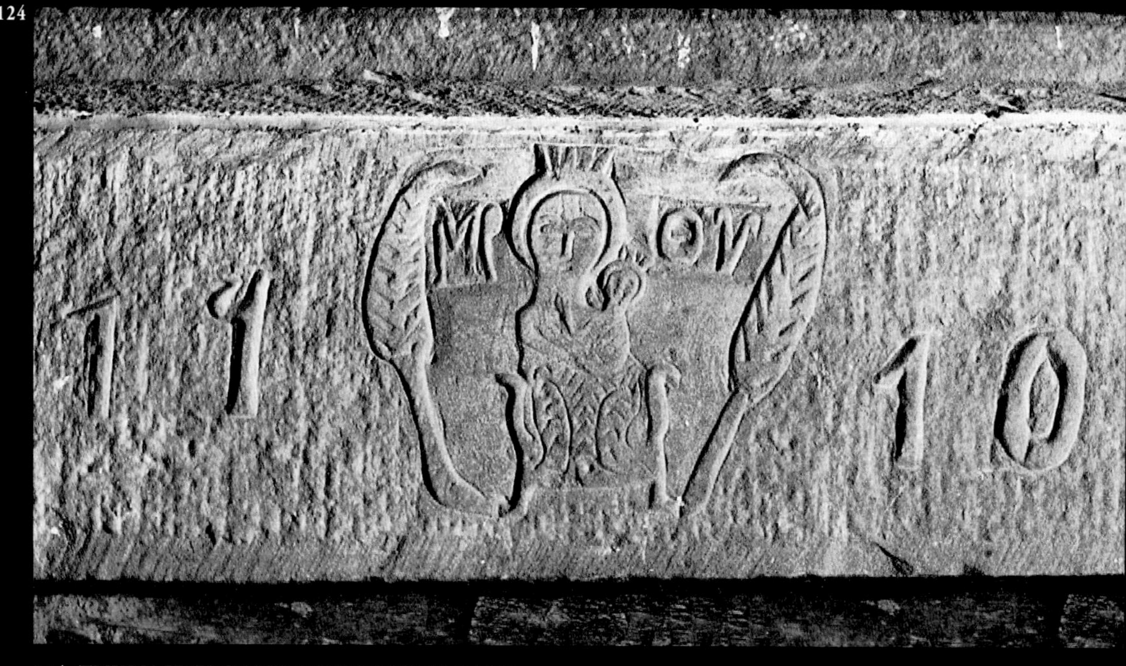

124. ΤΜΗΜΑ ΥΠΕΡΘΥΡΟΥ ΝΟΤΙΟΥ ΘΥΡΩΜΑΤΟΣ
Υλικό: ψαμμίτης

Κεντρικό τμήμα του υπερθύρου με παράσταση της Παναγίας ένθρονης Βρεφοκρατούσας. Το κεφάλι της μορφής είναι ασύμμετρα μεγάλο σε σχέση με το σώμα και διακρίνει τα αρχικά ΜΡ ΘΥ. Η παράσταση πλαισιώνεται από δύο ευλύγιστα κυπαρίσσια. Διαβάζουμε τη χρονολογία 1910.

ΖΩΟΔΟΧΟΣ ΠΗΓΗ,
Φαρκαδώνα

125 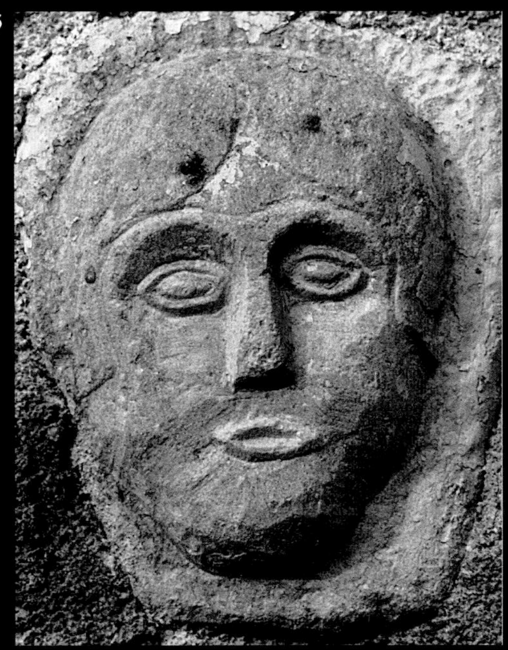

125. ΠΛΑΚΑ ΕΝΤΟΙΧΙΣΜΕΝΗ ΣΤΟ ΝΑΟ

Κεφαλή ανδρός σε έξεργο ανάγλυφο. Πρόσωπο ωοειδές με τοξωτά φρύδια που ενώνονται με τη λεπτή, κάπως επίπεδη, μύτη. Τα μάτια είναι αμυγδαλωτά, ανέκφραστα, το στόμα μικρό, μόλις που διαμορφώνει τα χείλη. Οι παρειές και το πηγούνι πλάθονται με τραχύτητα. Τα μαλλιά, χτενισμένα με χωρίστρα στη μέση, κατεβαίνουν μέχρι το ύψος των αυτιών, σχεδόν επίπεδα, σε αντίθεση με τα πλαστικά στοιχεία του προσώπου.

126

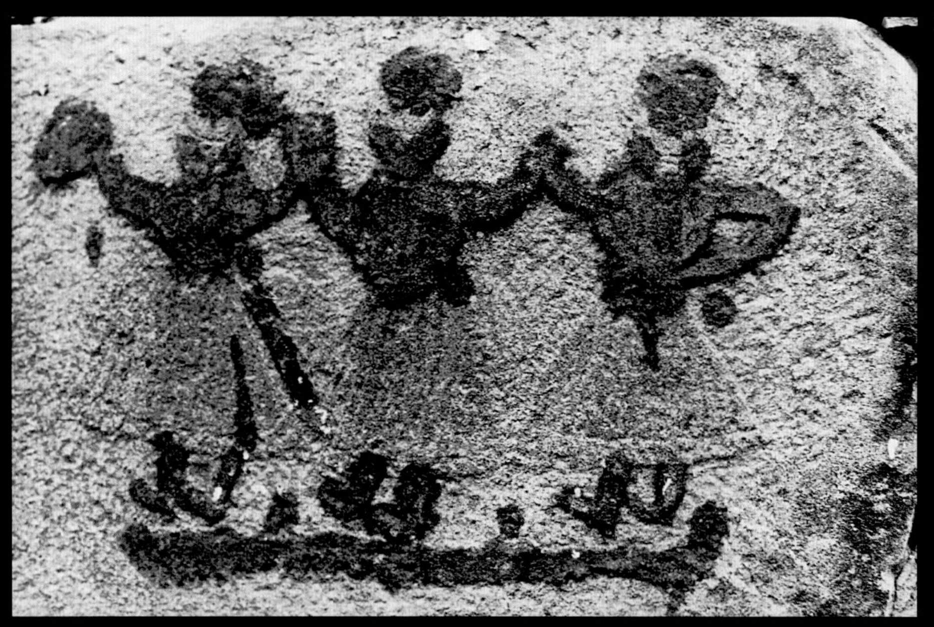

126. ΠΛΑΚΑ ΕΝΤΟΙΧΙΣΜΕΝΗ ΣΤΟ ΔΥΤΙΚΟ ΤΟΙΧΟ ΤΗΣ ΟΙΚΙΑΣ
Υλικό: ψαμμίτης
Διαστάσεις: ύψος 0,32 μ., πλάτος 0,45 μ.

Παράσταση ανδρικού χορού. Τρεις φουστανελοφόροι χορεύουν με τα χέρια κρατημένα ψηλά. Ο πρώτος χορευτής δίνει το ρυθμό με το ντέφι. Στο πλάι της φουστανέλας διακρίνουμε το θηκάρι με το σπαθί. Η κίνηση των μορφών υποδηλώνεται με τη συμβατική στάση των ποδιών στο πλάι. Παρουσιάζει πολλές φθορές και οι λεπτομέρειες των μορφών έχουν χαθεί πάνω στον εύθρυπτο ψαμμίτη. Διατηρούνται ελάχιστα ίχνη χρώματος.

ΚΡΗΝΗ,
Λάσδα, Κανάλια Καρδίτσας

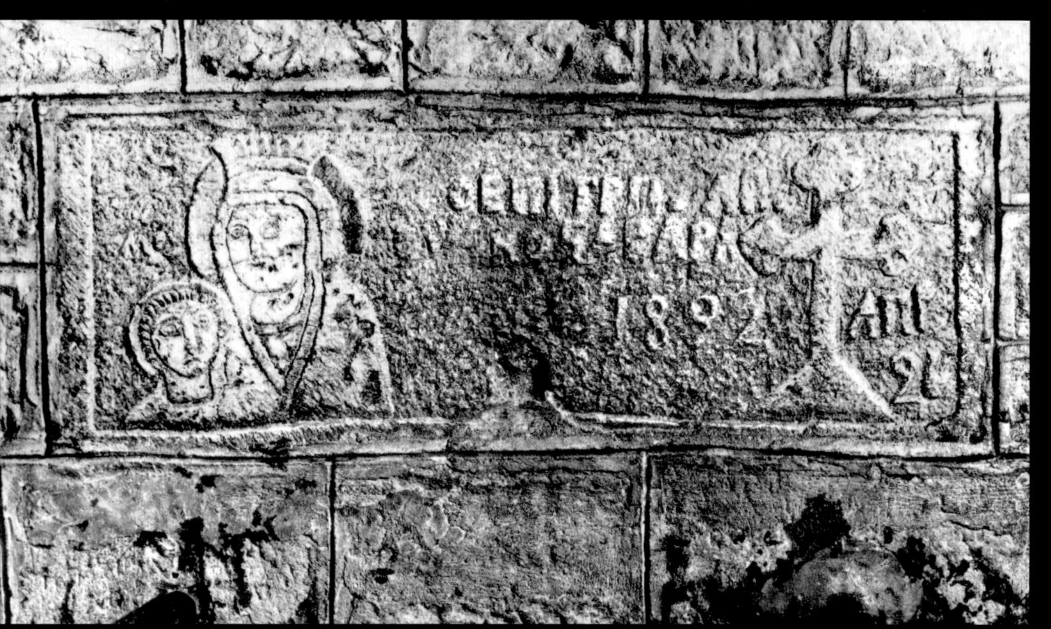

127. ΚΡΗΝΗ, 1892
Υλικό: μάρμαρο

Πάνω από τους δύο κρουνούς εντοιχισμένη πλάκα με παράσταση της Παναγίας με τον Χριστό σε προτομή. Η Παναγία με ιδιαίτερα επιμελημένο στέμμα, αποδίδεται με ελαφρά κλίση 3/4. Την κεφαλή του Χριστού περιγράφει λεπτό φωτοστέφανο. Στο δεξί τμήμα της παράστασης σταυρός με τρίλοβες κεραίες. Διαβάζουμε την επιγραφή: Ο ΕΠΙΤΡΩ: ΑΠ ΚΟΥ-ΣΤΑΒΑΡΑ(Σ) 1892 ΑΠΡ(ΙΛΙΟΥ) 21.

ΚΡΗΝΗ,

Μουρκ, Κανάλια Καρδίτσας

128

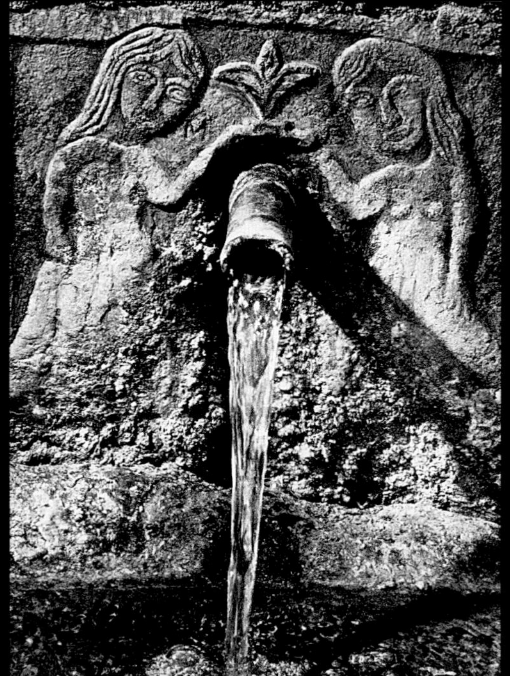

128. ΚΡΗΝΗ, 1925-1929
Υλικό: ψαμμίτης
Διαστάσεις: ύψος 0,51 μ., πλάτος 0,64 μ.

Σε ορθογώνια πλάκα, αποδίδονται δύο γυναικείες μορφές κρατώντας μεγάλο κρινάνθεμο πάνω από τον κρουνό της βρύσης. Στα διάκενα χαράσσονται τα αρχικά Μ και Γ. Τα κεφάλια τους γέρνουν ελαφρά προς το κέντρο της σύνθεσης. Τα μάτια, μεγάλα και αμυγδαλωτά τονίζονται από φαρδιά τοξωτά φρύδια που ενώνονται σε μια μακριά μύτη. Η μορφή δεξιά (έχει υποστεί περισσότερες φθορές) παρουσιάζει πιο έντονα χαρακτηριστικά. Έχουν μακριά μαλλιά με καλοχτενισμένη χωρίστρα στη μέση. Φορούν μακριά φορέματα, που έχουν υποστεί στο κάτω τμήμα τους τις διαβρωτικές επιπτώσεις του νερού. Οι μορφές σκαλίζονται με αδρότητα, ενώ το επίπεδο εκφραστικό δούλεμα του ψαμμίτη εξισορροπεί την έλλειψη πλαστικότητας.

ΚΡΗΝΗ,

Ανθούσα Τρικάλων

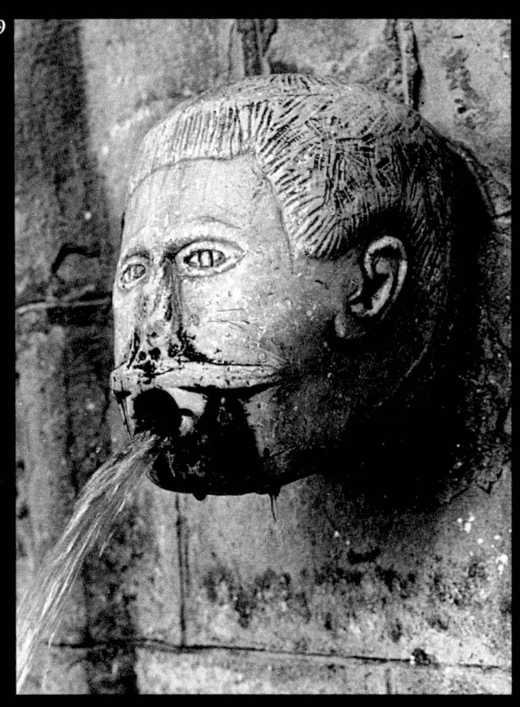

129. ΚΡΗΝΗ, 1921
Υλικό: μάρμαρο
Διαστάσεις: ύψος 0,18 μ.

Κρήνη με ολόγλυφη μαρμάρινη ανδρική κεφαλή, σχεδόν σε φυσικό μέγεθος, σε ρεαλιστική απόδοση. Τα αμυγδαλωτά μάτια με τις εκφραστικές κόρες κοιτάζουν απευθείας το θεατή. Η μύτη, με αρκετές φθορές, ενώνεται με τα τοξωτά φρύδια. Το νερό αναβλύζει από απλή υδρορρόη μέσα από το στόμα της μορφής κάτω από το λεπτό, ευθύ μουστάκι. Τα μαλλιά αφήνουν ελεύθερο το μέτωπο κατεβαίνοντας στους κροτάφους. Έργο του πελεκάνου Τραγδάρα.

ΚΑΛΛΙΤΕΧΝΙΚΗ ΕΠΙΜΕΛΕΙΑ: Ραχήλ Μισδραχή-Καπόν

ΚΑΛΛΙΤΕΧΝΙΚΟΣ ΣΥΜΒΟΥΛΟΣ: Μωυσής Καπόν

ΕΠΙΜΕΛΕΙΑ ΔΙΟΡΘΩΣΕΩΝ: Ζέτα Λιβιεράτου

ΗΛΕΚΤΡΟΝΙΚΗ ΕΠΕΞΕΡΓΑΣΙΑ ΕΙΚΟΝΩΝ: Πάνος Σταματάς

ΗΛΕΚΤΡΟΝΙΚΗ ΕΠΕΞΕΡΓΑΣΙΑ ΚΕΙΜΕΝΩΝ: Ελένη Βαλμά

ΔΙΑΧΩΡΙΣΜΟΙ ΧΡΩΜΑΤΩΝ: Αφοί Μιχαηλίδη

ΕΚΤΥΠΩΣΗ: ΕΠΙΚΟΙΝΩΝΙΑ ΕΠΕ

ΒΙΒΛΙΟΔΕΣΙΑ: Γ. Μούτσης

ΧΑΡΤΙ: PHOENIX-IMPERIAL MATT 150 gr.